Kohlhammer

Soziale Arbeit in der Gesellschaft

Die Reihe »Soziale Arbeit in der Gesellschaft« macht es sich zur Aufgabe, die gesellschaftlichen Themen aufzubereiten, die eine besondere Bedeutung für die Soziale Arbeit haben – vom Recht auf Unterstützung über Teilhabe bis hin zu sozialen Problemlagen wie Armut. Die einzelnen Bände liefern das Grund- und Orientierungswissen, das Studierende und Sozialarbeiter*innen benötigen, um eine professionelle Haltung zu entwickeln und ihren Adressat*innen auf Augenhöhe zu begegnen.

Eine Übersicht aller lieferbaren und im Buchhandel angekündigten Bände der Reihe finden Sie unter:

 https://shop.kohlhammer.de/soziale-arbeit-in-der-gesellschaft.html

Der Autor

Michael Lindenberg ist Sozialarbeiter, Kriminologe und Soziologe. Er war von 1998 bis 2019 Professor für Organisationsformen Sozialer Arbeit an der Evangelischen Hochschule Hamburg. Zuvor arbeitete er im Strafvollzug, bei einem freien Träger der Straffälligenhilfe, in der Bewährungshilfe, als wissenschaftlicher Mitarbeiter sowie als Referatsleiter für Jugendhilfefragen.

Michael Lindenberg

Kriminalität

Anforderungen an die Soziale Arbeit

Verlag W. Kohlhammer

Dieses Werk einschließlich aller seiner Teile ist urheberrechtlich geschützt. Jede Verwendung außerhalb der engen Grenzen des Urheberrechts ist ohne Zustimmung des Verlags unzulässig und strafbar. Das gilt insbesondere für Vervielfältigungen, Übersetzungen, Mikroverfilmungen und für die Einspeicherung und Verarbeitung in elektronischen Systemen.

Die Wiedergabe von Warenbezeichnungen, Handelsnamen und sonstigen Kennzeichen in diesem Buch berechtigt nicht zu der Annahme, dass diese von jedermann frei benutzt werden dürfen. Vielmehr kann es sich auch dann um eingetragene Warenzeichen oder sonstige geschützte Kennzeichen handeln, wenn sie nicht eigens als solche gekennzeichnet sind.

Es konnten nicht alle Rechtsinhaber von Abbildungen ermittelt werden. Sollte dem Verlag gegenüber der Nachweis der Rechtsinhaberschaft geführt werden, wird das branchenübliche Honorar nachträglich gezahlt.

Dieses Werk enthält Hinweise/Links zu externen Websites Dritter, auf deren Inhalt der Verlag keinen Einfluss hat und die der Haftung der jeweiligen Seitenanbieter oder -betreiber unterliegen. Zum Zeitpunkt der Verlinkung wurden die externen Websites auf mögliche Rechtsverstöße überprüft und dabei keine Rechtsverletzung festgestellt. Ohne konkrete Hinweise auf eine solche Rechtsverletzung ist eine permanente inhaltliche Kontrolle der verlinkten Seiten nicht zumutbar. Sollten jedoch Rechtsverletzungen bekannt werden, werden die betroffenen externen Links soweit möglich unverzüglich entfernt.

1. Auflage 2024

Alle Rechte vorbehalten
© W. Kohlhammer GmbH, Stuttgart
Gesamtherstellung: W. Kohlhammer GmbH, Stuttgart

Print:
ISBN 978-3-17-037655-7

E-Book-Formate:
pdf: ISBN 978-3-17-037656-4
epub: ISBN 978-3-17-037657-1

Zur Reihe »Soziale Arbeit in der Gesellschaft«

Unsere Gesellschaft wird immer mehr von inneren Spannungen geprägt: Armut, eingeschränkte Teilhabe, soziale Ungleichheit oder auch Rassismus und Gewalt sind nur einige Themen, die immer wieder hitzig diskutiert werden. In diesem Debattenklima ist es schwierig, zu einer faktenbasierten Bewertung dieser Problemlagen zu kommen, die einer sorgfältigen und nachprüfbaren theoretischen Begründung nicht entbehren. Gerade Sozialarbeitende sind auf solche wissenschaftliche Analysen angewiesen – schließlich sind sie es, die täglich in ihrer Arbeitspraxis mit diesen Problemen und Debatten konfrontiert werden.

Solche Analysen bietet die Reihe »Soziale Arbeit in der Gesellschaft«. In klarer, verständlicher Sprache beantworten die einzelnen Bände für die Soziale Arbeit grundlegende Fragen: Welche Bedeutung haben die Problemlagen für die Gesellschaft und welche Herausforderungen sind damit für die Soziale Arbeit verbunden? In welchen Arbeitsfeldern der Sozialen Arbeit spielen sie eine Rolle? Welche Kompetenzen benötigen Sozialarbeiterinnen und Sozialarbeiter und wie können sie diese entwickeln? Und: Wie kann die Soziale Arbeit unterstützen, welche gesellschaftlichen Ziele verfolgt sie dabei und welche Handlungsansätze haben sich dafür bewährt oder müssen noch erarbeitet werden?

Die einzelnen Bände basieren auf einem breiten sozialwissenschaftlichen Fundament. Sie wollen dazu beitragen, Studierende und Fachkräfte der Sozialen Arbeit zu einer kritischen Auseinandersetzung mit einschlägigen Handlungsfeldern und Arbeitsansätzen einschließlich ihrer professionellen Haltung anzuregen.

Inhalt

Zur Reihe »Soziale Arbeit in der Gesellschaft« **5**

1 **»Ohne Goffman hätte ich es im Knast nicht ausgehalten.« Zur Bedeutung soziologischer Analyse in der Sozialen Arbeit. Ein Erfahrungsbericht** **11**
   1.1 Sinnverstehende Soziologie 12
   1.2 Die erste Begegnung: Warum hätte ich es ohne Soziologie im Knast nicht ausgehalten? (Erving Goffman) 17
   1.3 Die zweite Begegnung: Warum ist Abweichung das, was wir als Abweichung bezeichnen? (Howard S. Becker) 24
   1.4 Meine Soziologie für Soziale Arbeit 34

2 **Müssen Strafe und Gefängnis sein? Überlegungen zum Konflikt mit einem Ausflug in die Vergangenheit** **39**
   2.1 Vormoderne Zeiten 54
      2.1.1 Erstes Bild: Magie und Aberglaube in Eis und Schnee. Konflikte lösen ohne staatlichen Beistand 54
      2.1.2 Übergang: Die Strafe wird erfunden 58
      2.1.3 Zweites Bild: Strafe als verordnete Schande im Spätmittelalter 59

2.2	Moderne Zeiten	61
2.2.1	Macht festigt sich zu Herrschaft: Die Entstehung von Staaten und die gleichzeitige Erfindung des Verbrechens	61
2.2.2	Drittes Bild: Ein Fallbeispiel für die Erfindung eines Verbrechens im 19. Jahrhundert – der Holzdiebstahl	64
2.2.3	Strafe und Gefängnis als nur eine Form der Reaktion auf abweichendes Verhalten	67

3 Kriminalität im Spiegel der Statistik **71**
3.1 Überlegungen zur Bedeutung der Statistik für die Praxis Sozialer Arbeit 71
3.2 Hier sind sie nun: Einige nackte Zahlen 82

4 Der Trichter oder: Wie Kriminalität handhaben? **89**

5 Warum es gut ist, dass wir nicht alles wissen: Eine etwas andere Sicht auf Kriminalität und ihre Statistiken **95**

6 Das Verbrechen ist immer und überall **108**

7 Konfliktregelung abseits und im Schatten des Staates **124**
7.1 Konfliktregelung abseits des Staates 125
7.2 Konfliktregelung im Schatten des Staates 130

8 Die kleinen Diebe hängt man – und die Großen lässt man laufen? **137**

9 Wege aus und in die Kriminalität **150**
9.1 Wie werden Menschen kriminell? 151
9.2 Wie hören Menschen auf, Straftaten zu begehen? .. 155

10	**Soziale Arbeit mit straffällig gewordenen Menschen**	**165**
10.1	Hilfe und Kontrolle, Nähe und Distanz: Schlüsselbegriffe Sozialer Arbeit	165
10.2	Entschuldigung – kann ich Ihnen helfen?	173
	10.2.1 Organisierte Hilfe	173
	10.2.2 Helfen – eine Angelegenheit zwischen zwei Menschen?	175
	10.2.3 Hilfe – als Güte?	179
	10.2.4 Helfen – als Hebammenkunst	184
	10.2.5 Strafen, Helfen oder beides? Arbeit mit straffällig gewordenen Menschen im Zwangskontext	188
Literatur		**194**

1 »Ohne Goffman hätte ich es im Knast nicht ausgehalten.« Zur Bedeutung soziologischer Analyse in der Sozialen Arbeit. Ein Erfahrungsbericht[1]

Was Sie im ersten Kapitel erwarten können

Im ersten Kapitel zeige ich meine sehr persönliche Sicht auf die Soziale Arbeit mit straffällig gewordenen Menschen. Meine ersten praktischen Schritte wurden von einigen Soziologen begleitet. In deren Lektüre vertiefte ich mich nach Feierabend, um mit diesem überaus seltsamen Apparat des Gefängnisses einigermaßen zurechtzukommen, und um den Mut zu finden, am folgenden Morgen wieder den Gang durch die Zellenflure zu wagen. Dieses Kapitel ist damit ein Erfahrungsbericht aus erster Hand, aber auch eine theoretische Befassung mit den Verhältnissen im Strafvollzug und deren Wirkung auf die Praxis Sozialer Arbeit. Ich will über das Wechselverhältnis von Theorie und Praxis sprechen und mich darum bemühen, beispielhaft zu verdeutlichen, wie sehr diese beiden Perspektiven miteinander verknüpft sind.

»Sich selbst zu verstehen ist untrennbar mit dem Verstehen anderer verbunden« (Giddens 1984, S. 21). Ohne Praxis keine Theorie und ohne Theorie keine Praxis, denn selbst, wenn wir der Meinung sind, dass wir dieses oder jenes gerade eben aus dem Bauch heraus entschieden haben, steht doch immer eine theoretische Grundlegung dahinter – ob wir nun darum wissen oder nicht. Und umgekehrt ist es genauso: Niemand kann irgendetwas theoretisch bedenken, ohne eine Vorstellung von der Praxis zu haben, über die gerade nachgedacht wird.

---

1 Es handelt sich um einen grundlegend überarbeiteten Aufsatz, der zuerst erschienen ist in: Braun, W. & Nauerth, M. (Hg.) (2005). Lust an der Erkenntnis. Zum Gebrauchswert soziologischen Denkens für die Praxis Sozialer Arbeit, S. 81–105. Bielefeld.

Ich gehe in diesem Kapitel in vier Schritten vor und beginne mit einer Darlegung meiner theoretischen Herkunft (▶ Kap. 1.1). In einem zweiten (▶ Kap. 1.2) und einem dritten (▶ Kap. 1.3) Schritt werde ich jeweils meine Begegnung mit einem Soziologen während meiner Tätigkeit in der Sozialen Arbeit schildern und erörtern, wie mich diese Begegnung beeinflusst hat. Viertens werde ich zusammenfassen unter der Frage: Was hilft mir die Soziologie bei meiner Auffassung von Sozialer Arbeit (▶ Kap. 1.4)? Selbstverständlich verbinde ich damit die Absicht, auch Sie, werte Leser*innen, dazu anzuregen, Ihre eigenen Vorstellungen von Ihrer Verknüpfung von Theorie und Praxis zu bedenken.

1.1 Sinnverstehende Soziologie

Ich beginne mit meiner theoretischen Herkunft. Hier spielt der Begriff des »Sinns« eine herausragende Rolle. Wenn ich von Sinn spreche, dann meine ich subjektiv gemeinten Sinn.

Subjektiver Sinn – ein Beispiel

Was subjektiv gemeinter Sinn in der Praxis bedeutet, verdeutlicht Blumer (1969/1986, S. 69) mit diesem Beispiel: »Ein Baum ist für einen Holzfäller, einen Botaniker oder einen Poeten etwas ganz Unterschiedliches; ein Himmelsstern ist für einen heutigen Astronomen oder einen Schäfer der Antike etwas ganz anderes; der Kommunismus erscheint einem Sowjet-Patrioten in einem anderen Licht als einem Wall-Street Broker«[2]. Nehmen wir nur den »Baum« als das Beispiel für unterschiedliche Auffassungen dieser Naturerscheinung, dann ist es unmittelbar einsichtig, dass der Holzfäller sich überlegen wird, in welche

---

2 Übersetzung M. L.

> Richtung der Baum fallen soll, wie viel Raummeter Holz verarbeitet werden müssen und wie er abtransportiert werden kann. Nur wenig davon ist für den Botaniker interessant, wenn er winzige Teile des Baumes unter dem Mikroskop untersucht, und der Poet wird sich über die Gegenständlichkeit des Baumes gar keine Gedanken machen wollen, sondern den Baum – vielleicht – als Metapher über das Wachsen, das Sterben und die Vergänglichkeit nutzen.

Es ist daher keineswegs trivial, auch in der Sozialen Arbeit über den subjektiv gemeinten Sinn nachzudenken, denn er beeinflusst das Handeln im Alltag. Als Beispiel dafür beziehe ich mich auf eine fachliche Kontroverse, an der ich selbst teilhaben durfte. In dieser Auseinandersetzung steht auf der einen Seite die Position, dass Soziale Arbeit in der Straffälligenhilfe das spezifisch Sozialpädagogische betonen sollte. Dazu gehört es u. a., dass eine Intervention nur dann sinnvoll ist, wenn die Person selbst eine entsprechende Motivation zur Annahme der Hilfe mitbringt. Aber leider kann in Zwangskontexten diese Motivation nur sehr schwer, wenn überhaupt, erzeugt werden, denn der Mensch, der zur Hilfeannahme motiviert werden soll, kann sich keinesfalls ohne persönliche Nachteile offen dagegen entscheiden (Cornel et al. 2018). Es kann daher sein, dass er das Spiel auf der Vorderbühne mitmacht. Aber sobald er die motivierend gemeinte Besprechung verlassen hat und auf dem Nachhauseweg ist, also gewissermaßen auf der Hinterbühne, sinnt er darüber nach, wie er sich ohne Nachteile verweigern kann. Die andere Position dagegen lautet, dass Motivation in Zwangskontexten selbstverständlich nicht vorausgesetzt werden kann, aber eben keine Vorbedingung für eine gelingende Zusammenarbeit sein muss, denn sie kann auch unter Zwangsverhältnissen erzeugt werden. Dazu muss man allerdings verstehen, dass auf eine erste Phase der Interessenlosigkeit eine Zeit der Motivationsbereitschaft kommen kann. Diese Zeit kann vorbereitet, in Handlungen überführt und aufrechterhalten werden. Jede Phase erfordert jedoch andere Motivierungsstrategien von Seiten der Fachkraft (Zobrist 2021, S. 99).

Beide Positionen können eingenommen und fachlich begründet werden, zumal immerhin Einigkeit besteht, dass es ohne Motivation nicht geht. Nur der Weg zur Erreichung dieses Ziels wird kontrovers behandelt.

Je nachdem, welcher Position zugeneigt wird, hat das fundamentale Auswirkungen auf die Praxis. Jene Fachkräfte, die die erste Position einnehmen, werden vielleicht versuchen, weniger eingriffsorientiert zu arbeiten als jene, deren Überzeugung es ist, dass ihre Eingriffe zur Hilfeannahme motivieren können. Jene, die eine Neigung zur ersten Position haben, werden sich nicht die Frage stellen, ob ihre Intervention gerade phasengerecht erfolgt, weil sie es problematisch finden, ein abstraktes Stufenmodell auf Menschen anzuwenden. Die Fachkräfte, die dieses Stufenmodell bevorzugen, werden es dagegen schwierig finden, ohne eine derartige klare Orientierung zu arbeiten und daher ihr Handeln an diesem Modell ausrichten.

Das ist mit subjektiv gemeinten Sinn angesprochen – sie sehen die Sache eben anders. Da dieser subjektiv gemeinte Sinn dann jedoch in ein Handeln – oder auch in ein Unterlassen – überführt wird, beziehen wir diesen Sinn, soweit wir verständlich und erklärungsfähig sind, zugleich auf die Anderen. Diese doppelte Strukturierung aus Sozialem Handeln und dessen Bezug auf eine allgemeine Struktur verleiht dem subjektiv gemeinten Sinn seinen sozialen Charakter. Durch diesen sozialen Charakter wird der subjektiv gemeinter Sinn sinnhaft für mich *und* die Anderen. Ich gehe also von der soziologischen Grundhaltung aus, dass alle menschlichen sozialen Phänomene auf die Verhaltensweisen Einzelner zurückzuführen sind. Das ist die zentrale Idee des Soziologen Simmel. Sie ist von Alfred Schütz (1981) aufgegriffen worden, einem Hauptvertreter der sinnverstehenden Soziologie. Soziologie verstehe ich daher als die Wissenschaft vom menschlichen Sichverhalten und seinen Konsequenzen. Diese Formulierung geht auf den Soziologen Max Weber zurück, auf den sich wiederum der erwähnte Alfred Schütz bezieht. Diese Soziologie beschäftigt sich daher »nicht mit einer ›vor-gegebenen‹ Welt von Objekten, sondern mit einer, die durch das aktive Tun von Subjekten konstituiert und produziert wird« (Giddens 1984, S. 197).

Dieses aktive Tun bezeichne ich als »Soziales Handeln«. Dieser Begriff orientiert sich ebenfalls an Max Weber und meint »menschliches Tun und Lassen, das dem von den Handelnden selbst gemeinten Sinn nach auf die Handlungen oder den vermuteten Sinn des Handelns anderer Menschen in einer Situation bezogen ist« (AG Soziologie1992, S. 164). Max Weber verdeutlicht dies mit einem Beispiel:

1.1 Sinnverstehende Soziologie

»Nicht jede Art von Berührung von Menschen ist sozialen Charakters, sondern nur ein sinnhaft am Verhalten des anderen orientiertes eigenes Verhalten. Ein Zusammenprall zweier Radfahrer z. B. ist ein bloßes Ereignis wie ein Naturgeschehen. Wohl aber wäre ihr Versuch, dem anderen auszuweichen und eine auf den Zusammenprall folgende Schimpferei, Prügelei oder friedliche Erörterung, soziales Handeln« (Weber 1972, S. 11).

Obwohl die von mir bevorzugte Soziologie daher davon ausgeht, was Menschen subjektiv sinnen, also von dem, was in ihrer Psyche abläuft, ist sie trotzdem die Wissenschaft von dem, was physikalisch geschieht. Wie das? Weil Sinn stets zu Handlung oder Unterlassung wird und damit auf die Welt einwirkt. Dies vorausgesetzt, ist alles Geschehen in der Sozialen Welt auf das Tun oder Nicht-Tun wirklicher Menschen in wirklichen Situationen zurückzuführen. Wir können nicht immer mit Sicherheit angeben, wer mit wem und warum etwas getan hat, denn wir können nicht jeder feinen Verästelung des sozialen Lebens bis auf den Grund nachgehen. Und selbst wenn wir diesen Versuch unternehmen und endlich am Ende einer besonderen Verästelung angekommen sind, so würden wir darunter wieder eine beginnende Verzweigung finden und so fort. Das ändert aber nichts daran, dass alle diese Verästelungen durch Soziales Handeln von im Prinzip angebbaren Menschen entstanden sind, und dass es prinzipiell möglich ist, diese Menschen zu benennen.

Soziales Handeln: Dualität von Struktur und Verhalten

Soziales Handeln ist daher ein Zweifaches, nämlich strukturierend und zugleich strukturiert. Strukturierend ist der Prozess des Sozialen Handelns, strukturiert ist das Resultat. Die Strukturen sind das Resultat und das Medium Sozialen Handelns zugleich. Dafür gibt es Beispiele. So können ehemalige Inhaftierte berichten, dass die Haftbedingungen in Bayern härter sind als in Schleswig-Holstein. Junge Menschen mit Heimerfahrung differenzieren sehr genau, wo das Personal zugewandt und wo weniger freundlich ist. In beiden Fällen handelt es sich um die Strukturen »Gefängnis« und »Heim«. Und doch können Welten dazwischen liegen, weil die in dieser Struktur tätigen Menschen unterschiedlich damit umgehen. Und da klar ist, dass dem Subjekt in dieser Theorie als kompetenter und kreativ Handelnder der Vorrang einge-

> räumt wird (Giddens 1984, S. 24), so ist die Einsicht wesentlich, »dass Strukturen nur als reproduzierte Verhalten situativ Handelnder existieren, die klar bestimmbare Intentionen und Interessen haben« (ebd., S. 155).

Dabei ist selbst in Situationen, in denen wir Handlungsohnmacht empfinden, diese aufeinander bezogene Dualität von Struktur und Verhalten grundlegend, da wir angeben können, welche wirklichen Menschen die dieser Ohnmacht zugrunde liegende Struktur produziert und reproduziert haben. Dies trifft etwa auf Prüfungen, auf Gefängnisse, auf die Unterordnung der Kinder unter die Eltern, die Unterordnung der Eltern unter staatliches Handeln, auf die Unterordnung des Staates unter die Wirkkräfte des Kapitals zu. Immer sind wirkliche Menschen am Werk, die die Struktur beleben und formen. Und diese wirklichen Menschen sind bei der Schaffung dieser Verhältnisse stets von ihrem subjektiv gemeinten sozialen Sinn erfüllt. Die Handlungsohnmachten in der Prüfung, bei der Führerscheinstelle oder im Gefängnis sind deshalb sozial – also durch die wirklichen Handlungen wirklicher Menschen – erzeugte Handlungsohnmachten.

> Soziales muss daher durch Soziales erklärt werden, wie es Durkheim als soziologischen Grundsatz formuliert hat.

Da ich den Ausgang von meinem subjektiv gemeinten Sinn in seiner historischen und gesellschaftlichen Umklammerung nehme, ergibt sich daraus für mich nun die Notwendigkeit, dies auf mich selbst anzuwenden. Ich bearbeite daher nun innerhalb dieses Verfahrens, wie eingangs angekündigt, in zwei Abschnitten zwei meiner Begegnungen als Sozialarbeiter mit Soziologen. Ich versuche, meinen subjektiv gemeinten Sinn innerhalb meiner sozialen Bezüge und meinen historischen Begrenzungen auszulegen.

1.2 Die erste Begegnung: Warum hätte ich es ohne Soziologie im Knast nicht ausgehalten? (Erving Goffman)

Diese Begegnung führt zurück in ein achtwöchiges Praktikum in einer Strafanstalt für Erwachsene. In meinen während dieser Zeit verfassten Notizen findet sich diese Formulierung:

»Meine Erfahrungen im Vollzug zeigten mit, dass es schwer ist, sich gegen den Willen und die Vorstellungen der Beamten durchzusetzen. Aber man muss sich mit dieser Berufsgruppe wie vielleicht mit keiner anderen während der täglichen Arbeit auseinandersetzen. Zwar hat der normale Aufsichtsbeamte in der Regel kaum Kompetenzen, doch ist das Klima einer Anstalt entscheidend durch diese Berufsgruppe geprägt.«

Und ich schloss diesen Absatz mit der suchenden Formulierung: »Und was prägt den Vollzugsbeamten?«

Wenn ich von »Beamten« schrieb, dann meinte ich damit die Vertreter*innen des »Allgemeinen Vollzugsdienstes«, häufig Handwerker*innen, deren Entscheidung für den Vollzugsdienst und für eine mittlere Beamtenlaufbahn auch von der damit versprochenen Arbeitsplatzsicherheit geprägt ist. Obwohl diese Gruppe in der Gefängnishierarchie der Bediensteten einen niedrigen Status innehat und schlechter bezahlt wird, bildet sie eine stille, aber dennoch unüberwindbare Macht im Strafvollzug. Um mein Praktikum einigermaßen überstehen und begreifen zu können, musste ich meine Tätigkeit stark auf sie beziehen – obwohl ich in vielen Punkten mit meinem subjektiv gemeinten Sinn (▶ Kap. 1.1) ihrer Berufsauffassung und ihren Handlungsweisen nicht zustimmen konnte. Dass ihre mächtige Position nicht nur an ihrer großen Zahl liegen konnte, war mir ahnungsvoll deutlich, und ich entwickelte in meinen Notizen daher eine Reihe von Vermutungen, mit denen ich mir ihre zentrale Stellung erklärte.

Leider machte ich erst gegen Ende meines achtwöchigen Praktikums mit Goffmans bekanntem Buch »Asyle« Bekanntschaft. Es handelt sich dabei zwar um die Untersuchung einer psychiatrischen Anstalt, doch ist diese Untersuchung immer und immer wieder gut begründet bemüht worden, um die sozialen Vorgänge in Gefängnissen zu deuten. Schließlich sind Psychiatrien und Gefängnisse, aber auch Handelsschiffe, Klöster oder Internate Totale Institutionen, weil für ihre Insassen Arbeit, Freizeit und Schlafen in Abgeschiedenheit von der übrigen Welt unter einem Dach stattfinden, während sie vom Personal gemanagt und kontrolliert werden, das hier nur seine Arbeitszeit verbringt.[3] Bei Goffman fand ich eine prägnante Formulierung zu meinem Problem mit den Vollzugsbeamt*innen. Diese Formulierung ließ meine selbst zusammengesuchten Gründe sehr verblassen. Goffman sprach von »gruppenspezifischer Rollendifferenzierung« und bezog sich weiter auf die »Soziodynamik der niedrigsten Personenränge«. Zu dieser »Soziodynamik« führte er dann aus:

> »Es ist ein besonderes Merkmal dieser Gruppe, dass ihre Mitglieder meist in langfristigen Beschäftigungsverhältnissen stehen und daher Träger der Traditionen sind, während die höheren Personalränge und sogar die Insassen häufig eine hohe Fluktuation aufweisen. Außerdem hat gerade diese Gruppe die Forderungen der Institutionen gegenüber den Insassen zu vertreten. Daher lenken sie mitunter den Hass der Insassen von den höheren Chargen ab und ermöglichen es diesen, eine onkelhafte Freundlichkeit an den Tag zu legen« (Goffman 1972, S. 113 f.).

Ganz genau. Da war ich, der sich nur für kurze Zeit in der Anstalt aufhielt und es sich daher leisten konnte, das Gefängnis mit kritischem Blick von oben zu durchmustern, und der außerdem über die Möglichkeit verfügte, »onkelhaft freundlich« zu sein. Mit dieser Analyse in der Hand war für mich Wissenschaft und ihr Anspruch, »Soziales Handeln deutend zu verstehen« (Weber), fassbar und praktisch geworden. Ich hatte mit dem Begriff der »Soziodynamik der niedrigsten Personenränge« ein Hilfsmittel gewonnen, das mich mehr sehen ließ als nur schlechtgelaunte, mürrische Beamt*innen, die meine ungelenken Versuche beobachteten, mit »Zellenbesuchen Kontakt herzustellen.« Das unter ihrem Verhalten verborgen liegende und dieses Verhalten stabilisierende Gerüst, die »duale Struktur« aus Vorgegebenem *und* Bewirktem, war mir sichtbar geworden. Die Voll-

---

3 Im Unterschied zu mir verbrachte Goffman allerdings »den Tag mit den Patienten, vermied geselligen Kontakt zum Personal und trug keinen Schlüsselbund« (Goffman 1972, S. 7). Ich selbst verbrachte mehr Zeit mit dem Personal als mit den Gefangenen, bemühte mich um gesellige Kontakte mit den Beamt*innen und trug einen Schlüssel.

1.2 Die erste Begegnung (Erving Goffman)

zugsbeamt*innen hatten gute Gründe für ihr Verhalten, ob mir das nun passte oder nicht: Ich würde bald wieder weg sein, sie würden noch viele Jahre bleiben. Ich würde einmal mehr Geld verdienen als sie, denn ich würde nach dem Studium automatisch in eine höhere Gehaltsgruppe eingestuft. Ich konnte freundlich sein, denn ich hatte nichts durchzusetzen, sie jedoch mussten die Regeln vertreten und erledigten das unterschiedlich zugewandt. Es entstand bei mir eine soziologische Vorstellungskraft (Mills 1967). Diese soziologische Vorstellungskraft führte mir deutlich vor Augen, dass ich nicht nur ein in persönliche Schwierigkeiten verwickelter Akteur war (das war ich natürlich auch). Sondern ich verstand zugleich, dass diese starke Position des »mittleren Vollzugsdienstes« auf die besondere Struktur Totaler Institutionen zurückzuführen ist und diese Struktur auf mich zurückwirkte. »Damals wie heute glaube ich« schrieb Goffman in seiner Einleitung »daß jede Gruppe von Menschen [...] ein eigenes Leben entwickelt, welches sinnvoll, vernünftig und normal erscheint, sobald man es aus der Nähe betrachtet« (Goffman 1972, 7). So ging es auch mir. Je länger ich die Abläufe betrachtete, desto sinnvoller, vernünftiger und vor allem normal erschienen sie auch mir.

Diese Strukturen übten auf das Handeln der Strafvollzugsbeamt*innen und auf mein Handeln einen starken Zwang aus, doch zugleich ermöglichten sie unser Handeln. Die dabei entstehenden und hergestellten Wirkkräfte, die ich unsystematisch-praktisch erlebte, hatte Goffman systematisch-theoretisch erfasst. In den vielen Gefängnissen und Lagern auf der ganzen Welt passierte Vergleichbares. Ein Bewusstsein für die organisationsimmanente Lagerung des Problems war entstanden. Ich hatte von Goffmans sozialwissenschaftlicher Sicht profitiert und konnte nun mit seiner Hilfe, obzwar er in erster Linie ein Erkenntnisinteresse und kein Handlungsinteresse wie ich verfolgte, die Praxis besser verstehen. Ich konnte bei der Lektüre seiner Arbeit erkennen, dass Goffman Anstalten und Gefängnisse auf hohem theoretischem Niveau für meine Praxis nützlich erklärte.

Mir gefiel daran, dass Goffman innerhalb des engen Regelwerks des Knastes nach Freiheit für den oder die Einzelnen suchte, also danach, wie Menschen strukturierend mit Struktur umgehen. Er erkundete, wie diese*r Einzelne sich in diesem engen Käfig sein bzw. ihr »Territorium des Selbst« schuf, wie er formulierte. Den Käfig selbst stellte er jedoch nicht in Frage.

Das fehlte mir, doch zugleich zog mich diese kritiklose Hinnahme des Käfigs (der Struktur) an. Wie Goffman diesen Mechanismus des Anziehens und Abstoßens zugleich bei mir erzeugte, will ich mit einer Geschichte über ihn verdeutlichen.

»Auf einer Tagung, deren Hauptredner Goffman war, wurde ihm zu Ehren am Abend ein Empfang gegeben, der im Beobachtungsturm einer von Schinkel gebauten Sternwarte – nun ein sozialwissenschaftliches Institut – stattfand. Der Ehrengast wurde begrüßt, sagte einige höfliche Sätze, trat zurück und schien wenige Minuten später verschwunden. Schließlich fand man ihn: auf dem ursprünglich für das Fernrohr vorgesehenen drehbaren Podest am – bezeichnenden – Rand der Abendgesellschaft, deren Gegenstand, Teil und Beobachter er war« (Soeffner 1995, S. 318).

Diese Geschichte erinnerte mich sofort an ein Foto, auf dem ich als junger Mann selbst zu sehen bin: Es ist ein von einem Baukran aus aufgenommenes Bild auf die Grundsteinlegung eines Krankenhausneubaus, an dem ich mitarbeite. Die Festgesellschaft bildet einen geschlossenen Kreis um den Festredner, der noch die Maurerkelle in der Hand hält. Unmittelbar hinter ihm sind Schwesternschülerinnen in weißer Tracht aufgereiht, rechts und links schließen die sozial höhergestellten Honoratioren in Anzügen an die Schülerinnen an. Gegenüber dem Festredner stehen die Bauarbeiter in Sakko, Blouson oder weißem Hemd. Hinter diesem Kreis, in etwa zwei Meter Abstand von ihm, stehen vier türkische Arbeiter in ihrer Sonntagskleidung, in einer Linie aufgereiht und an ein provisorisches Baugeländer gestützt. Und links davon, noch einmal in etwa drei Meter Entfernung von den türkischen Kollegen und vielleicht zehn oder elf Schritte von der am nächsten stehenden Person des geschlossenen Kreises entfernt, stehe ich, mit über der Brust gekreuzten Armen, ebenfalls an dieses Baugeländer gestützt. Ich halte meinen Blick so, dass ich von außerhalb problemlos beobachten kann.

Meine Position auf diesem Foto erklärte mir die Anziehung, die Goffman auf mich ausübte. Über ihn wird geschrieben, dass er es vorzog, »aufmerksam und mitschwimmend zwar, am Rand des Stroms zu bleiben. In seiner Disziplin verkörperte er den Typus des ›marginal man‹, und dies nicht nur als Beobachter, sondern auch als Theoretiker« (ebd., S. 319). Das gefiel mir und gefällt mir bis heute: aufmerksam am Rand des Stroms mitschwimmen. Was mir an Goffman nicht gefiel, hätte ich zur Zeit

1.2 Die erste Begegnung (Erving Goffman)

meines Praktikums vermutlich nicht in Worten ausdrücken können, aber ich kann es heute versuchen: Goffman erklärt nicht, warum die Leute ihre Rollen, ihr Selbst, so spielen, wie sie sie spielen. Er spricht nicht darüber, dass einige Formen des Selbst mehr Gratifikationen nach sich ziehen als andere; er spricht nicht darüber, dass »Macht und Wohlstand Hilfsmittel sind, die die Fähigkeit, ein Selbst erfolgreich darzustellen, mit beeinflussen« (Gouldner 1974, S. 455). Goffman kann sich mit seiner auf die Erscheinungen des Verhaltens zwischen einzelnen Menschen fokussierten Perspektive nicht mit der Frage beschäftigen, wie und ob die Menschen die Strukturen *verändern* wollen, in denen sie ihr Selbst inszenieren. Er kann zu diesen Strukturen überhaupt nur wenig sagen, denn ihn interessiert der »Interaktionismus«, also jenes, was zwischen den Menschen vorkommt. Er kann daher nicht über Veränderung, sondern nur über Anpassung schreiben, und ganz richtig setzt er immer und fortlaufend voraus, dass wir Menschen uns *anpassen wollen* – anpassen auch in erdrückenden Organisationen wie dem Knast oder der Psychiatrie, anpassen in Organisationen, die Menschen ihre Individualität nehmen und in denen wir uns nur mit List, Täuschung, mit gewitzten Strategien, mit einem »Management des Eindruckmachens« unsere kleinen »Territorien des Selbst« als kleine Inseln im Meer der Erdrückung schaffen können.

Goffman ist daher zugleich ein Beispiel für die Beschränkungen und Gefahren der sinnverstehenden Soziologie, also der Wissenschaft vom menschlichen Sichverhalten und seinen Konsequenzen, wie ich es mit Max Weber definiert habe. Diese Beschränkung entsteht, wenn das menschliche Sichverhalten als bloße Inszenierung in einem Theater begriffen wird.

Das enthebt diese Perspektive von der Notwendigkeit gesellschaftlichen Gestaltens, weil dieser Anschauung zufolge jede*r selbst sein bzw. ihr Selbst im sozialen Raum der Gesellschaft eigenverantwortlich gestalten kann. Diese Sicht unterschlägt jedoch, dass Menschen sehr wirkungsvoll durch Institutionen, durch ihre Geschichte und auch durch biologische Umstände daran gehindert werden, eben die Rolle einzunehmen, die sie gerne einnehmen würden. Diese Sicht verschweigt weiter, dass Menschen ihre Gesellschaft erfolgreich hierarchisiert haben, zum Vorteil dieser und zum Nachteil jener. Diese Sicht schweigt dazu, dass die realen

1 Zur Bedeutung soziologischer Analysen in der Sozialen Arbeit

> Handlungsoptionen ungleich verteilt sind. Diese Sicht verheimlicht, dass in einer hierarchisierten Gesellschaft alle Räume hierarchisiert sind und soziale Abstände und Positionen zum Ausdruck bringen. Sie unterschlägt, dass jeder Raum sozial konstruiert und markiert ist; jeder Raum »ist der Austragungsort von individuellen und politischen Kämpfen, in denen es real darum geht, erwünschten Personen, Gütern und Dienstleistungen möglichst nahe zu sein bzw. unerwünschte Personen auf Distanz zu halten« (Bartelheimer 1999, S. 16).

Goffman hat dieses gesehen und gewusst, jedoch nicht darüber geschrieben. Er hatte seine guten Gründe dafür, denn er suchte im Käfig der Gesellschaft ausschließlich nach Freiheitsräumen für die Einzelnen. Darum thematisierte er Verhalten als Resultat von Verhältnissen und nicht die wechselseitige Wirkung von Verhalten und Verhältnissen. Er fragte nicht danach, wie ein Mensch strukturierend *gegen* die Struktur vorgehen kann, sondern zeigte die Mechanismen der Anpassung *unter* die Struktur. Er führte ein Bild vor, wonach die Handlungen den Insassen stetige Versuche der Anpassung und nicht der Gestaltung sind.

So viel zu meiner Anziehung an das Denken von Goffman, und so viel zu meiner Skepsis. Beides erklärt jedoch noch nicht, warum er überhaupt so stark auf mich und meine Generation von Sozialarbeiter*innen wirken konnte und auch heute aus gutem Grund in keinem Einführungsseminar in die Kriminologie fehlt. Eingangs habe ich gesagt, dass ich meinem sozialen Sinn in seinen historischen Bezügen nachspüren möchte, oder, mit anderen Worten: wenn Soziales durch Soziales zu erklären ist, so ist auch mein individueller sozialer Sinn durch einen gesellschaftlichen sozialen Sinn zu erklären. Der Soziologe Durkheim hat für dieses Zusammenspiel den Begriff »Kollektivbewusstsein« geprägt. Welches Kollektivbewusstsein erklärt, dass so viele junge Sozialarbeiter*innen mit skeptischem Blick und mit Goffman im Kopf durch die Knast- und Psychiatrieflure geeilt sind? Warum habe ich mich neben vielen anderen für seine Dramaturgie interessiert, warum faszinierte mich die »Illusion des Selbst«, das die Menschen in Goffmans Büchern nach Kräften in Szene setzen? Die Erklärung dafür habe ich erneut bei einem Soziologen gefunden.

> **Der neue Bourgeois (Alvin Gouldner)**
>
> Alvin Gouldner formuliert, dass Goffman in die veränderte Welt des neuen Bourgeois eingedrungen ist. Dieser neue Bourgeois glaubt nicht mehr daran, dass harte Arbeit und das daraus entstehende Produkt allein zum Erfolg führen. Sondern er glaubt, dass gutes Marketing entscheidend ist. Der neue Bourgeois ist kein Held der Arbeit und der Produktion mehr, wie der klassische Bourgeois des 19. Jahrhunderts, sondern vielmehr ein Held der Dramaturgie und der Illusion: »Dramaturgie bezeichnet den Übergang von einer älteren Wirtschaftsform, die um die Produktion zentriert war, zu einer neuen, der es um Reklame und Marketing, einschließlich des Marketing des Selbst geht [...]. In dieser Wirtschaft ist die reine ›Vorstellung‹ von besonderer Bedeutung« (Gouldner 1974, S. 455). Es geht weniger darum, was jemand tut, sondern welchen Stil er*sie sich gibt.

In diesem Übergang befand ich mich als Person: Ich kam aus der Welt der Arbeit, der Produktion, in der ich an meinem Produkt und an meiner Produktionsleistung gemessen wurde. Das war mir mit Beginn des Studiums der Sozialen Arbeit aus der Hand genommen. Nun waren mir Worte, Texte und Zeichen an die Hand gegeben. Ein Held der Produktion wollte ich nicht mehr werden. Aber vielleicht konnte ich durch den klugen Gebrauch von Worten, Texten und Zeichen ein Held der Illusion werden, so wie die vielen kleinen Illusionsheld*innen, mit denen Goffman seine Bücher bevölkerte. Ich stand, kurz gesagt, am Eingang der Dienstleistungsgesellschaft, und die erwartete von mir Stil, Inszenierung, Theater.

Wie also hat mir Goffman im Knast geholfen? Erstens half er mir für eine begrenzte Zeit, eine Distanz herzustellen, indem ich seine Theatermetapher (wir alle spielen Theater, egal wo wir sind, auch im Knast) durchaus ernst nahm. Ich konnte mir damit den ganzen Kram auf Armlänge einigermaßen vom Leib halten. Dadurch hat er es mir ermöglicht, beobachtend im Strom mitzuschwimmen. Zweitens hat er mir den Blick dafür erweitert, wie ungeheuer viel mit Worten und Zeichen auszurichten ist. Drittens hat er ein heilsames Unbehagen in mir ausgelöst, weil ich mehr wissen wollte über das »Warum« der Rollen, nicht nur über das

»Wie«. Indem er mir das »Wie« des Verhaltens zeigte, öffnete er mir die Tür, hinter der sich nach meiner Vermutung das »Warum« der Verhältnisse verbarg. Es entstand eine erste Ahnung dessen, was ich im einführenden Teil dieses Kapitels mit der »Dualität von Struktur« angesprochen habe, eine Ahnung über die Wechselwirkung von Verhalten und Verhältnissen. Er hat es mir daher nicht möglich gemacht, dauerhaft im Gefängnis zu bleiben. Im Gegenteil, er hat mich sogar ermutigt, den Knast wieder zu verlassen, weil ich dort nicht als beobachtender Soziologe, sondern als handelnder Sozialarbeiter angestellt war. Ich musste das Verhältnis von Beobachten und Handeln an einem anderen Ort neu austarieren.

1.3 Die zweite Begegnung: Warum ist Abweichung das, was wir als Abweichung bezeichnen? (Howard S. Becker)

Die nächste Begegnung mit einem Soziologen, die ich hier anführen möchte, beginnt etwa zehn Jahre später in meinem Arbeitszimmer, nun nicht mehr im Gefängnis. Ich sitze in diesem Zimmer als Bewährungshelfer. Bereits im Knast hatte ich begehrlich auf die Bewährungshelfer*innen gesehen. Anscheinend konnten sie ihre Arbeit ziemlich frei und unkontrolliert nachgehen. Dabei waren sie mit eigenem Büro und exklusiven, nur von ihnen selbst zu bearbeitenden Fällen ausgestattet. Außerdem standen sie nach meiner Wahrnehmung ziemlich unbeobachtet am Rand der Kriminaljustiz. Ein idealer Posten, um selbst zu beobachten, dachte ich. Ich wollte gerne dorthin wechseln, ich wollte wieder, wie damals auf der Baustelle, dabei sein *und* beobachten. Und auch das Klientel wollte ich gern behalten. Denn »Randgruppenarbeit«, wie es damals hieß, sollte es schon sein. Etwa um diese Zeit schrieb ich: »[D]ie Randgruppenarbeit als Beruf bietet mir einen Kompromiss für meinen Umgang mit meinen Ängsten und Wünschen an, denn sie ist genau auf der Grenzlinie zwischen Integration und sozialem Ausschluss angesiedelt.« Auf dieser Grenze

1.3 Die zweite Begegnung (Howard S. Becker)

wollte ich gehen. Ich fand es aufregend und politisch korrekt zugleich, zu diesem von besonderen Menschen bewohnten Grenzgebiet Zutritt haben zu dürfen. Und das noch als Lebenszeitbeamter. Es konnte überhaupt nicht besser sein: Partisan und doch Beamter. Beamteter Partisan. So war ich also weiter mit »Randgruppenarbeit« befasst, saß in meinem eigenen Büro, nur einmal im Jahr von einer Aktenprüfung sanft geplagt, und hatte ansonsten meine Arbeit nicht wirklich vor einer Kontrollinstanz zu verantworten, solange ich meine Berichte an die Gerichte pünktlich ablieferte.

Ich hatte mir eine umfangreiche Arbeitskartei angelegt, deren Stichworte zu drei Aktenordnern führten, in denen ich das benötigte administrative Wissen für die Arbeit abgelegt hatte: von A wie Arbeitsamt mit Leistungstabellen und Öffnungszeiten zu Z wie Zivilprozessordnung mit einschlägigen Vorschriften und Pfändungsfreibetragstabellen. Und ich hatte in der Zeit an mir eine »Selbsterkundung« durchgeführt, wie ich das nannte. 14 Monate hatte ich jeden meiner beruflichen Kontakte in einer Tabelle festgehalten. Daher wusste ich nun, dass ich jeden Monat durchschnittlich 120 Klient*innenkontakte hatte. Diese bestanden jedoch nur zu einem knappen Drittel aus persönlichen Kontakten, ansonsten aus Anrufen der Klient*innen, die auf diese Weise zumeist versuchten, mich aus ihrer Welt herauszuhalten. Und von meiner Seite trug ich zu dieser Zahl von 120 monatlichen Kontakten maßgeblich dadurch bei, dass ich jeden Monat etwa 30 Vordrucke versandte, mit denen ich erst ermutigte, dann dringend bat, dann leicht bedrohte, mich aufzusuchen. Es lag wohl doch etwas mehr Abstand zwischen uns, als ich erhofft hatte.

Ich hatte diese Selbsterkundung stillschweigend durchgeführt und mit keinem meiner Kolleg*innen darüber gesprochen, denn es war ausgesprochen unüblich, seine Arbeit offenzulegen. Ich suchte aber nach einem Ort, um besser zu verstehen, was hier eigentlich los war. Ich begann vorerst eine berufsbegleitende, dreisemestrige Weiterbildung an der Universität Hamburg.

Hier begegnete ich das erste Mal dem Satz des US-amerikanischen Soziologen Howard S. Becker: »Abweichendes Verhalten ist Verhalten, das Menschen so bezeichnen« (1973, S. 8). Ich war bislang der Ansicht gewesen, dass abweichendes Verhalten aus »Sozialfaktoren« entstehe, und ich hielt die Berücksichtigung von Sozialfaktoren für eine progressive Alternative gegenüber biologischen und individualisierenden Erklärungen. Zu den »Sozialfaktoren« zählte ich schlechte wirtschaftliche Verhältnisse, mangelnde Schulbildung, die Zugehörigkeit zur arbeitenden Klasse, schädliche Kontakte zu Kriminellen, die Mitgliedschaft in bestimmten jugendlichen Gruppen, die Altersphase zwischen 16 und etwa 23 Jahren. Ich war nach wie vor der Meinung, die ich Jahre zuvor in meinem Abschlussbericht zu einem Methodenpraktikum formuliert hatte: »Die Mängel der Umwelt liegen meist sonnenklar auf der Hand, individuelles Versagen liegt m. E. am seltensten vor.«

Doch das abweichendes Verhalten deshalb abweichendes Verhalten ist, weil Menschen es so bezeichnen, war mir neu. Kann auf der Welt etwas durch bloße Bezeichnung geschehen? Ganz offensichtlich vertrat Becker diese Ansicht.

Abweichendes Verhalten als ›Bezeichnung‹

Ich lernte bei näherem Hinsehen sein Argument kennen, wonach abweichendes Verhalten von der Gesellschaft als Begriff geschaffen und dieser Begriff auf bestimmte Personen angewendet wird (ebd., S. 8). Ich lernte, dass er etwa folgendes meinte: Die jeweils mächtigen gesellschaftlichen Gruppen schaffen abweichendes Verhalten durch die Aufstellung von Regeln. Mit diesen Regeln bevorzugen sie sich selbst und benachteiligen andere Gruppen. Heinrich Hannover, Kinderbuchautor und Jurist, hat diesen Vorgang gereimt: »Schon jeher hat, wer an der Macht, sich neue Strafen ausgedacht. Vermieden aber wurden Strafen, die die Erfinder selbst betrafen« (Hannover 1993, S. 79).

Erst die Verletzung der geschaffenen Regeln schafft das abweichende Verhalten. Abweichendes Verhalten ist dann keine Qualität der Handlung, sondern eine Konsequenz der Anwendung von Regeln durch andere. Wörtlich schreibt Becker:

> »Wenn eine Regel durchgesetzt ist, kann ein Mensch, der in dem Verdacht steht, sie verletzt zu haben, als besondere Art Mensch angesehen werden, als eine Person, die keine Gewähr dafür bietet, dass sie nach den Regeln lebt, auf die sich die Gruppe geeinigt hat. Sie wird als Außenseiter angesehen« (Becker 1973, S. 1).

1.3 Die zweite Begegnung (Howard S. Becker)

Und das bringt er auf den bereits zitierten knappen Satz: »Abweichendes Verhalten ist Verhalten, das Menschen so bezeichnen.« Kriminalität ist daher nicht eine Eigenschaft von Personen, sondern das Ergebnis einer interessierten Bezeichnung oder einer »Zuschreibung« oder einer »Etikettierung«, wie es auch heißt.

Was mit Zuschreibung gemeint ist, will ich mit einer kleinen Geschichte über Picasso illustrieren, die ich Heinz von Foerster abgelauscht habe. Ein Bildliebhaber besuchte Picasso. Dieser Mann brachte seine Kritik an Picassos Malstil zum Ausdruck: »Warum malen Sie so abstrakt? Warum malen Sie nicht richtige Sachen, warum bilden Sie nicht die Realität ab?« – »Ich bin nicht sicher, ob ich verstehe, was Sie meinen«, antwortete Picasso. Also holte der Besucher seine Brieftasche heraus und zeigte Picasso ein Bild: »Das ist meine Frau. Das ist ein reales und objektives Bild von ihr. Warum können Sie nicht so malen?« – Picasso zögerte. Schließlich bemerkte er: »Sie ist ein wenig klein, oder? Und sie erscheint mir auch reichlich flach.«

Diese Geschichte verdeutlicht, dass die Bewertung eines Gegenstandes oder einer Sache und auch eines sozialen Sachverhalts als »objektiv gegeben« nur eine Annahme über die Realität ist. Die Annahme ist nicht die Realität selbst. Zutreffend ist allerdings, dass viele Menschen sich darauf geeinigt haben, ein Foto als »objektiv« zu bewerten und ein gemaltes Bild als »impressionistisch« oder als »expressionistisch« oder noch anders zu bezeichnen. Zutreffend ist daher auch, dass es zu einer weithin geteilten Grundannahme über die Realität gehören kann, dass etwas objektiv gegeben ist, sich objektiv abbilden lässt und dass Objektivität daher ein hohes Gut sei, nach dem wir alle streben sollten – und in der Wissenschaft ganz besonders. »›Objektive‹ Erkenntnis, laut unserer abendländischen Überlieferung, hieße ein Objekt so kennen, wie es wäre, bevor es in den Erlebensbereich eines erkennenden Subjekts erscheint« (Glasersfeld 2002, S. 31). Oder, wie es Heinz von Foerster ausgedrückt hat: »Objektivität ist die Wahnvorstellung eines Subjekts, dass es beobachten könnte ohne sich selbst« (ebd.).

Ursprünglich und in der heute verlorengegangen Bedeutung des Wortes meinte »Objekt« jedoch etwas anderes. Abgeleitet vom lateinischen »obicere« bedeutete es »das Entgegengeworfene« und bezeichnet damit den Gegenstand oder Inhalt unserer Vorstellung. Das Objekt ist in dieser ursprünglichen Bedeutung nicht etwa von uns losgelöst und tritt uns »objektiv« entgegen, sondern es ist an unsere Vorstellung gekoppelt. Es entsteht in einem Wechselspiel zwischen uns und dem Gegenstand. Das nun allerdings bedeutet nicht, dass wir dem Entgegengeworfenen ausgeliefert sind. Denn wir verfügen über die Möglichkeit zur Reflexion über das Entgegengeworfene: »Um zu reflectieren, muß der Geist in seiner fortschreitenden Thätigkeit einen Augenblick still stehen, das eben Vorgestellte in eine Einheit fassen, und auf diese Weise, als Gegenstand, sich selbst entgegenstellen,« schreibt Wilhelm von Humboldt (zit. nach Glasersfeld 2002, S. 32).

Genauso tritt uns nach Beckers Ansicht Soziales Handeln gegenüber. Wir sind ihm nicht ausgeliefert. Hier finden wir erneut die schon mehrfach erwähnte Dualität von Struktur, wonach »gesellschaftliche Strukturen sowohl durch menschliches Handeln konstituiert werden als auch zur gleichen Zeit das *Medium* dieser Konstruktion sind« (Giddens 1984, S. 148). Soziales Handeln erzeugen wir innerhalb der Dualität von Struktur. Wenn Becker also die Vorstellung ablehnt, dass das uns Entgegengeworfene eine unumstößliche, für alle gleich gültige Qualität hat, die es allgemeinverbindlich nur zu erkennen gilt,[4] so verwirft er mit dieser Anschauung eine Orientierung an objektiver Wahrheit. Woran orientiert er sich dann? Die Antwort liegt auf der Hand: Soziales Handeln ist bei Becker wertbestimmtes Handeln; die Bedürfnisse wie die Ziele des Sozialen Handelns sind auf Werte bezogen (Hartfiel 1972, S. 60).

Hier wird deutlich, dass Becker von der Wissenssoziologie geprägt ist, also von jener speziellen Soziologie, die sich mit den bei uns vorhandenen Annahmen über die Realität befasst. Weil er diese Sicht anlegt, muss er von einer Wechselwirkung von Wissen und Gesellschaft ausgehen. Untersuchungsgegenstand ist dann für ihn das Zustandekommen von Wissensinhalten und deren Konsequenzen für Soziales Handeln.

---

4 Wer dies denkt, der nimmt in heiterer Gelassenheit an, dass Jedermann und Jederfrau eben das sehen würde, was wir sehen, wenn er oder sie den Standpunkt mit dem unseren tauschen würde. Schütz nennt das den »Grundsatz der Reziprozität der Perspektiven« (Ritsert 1988, S. 127).

1.3 Die zweite Begegnung (Howard S. Becker)

Wie wird abweichendes Verhalten zur Realität?

So ist Becker mit seinem Gegenstand, dem »abweichenden Verhalten«, auch verfahren: Abweichendes Verhalten ist zunächst einmal ein Wissensinhalt und keine Realität. Dieser Wissensinhalt wirkt jedoch auf die Realität, er erzeugt Realität durch die sprachliche Bezeichnung: »Du bist ein Außenseiter.« Wenn der so Bezeichnete die Macht hat zu sagen: »Sie sind wohl selbst verrückt, mit dieser Aussage haben Sie sich gründlich disqualifiziert, lassen Sie sich vorsichtshalber auf Ihren Geisteszustand untersuchen«, so kann er diese sprachliche Bezeichnung[5], die ihn als »Außenseiter« qualifizieren will, erfolgreich abwehren. Ist der so Bezeichnete hingegen Empfänger von staatlichen Sozialleistungen und die ihn so Bezeichnenden vielleicht eine Richterin oder ein Bewährungshelfer, so stehen die Abwehrchancen des Bezeichneten denkbar schlecht. Er muss die Bezeichnung hinnehmen. Und wird er nur lange genug so bezeichnet, so macht er sich das Urteil anderer über ihn zu eigen, er glaubt dann selbst an die Bezeichnung der anderen.[6] Die Be-

---

5 So wird die Sprache durch das wechselseitige Handeln von Gruppen gebildet und getragen. »Jeder Denker könne daher durch eine Analyse seines Wortschatzes und der Bedeutung seiner Worte politisch und gesellschaftlich identifiziert werden« (Wolff 1959, S. 393), wird der wichtigste Lehrer von Howard S. Becker, C. W. Mills, zitiert.

6 Georges Simenon beschreibt den Beginn dieses Prozesses mit einer seiner Romanfiguren: »War er denn wegen des Mordes an Serge nicht mehr einer von ihnen? Denn das war es, was sich hier abspielte, und dieser Eindruck bestätigte sich mehr und mehr. Man brauchte ihnen nur in die Augen zu sehen. Sie hatten zwar nicht alle denselben Blick, aber für keinen, da spürte er, war er noch ein richtiger Mensch. Das galt sogar für den Untersuchungsrichter, den Gewissenhaftesten von allen! Er war sicher verheiratet, hatte Kinder, Freunde und verkehrte mit intelligenten und gebildeten Leuten. Er ging jeden Morgen in sein Büro und verbrachte seine Tage damit, Übeltäter und Verbrecher zu verhören. Hatte er nicht gelernt, dass Verbrecher keiner besonderen Gattung angehören, dass sie wie jedermann die Straße entlang gegangen sind, ihren Milchkaffee getrunken, dazu Croissants verzehrt haben, dass sie eine Frau und Freunde haben, dass sie letzten Endes, wie alle anderen auch, ihr Möglichstes getan haben, um ihr Leben in den Griff zu kriegen? Im Grunde betrachtete ihn der Untersuchungsrichter nicht wirklich wie ein Richter – Bauche hatte allerdings noch nie mit

zeichnung der anderen über ihn ist Teil seines eigenen Wissens über ihn selbst geworden. Er wird sich fortan selbst als Außenseiter bezeichnen und sein Handeln an diesem Selbstkonzept ausrichten.

Weil Soziales Handeln also nicht objektiv gegeben ist, sondern wertebestimmt im Medium der Strukturen stattfindet, die es zugleich konstituiert, muss Becker zufolge auch der Soziologe eine wertebestimmte Position einnehmen. Dazu hat Becker einen Aufsatz geschrieben mit dem Titel: »Whose side are we on?« (1967). Hier erklärt er sich genauer: Die Frage sei nämlich nicht, ob wir Stellung beziehen – dazu sind wir unausweichlich gezwungen –, sondern sie ist, auf welcher Seite wir stehen (Lindenberg 1992, S. 27 f.). Er sagt, dass wir ohne Wertungen und moralische Werturteile in der Soziologie überhaupt kein Thema hätten. Und das, so dachte ich bislang, träfe nur auf die Soziale Arbeit zu, aber nicht auf die Soziologie mit ihrem abgewandten und scheinbar desinteressierten, rein beschreibenden Blick.

Glaubwürdigkeitshierarchie

In dem genannten Aufsatz führt Becker weiter den Begriff der »Glaubwürdigkeitshierarchie« ein. Damit will er sagen, dass die Mitarbeiter*innen der ranghöchsten Gruppe den größten Anspruch haben, die Situation zu beherrschen. Gesteht ein*e Wissenschaftler*in jedoch den Untergeordneten bei den eigenen Forschungen Teilhaberschaft bei der Definition von Situationen zu, so verstößt sie*er damit gegen die Wahrheitseinteilung: Denn wahr ist immer das, was die Ranghohen definieren. Falsch, oder besser: unwahr, oder noch besser: objektiv falsch ist immer das, was die Untergeordneten vorbringen.

Das war für mich in jedem Fall ein Fortschritt gegenüber Goffmans Erforschung der Inszenierung des Selbst, bei dem es darum geht, sich selbst in

---

einem zu tun gehabt –, sondern wie ein Arzt, der sich fragt, was mit seinem Patienten nicht in Ordnung ist. Das war ihm schlagartig klargeworden« (Simenon 1951/2020, S. 100 f.).

Abgrenzung zu anderen optimal darzustellen. Becker dagegen ergriff Partei für mein Klientel und damit wohl auch für mich. Könnte dies meine Soziologie für meine Soziale Arbeit sein? Sie konnte es leider auch nicht sein, weil aus der bloßen Identifizierung mit den ›Underdogs‹ weder eine vernünftige theoretische Perspektive noch eine angemessene Handlungsoption erwachsen kann. Denn auch als Soziologe sehe ich keine besonderen Verdienste darin, über keine Macht und keinen Einfluss zu verfügen, genauso wenig, wie es mir nach einem besonderen Verdienst riecht, Macht und Einfluss zu besitzen. »Es scheint mir, dass weder Schwäche noch Macht als solches Werte sind, die es verdienen, besonders belohnt zu werden« (Gouldner 1975, S. 35). Es ist zwar richtig, dass gegen die untergeordneten ›Underdogs‹ mehr gesündigt wird, als dass sie selbst sündigen, wie Becker das ausdrückt. Das ist zweifellos eine soziologische Erkenntnis, die für das Handeln in der Sozialen Arbeit grundlegend sein muss. Diese Erkenntnis ist jedoch kein Grund für eine Parteinahme. Eine Parteinahme auf der ausschließlichen Grundlage von Mitgefühl mag uns ein Gefühl von Rechtschaffenheit geben, doch sie kann uns auch blind machen (ebd., S. 34). Als Sozialarbeiter wollte ich mich aber auf die Position der Untergeordneten verpflichten, weil ich zu den Rechtschaffenden gehören wollte, die die ›Underdogs‹ als Opfer stilisierten.

So erzeugte Becker in mir die Illusion, dass ich aus der Wissenschaft Unterstützung für meine Rechtschaffenheit finden konnte, und er verlieh meiner Hingeneigtheit zu den Bewohner*innen der Grenze, den Straftäter*innen, eine beglückende Weihe.

Von diesem Glanz geblendet, übersah ich jahrelang, dass Becker tatsächlich nicht die Partei der ›Underdogs‹ eingenommen hatte, genauso wenig, wie ich das getan habe, als ich als Sozialarbeiter in meinem komfortablen Büro Mahnungen an terminsäumige Bewährungspflichtige schrieb. Warum nimmt Becker entgegen seiner Bekundung nicht die Partei der Untergeordneten, der ›Underdogs‹ und der Unterwelt ein, sondern im Gegenteil die der Übergeordneten, der ›Overdogs‹, der hochrangigen Verwaltungsbeamt*innen in der Administration? Kurz gesagt, Beckers Position ist eine Kritik an den Menschen an der Basis des Kriminaljustizsystems, sie ist eine Kritik an ihrem alten Geist der Fürsorge und Kontrolle. Dieser alte Geist sollte in den 1970er und 1980er Jahren überwunden werden. Becker bezog daher tatsächlich eine Position, aber nicht die der

›Underdogs‹. Im Kampf zwischen den alten und den neuen Eliten des Hilfe- und Kontroll-Establishments unterstützte er die neuen Eliten in den Ministerien und an den Hochschulen. Er richtet seine Waffen gegen die Ineffektivität, die Gleichgültigkeit und Gefühllosigkeit der Menschen, die von der Gesellschaft beauftragt wurden, das Schlamassel zu verwalten, das eben diese Gesellschaft angerichtet hatte (Gouldner 1974). Seine Kritik richtete sich gegen die Antiquiertheit der Professionellen an der Basis. Er unterstützte die soziologischen Ideen derjenigen, die in der Verwaltung und in den Apparaten leitende Stellungen innehatten und Reformen anstrebten. Seine Kritik lieferte die Grundlage für die sogenannte »Deinstitutionalisierung« oder »Decarceration« (Scull 1980), also jene Bewegung, die an Stelle Totaler staatlicher Organisationen viele kleine, überwiegend privat betriebene und von Sozialarbeiter*innen und Therapeut*innen dominierte Einrichtungen setzen wollte.

Auf meinen Arbeitsalltag bezogen deutete ich Beckers Arbeit als ein Statement gegen diejenigen meiner Kolleg*innen, die ausführliche lange Vermerke über ihre Kontakte in die Akten schrieben und die sich damit aktiv am Prozess der Etikettierung beteiligten. Ich deutete seine Arbeit als eine Kritik an jenen, die individualisierenden oder gar biologisierenden Erklärungen anhingen und etwa vom äußeren Erscheinungsbild auf innere Verwahrlosung schlossen. Ich empfand seine Arbeit als eine Kampfansage gegen jene, die noch immer beharrlich an der Einzelfallarbeit festhielten und davon absahen, die Klient*innen in ihren sozialen Bezügen zu sehen und ihnen in diesen sozialen Bezügen zu begegnen. Ich fasste seine Arbeit als einen vernichtenden Kommentar gegen jene auf, die an einen Zusammenhang von Bestrafung und Besserung glaubten. Und vor allem wertete ich seine Arbeit als eine Aussage gegen jene, die der Ansicht waren, Soziale Arbeit und Soziologie habe dem Kriminaljustizsystem nur zuzuarbeiten. Mit den Weihen der von Becker vertretenen interaktionistischen Soziologie versehen würde sich das nachhaltig ändern, und die richtigen Leute – wie ich – würden eine führende Rolle in einem modernisierten, soziologisch informierten Kriminaljustizsystem bekommen. Der Sozialinspektor Michael Lindenberg zählte sich offensichtlich zu der neuen Reformelite.

Und doch merkte ich auch hier, wie bei Goffman: Etwas fehlte. Denn Becker hatte kein Gespür für politische Kämpfe. Der Begriff der politischen

1.3 Die zweite Begegnung (Howard S. Becker)

Abweichung kam bei ihm nicht vor. Er untersuchte nicht, mit welchen Mitteln die gesellschaftlich mächtigen Gruppen die Kriminalisierung politischer Abweichung organisieren, zum Beispiel die Friedensbewegung oder die Bewegung der People of Colour für volle Bürgerrechte. Vielleicht interessierte ihn das nicht, aber vielleicht reicht seine Theorie auch nicht so weit, dass sie Gruppen von Menschen erfassen kann, die sich aktiv und unter genauer Angabe ihrer kollektiven Interessen auf der Grundlage ihrer Werte zur Wehr setzen. Ich kritisiere daher heute seine verkürzt interaktionistische Perspektive, die ich im Zusammenhang mit Goffman bereits kritisiert habe. Für Becker entspringt abweichendes Verhalten als ein Prozess aus der sozialen Interaktion. Er kann abweichendes Verhalten daher nicht auf Herrschaft und ihre Organisationen zurückführen (Gouldner 1968, S. 107). Daher besteht für ihn seine Aufgabe als Soziologe nur darin, diesen Prozess zu analysieren und dabei insbesondere die dominanten Wissensbestände in Frage zu stellen. Das ist die Verkürzung der sinnverstehenden Soziologie auf eine interaktionistische Sicht. Der Begriff des Sozialen Handelns wird damit verengt auf das Handeln zwischen einzelnen Menschen.

Kann auf der Welt etwas durch bloße Bezeichnung geschehen, habe ich eingangs dieses Abschnitts gefragt. Selbstverständlich nicht, wenn wir uns das Prinzip der Dualität von Struktur vorlegen. Auch Becker geht von diesem Prinzip aus, verkürzt es jedoch auf eine Dichotomie von Über- und Unterordnung, von Mächtigen und Ohnmächtigen, von Regeldurchsetzer*innen und Regelunterworfenen. Damit kritisiert er – und dies war mir hoch willkommen – zwar das Helfer*innen-Establishment, betrachtet jedoch sowohl die Durchsetzenden als auch die Unterworfenen als ›Reaktionsdeppen‹, die auf die vorliegende Struktur bloß reagieren. Beide Gruppen sind der Struktur ausgeliefert, und das wird auch nicht dadurch geändert, dass Becker stets darauf hinweist, dass die Regeldurchsetzer*innen mächtiger sind als die von ihnen Etikettierten.

Da er sich auf diese Perspektive beschränkt, kann er nicht sehen, dass Abweichung von den großen Institutionen der Gesellschaft zielgerichtet und systematisch erzeugt wird (Gouldner 1974, S. 38). Und er kann nicht sehen, dass das Wissen der Mächtigen Stein geworden ist und von schützenden Mauern umgeben, was wiederum anderen Menschen vielfältige Beschränkungen auferlegt. Er kann nicht sehen, dass Abweichung in diesen Institutionen mit großem Aufwand systematisch produziert und reproduziert wird.

> **Die Totale Institution (Foucault)**
>
> Wie diese durch Institutionen produzierte und reproduzierte Abweichung funktioniert, hat mir Anfang der 1990er Jahre ein weiterer Soziologe gezeigt. Foucault (1977) hat mir den Zusammenhang von Wirtschaftsform und Bestrafung verdeutlicht, indem er die Totalen Institutionen als eine Machtform bezeichnet, die er »Disziplinaranstalten« nennt. Foucault analysiert die Entstehung von Abweichung aus diesen Machtformen heraus. Diese Disziplinaranstalten existieren dann als Strukturen, also als das »reproduzierte Verhalten situativ Handelnder […], die [auf der Grundlage ihrer Machtinteressen, M. L.] klar bestimmbare Intentionen und Interessen haben« (Giddens 1984, S. 155). Und daher differenzieren diese Disziplinaranstalten nach Geschlecht, nach Alter, nach Zivil- oder Strafrecht, nach physischer oder geistiger Verfassung, denn in ihnen wird nach Nützlichkeit und nach Aufwand sortiert.

1.4 Meine Soziologie für Soziale Arbeit

Ich träume selbstverständlich davon, dass Soziologie und Soziale Arbeit zwei gutartige Freundinnen sind, die sich wohlerzogen miteinander beschäftigen und darauf warten, mir meine Wünsche zu erfüllen. Und zwar, ohne einander ins Wort zu fallen. Doch tatsächlich wird mir das Verhältnis von Soziologie und Sozialer Arbeit eine Quelle ewigen Jonglierens bleiben. Ich pendle stets zwischen diesen beiden Welten hin und her. Worin besteht diese Spannung?

1.4 Meine Soziologie für Soziale Arbeit

Spannungsverhältnis Soziologie/Soziale Arbeit

Der Soziologe Robert Merton hat darauf hingewiesen, dass Wissenschaft organisierter Skeptizismus zu sein hat. Und Skeptizismus kann am besten organisiert werden, wenn keine Entscheidungen zu treffen sind, wenn es keinen Handlungszwang gibt. Andererseits können Entscheidungen nur getroffen werden, wenn der Skeptizismus nicht überhandnimmt. Das steckt hinter der Kritik der Praktiker*innen, die den Wissenschaftler*innen sagen: »Im Gegensatz zu uns müsst ihr keine Entscheidungen treffen.« Und das steckt hinter der Kritik der Wissenschaftler*innen, die den Praktiker*innen entgegenrufen: »Vor lauter Entscheidungen habt ihr vergessen, was ihr eigentlich tut.« Das ist mit dem kleinen Witz über den Unterschied von Sozialarbeiter*innen und Soziolog*innen angesprochen: Fragt jemand eine Soziologin, wo es zum Bahnhof geht, so antwortet diese: »Bahnhof? Welche Klasse?« Wird hingegen eine Sozialarbeiterin gefragt, so lautet die Antwort: »Lassen Sie mal. Ich gehe für Sie.« Soziolog*innen analysieren, Sozialarbeiter*innen sind ganz und gar Handeln.

Am lebhaftesten erinnere ich diese Bedrohung durch soziologische Analyse in einer Dienstbesprechung, in die ich das Wort »Betreuung« eingebracht hatte, und zwar so, wie Sternberger et al. (1970) es aus dem nationalsozialistischen Sprachgebrauch herleiteten: »Ja wahrhaftig: die Geheime Staatspolizei betreute die Juden. [...] Was der Unmensch in allen seinen Gestalten zu erreichen strebt, ist dies: dass keiner unbetreut bleibe und dass der Mensch auch zu keiner Zeit seines kurzen Lebens unbetreut bleibe; denn niemand soll zu irgendeiner Zeit Rechte geltend machen und Ansprüche erheben, nicht einmal für gutes Geld Dienstleistungen erwarten, niemand zu irgendeiner Zeit auf Liebe, Hilfe und Treue hoffen können. Jedermann wird ja betreut« (1970, S. 25f.). Dies mochte ja noch hingenommen werden, weil es immerhin auf einer Linie lag mit dem damals üblichen selbstkritischen Bild der Sozialen Arbeit als »Produktion von Fürsorglichkeit« (Wolff 1983). Ich ging dann jedoch einen Schritt zu weit, weil ich Sternberger und seinen Mitautoren darin folgte, H. G. Adler zu zitieren, der in seinem Buch über Theresienstadt ein Wörterverzeichnis der Lagersprache aufgenommen hatte: »Alles und jeder wurde ›betreut‹«, sagt Adler, und er beschreibt, wohlgemerkt, damit ein Konzentrationslager, in dem Jüd*innen eingesperrt wurden. In letzter Konsequenz, so bemerkt er auch, sei das Wort »ein Euphemismus für Morden und Morde« (Sternberger et al. 1970, S. 25). Im Sinn hatte ich mit der Darlegung dieses Zitates Folgendes: Soziale Arbeit läuft Gefahr, durch Betreuung zu entmündigen. Lasst uns darüber nachdenken. Im Sinn der Kolleg*innen entstand jedoch Folgendes: Soziale Arbeit tötet durch entmündigende Betreuung. Gehört wurde weiter: Ein Unterschied zwischen der Geheimen Staatspolizei und der Sozialen Arbeit besteht nicht.

Dieses Beispiel macht deutlich: Die Bedrohung bestand in einer impliziten Botschaft, die in meiner den Kolleg*innen gegenüber geäußerten soziologischen Analyse stets mitschwang: Die Dinge sind nicht so, wie du denkst. Die von dir gedachten Gründe für dein Handeln sind nicht die wirklichen Gründe, die von dir gedachten Resultate sollen gar nicht erreicht werden. Es ist so, als wenn jemand den ganzen Abend für seinen Lebenspartner gekocht hat. Dann kommt dieser Mensch nach Hause und sagt: »Wirf das Zeug weg. Ich habe gerade etwas viel Besseres gegessen.«

Doch genau das ist es, was mich die Soziologie manchmal lehren konnte: Die Dinge sind nicht so, wie sie scheinen. Sieh genauer hin. Unter jeder Wirklichkeitsschicht liegt noch eine andere und noch eine weitere (Berger 1971, S. 32). Aber, leider: Vieles Nachsehen und ständiges Vergewissern vertragen sich nicht gut mit Handeln. Und da ich in diesem Kapitel durchgehend von dem Begriff des Sozialen Handelns ausgegangen bin, also einem Tun oder Unterlassen, dass dem von den Handelnden selbst gemeinten Sinn nach auf die Handlungen oder den vermuteten Sinn des Handelns anderer Menschen in einer Situation bezogen ist, so muss folgendes festgestellt werden: Der Sinn des Handelns in der Soziale Arbeit »ist und bleibt, allen ihren theoretischen Rationalisierungen zum Trotz, praktische Arbeit an der Gesellschaft und für die Gesellschaft«, wie der Soziologe Berger (ebd., S. 14) schreibt. In vermittelnder Absicht fährt er dann allerdings fort: »Die Soziologie ist dagegen ein Versuch, eben diese Gesellschaft zu verstehen. Das, was sie versteht, mag freilich auch für die Praktiker von Nutzen sein. Von daher gesehen, geben wir nur zu gerne zu, hätten etwa mehr soziologische Kenntnisse viele Vorteile auch für Fürsorger« (ebd.).

1.4 Meine Soziologie für Soziale Arbeit

»*Mag* freilich auch für die Praktiker von Nutzen sein.« In diesem »mag« liegt die offene Flanke. Doch nicht, was *mag*, sondern was *ist* für mich der Nutzen der Soziologie für Soziale Arbeit? »Nicht bemitleiden, nicht auslachen, nicht verabscheuen, sondern verstehen,« zitiert Bourdieu (1997, S. 13) eine Anweisung Spinozas, um dann fortzufahren, dass diese Anweisung für den Soziologen nutzlos wäre, »könnte er nicht auch die Mittel an die Hand geben, um sie zu befolgen« (ebd.). Dieses Mittel besteht nach Bourdieu in einer »Art intellektueller Liebe« (ebd., S. 791), der eine Offenheit zugrunde liegt, die es ermöglicht, die Probleme des Befragten zu seinen eigenen zu machen, und ihn damit »zu verstehen, wie er ist, mit seiner ganz besonderen Bedingtheit« (ebd.).

Die Offenheit dieser »intellektuellen Liebe« auf das Verhältnis Sozialer Arbeit zu ihrem Gegenüber bezogen ermöglicht eine Abwendung von einer professionellen Diagnostik und eine Hinwendung zu einer professionellen Verständigung. Dieser professionellen Verständigung liegt eine doppelte Reflexion zugrunde: einerseits über das eigene professionelle Selbstverständnis, andererseits über die Sinndeutung des Gegenübers, die erst im Dialog verständlich wird.

Diese Verständigungsorientierung Sozialer Arbeit kann ein Gespräch in Gang setzen, das beide Sinndeutungen berücksichtigt. Kollegiale Beratung etwa auf der Basis des Konzepts der Subjektorientierung (vgl. Arend et al. 1995) nimmt methodisch einen Dreischritt von Verstehen, Verständigung und Verhandlung auf. Wesentlich ist dabei das Absehen von professioneller Teleologie (»wir wissen, was für Dich jetzt und in Zukunft das Richtige ist«) als linearer Zielorientierung (Kunstreich et al. 2004).

Eine auf der sinnverstehenden Soziologie fußende Soziale Arbeit setzt auf diese im Dialog wirksam werdende Mäeutik (»Hebammenkunst«) und wendet sich gegen das Aufdrängen einer durch Diagnose hergestellten Problematik.

Dies kann nur geschehen, weil die sinnverstehende Soziologie ihren Ausgang von den einzelnen Menschen nimmt, um das dahinter liegende Gewebe der Gesellschaft zu erkennen. Dieses Gewebe wird wiederum von der Vielheit der einzelnen Menschen durchwoben und gestaltet. Dadurch hat diese Soziologie mein Vertrauen gestärkt, dass wir nicht ohnmächtig abstrakten Strukturen gegenüberstehen, sondern jederzeit eingreifen können. Wir sind nicht das Rohmaterial sozialer Systeme. Wir sind nicht passives Rohmaterial der Natur. Wir sind keine handlungsohnmächtigen Marionetten. Dieser soziologische Blick zeigt, dass wir uns erfolgreich anpassen, aber auch erfolgreich Widerstand leisten können, dass wir die Zerstörer*innen und die Schöpfer*innen zukünftiger Zeiten sind (Gouldner 1974, S. 524). Denn alle menschlichen sozialen Phänomene sind auf die Verhaltensweisen Einzelner zurückzuführen.

2 Müssen Strafe und Gefängnis sein? Überlegungen zum Konflikt mit einem Ausflug in die Vergangenheit

> **Was Sie im zweiten Kapitel erwarten können**
>
> Im ersten Teil dieses Kapitel wird die enge Verbindung von Strafe und Gefängnis besprochen. Es scheint uns kaum vorstellbar, dass staatliches Strafen auf diese stärkste Drohung verzichten kann. Weiter geht es mit dem Gedanken, dass in unserem heutigen Verständnis Strafen immer auch der Besserung zu dienen haben, und so auch das Gefängnis. Daran anschließend folgen Überlegungen zum Konflikt, denn bekanntgewordene Straftaten sind Ausdruck menschlicher Konflikte, die zum Streitfall geworden sind. Wie mit dem Konflikt umgehen? Dazu werden zunächst Mechanismen der Selbstregulation ohne Polizei und Gerichte in frühen segmentären Gesellschaften gezeigt (▶ Kap. 2.1.1). Dann wird besprochen, wie im Mittelalter Strafen als Ausgleich für einen Verstoß gegen eine göttliche Ordnung konzipiert wurden (▶ Kap. 2.1.2), und schließlich, wie sich dann die Missetat, auf die mit Ausgleich geantwortet wurde, zu einem Verbrechen wandelte, das nur durch die Bestrafung der jeweiligen Übeltäter gesühnt werden konnte (▶ Kap. 2.2). Das ist der Punkt, an dem wir heute stehen.

Müssen Strafe und Gefängnis sein? Die Zwecklosigkeit scheint dieser Frage auf die Stirn geschrieben. Sie scheint so überflüssig wie etwa die Frage danach, ob wir Essen und Trinken benötigen oder ob wir Schlaf brauchen. Es lässt sich also zunächst Folgendes festhalten: Unser Empfinden legt uns nahe, dass Strafe und Gefängnis ganz natürlich sind und daher selbstverständlich. Und ich will sogar noch einen Schritt weitergehen und behaupten, dass wir dieses Paar aus Strafe und Gefängnis zu den Grundbedingungen des menschlichen Zusammenseins zählen. Sicher, nicht jede Strafe führt in das Gefängnis. Aber hätten wir das Gefängnis nicht als letzte und stärkste Drohung, dann, so scheint es, würde die Strafe zahn- und harmlos. Es ist die Angst vor der Strafe, so unser Empfinden, die dazu beiträgt, die Gesellschaft ganz maßgeblich zusammenzuhalten. Die Drohung mit dem Gefängnis bekräftigt die Ernsthaftigkeit der Strafe. So können wir weiter schlussfolgern: Hätten wir dieses Geschwisterpaar aus Strafe und Gefängnis nicht, werden wir irgendwann im Chaos versinken. Wer nun allerdings behauptet, diese Verbindung aus Strafe und Gefängnis muss nicht sein, weil sie keine zwingende Notwendigkeit menschlichen Zusammenlebens ist, stellt eine zentrale Grundvoraussetzung unseres Zusammenlebens in Frage. Im besten Fall denkt eine solche Person utopisch, im schlechtesten Fall anarchistisch. Im ersten Fall würden wir vielleicht sagen: »Du hast ja Recht, so wunderbar klappt das nicht mit dem Gefängnis, ich könnte mir auch etwas Besseres vorstellen – aber was?« Im zweiten Fall würde vielleicht jemand antworten: »Willst Du wirklich in Kauf nehmen, dass sich irgendwann niemand mehr an Recht und Gesetz hält?«

Aber, die Leser*innen ahnen es schon, ich will im Folgenden einige Beispiele dafür geben, dass dieses Brautpaar aus Strafe und Gefängnis nicht schon immer einen Bund fürs Leben geschlossen hat und dieser Zusammenschluss keinesfalls naturgegeben bzw. natürlich ist – ebenso wenig wie die Strafrechtsnormen.

Das Gefängnis wird heute, ca. 250 Jahre nach seiner Einführung, nicht in Frage gestellt (die Strafe ohnehin nicht). Es mag seltsam klingen, dem Gefängnis diese verhältnismäßige Jugend zu bescheinigen. Eingesperrt wurde doch schon immer. Aber jenes Gefängnis, dass wir heute kennen und an das wir heute denken, soll nicht nur ein Ort des Einsperrens, der Sühne und der Vergeltung sein. Es gilt zugleich als ein maßgeblicher Baustein einer das Verhalten ändernden Technik. Dabei geht es um die Beseitigung eines menschlichen Makels, denn, so die Auffassung, wer ein Verbrechen begeht, ist mit einem Makel behaftet.

»Das Wesentliche der Strafe, welche die Richter auferlegen, besteht nicht in der Bestrafung, sondern in dem Versuch zu bessern, zu erziehen, zu ›heilen‹. Eine Technik der Verbesserung verdrängt in der Strafe die eigentliche Sühne des Bösen

2 Müssen Strafe und Gefängnis sein?

und befreit die Behörden von dem lästigen Geschäft des Züchtigens« (Foucault 1977, S. 17).

Den entscheidenden Unterschied zwischen der alten, nur an Bestrafung, Sühne und Vergeltung orientierten Strafe und der neuen Strafe, die dazu ergänzend auch verbessern soll, sieht Foucault darin, dass die alte Strafe ein Manifestationsritual war. Sie zeigte die Macht des Souveräns und seine Möglichkeiten, über Leben und Tod zu entscheiden. Der damals übliche öffentliche Vollzug der Strafe als Leibesstrafe war seine Machtkundgebung. Die neue Strafe dagegen will in erster Linie verhindern und steuern. Sie will nicht öffentlich manifestieren. Sie kann deshalb im Verborgenen stattfinden, denn alle Gesellschaftsmitglieder wissen ohnehin, dass sie vollzogen wird. Das kann gern in aller Stille im Gefängnis geschehen, den Augen der Öffentlichkeit entzogen.

Um ihre Steuerungsfunktion zu gewährleisten, benutzt die neue Strafe bestimmte Techniken, die Foucault »Strafzeichen« nennt. Er zählt sechs derartige Zeichen auf (ebd., S. 120–126):

- Erstens die Regel der »minimalen Quantität«. Damit ist gemeint, dass das durch die Strafe zugefügte Übel den Vorteil übertreffen muss, welchen die Tat mit sich bringen soll. Oder, einfacher ausgedrückt: Es muss gerade so viel bestraft werden, dass sich das Verbrechen nicht lohnt. Verbrechen und Strafe werden in ein Bedingungsverhältnis gestellt. Wer als Jugendlicher Ladendiebstähle begeht, muss nicht unbedingt mit einer Haftstrafe rechnen, sondern kann mit Auflagen und Weisungen davonkommen, deren Erfüllung überwacht wird. Wer hingegen eine Bank ausraubt, muss sich mit vielen Jahren Haft abfinden.
- Zweitens spricht Foucault von der »Regel der ausreichenden Idealität«. Damit ist gemeint, dass in uns eine Vorstellung und eine Antizipation der Wirksamkeit der Strafe erzeugt wird. Wir erwarten einen Nachteil von ihr, den wir aber nicht unbedingt selbst erleben müssen, um davon überzeugt zu sein, dass sie wirkt. Die Erwartung reicht aus.
- Drittens erwähnt er die »Regel der Nebenwirkungen«. Sie hängt eng mit der vorgenannten Regel der Idealität zusammen. Damit ist gesagt, dass sich die Strafe am stärksten bei jenen auswirken soll, die das Verbrechen nicht selbst begangen haben. Die Strafe zielt auf das zuschauende Pu-

blikum, auf die Allgemeinheit. Der für uns gebräuchlichere Begriff ist jener der allgemeinen Abschreckung.
- Viertens nennt er die »Regel der vollkommenen Gewissheit«: Jeder Mensch muss sich darauf verlassen können, dass auf ein bestimmtes Vergehen eine bestimmte Strafe folgt, und dass dieses stabile Verhältnis zwischen Strafe und Vergehen veröffentlicht ist. Wer will, kann die Gesetze nachlesen, der Zugang zu ihrem Wortlaut wird niemanden verwehrt. »Die schriftliche Gesetzgebung ist das stabile Monument des Gesellschaftsvertrages,« wie Foucault (ebd., S. 122) Beccaria zitiert. Auch die Gerichtsverhandlungen (soweit es sich nicht um jugendliche Angeklagte handelt) sind öffentlich und daher jederzeit zugänglich.
- Fünftens spricht er von der »Regel der gemeinten Wahrheit.« Die Wahrheit des Beweises kann erst nach vollständiger Beweisführung vorausgesetzt werden; der Verdacht allein ist kein hinreichender Grund für eine Verurteilung. Um aus dem Verdacht Gewissheit und aus der Gewissheit Wahrheit zu erzeugen, bedienen sich die Richter*innen der empirischen Nachforschung; »als Vollzug der allgemeinen Vernunft streift die Untersuchung das alte Modell der Inquisition ab« (ebd., S. 124) und sucht nach einer unabweisbaren Gewissheit. Solange diese unabweisbare Gewissheit nicht erreicht ist, gilt die Unschuldsvermutung. Wenn die Gewissheit nicht unabweisbar ist, muss wegen des verbliebenen Zweifels im Interesse des Angeklagten auf eine Verurteilung verzichtet werden.
- Schließlich, sechstens: Die »Regel der optimalen Spezifizierung«. Diese Regel zielt auf den Unterschied zwischen Einzelnen: »Wenn zwei Menschen den gleichen Diebstahl begangen haben, inwieweit ist dann derjenige, der kaum das Nötigste hat, weniger schuldig als der andere, der von Überfluss strotzte«, zitiert Foucault (ebd., S. 126) aus einer 1780 veröffentlichten Schrift. Die Strafe wird individualisiert. Nicht nur die Tat, sondern auch die Täter*innen werden berücksichtigt. »Gewiss«, so lässt Foucault einen fiktiven Richter sprechen, »wir fällen ein Urteil, das von einem Verbrechen veranlasst worden ist; aber für uns ist es lediglich eine Anleitung zur Behandlung eines Kriminellen. Wir bestrafen zwar, doch wollen wir damit eine Heilung erreichen« (ebd., S. 33).

So wird erkennbar, warum Foucault seinem Werk »Überwachen und Strafen« den Untertitel« »Die Geburt des Gefängnisses« hinzugefügt hat. Entstanden ist nicht nur das moderne Gefängnis mit seinen bekundeten Besserungsinteresse, sondern um diesen Kern herum wurde ein ebenfalls am Besserungsinteresse orientierter Apparat etabliert, in dem neben den Richter*innen eine ganze Armee von »Technikern«, wie Foucault sie nennt, beschäftigt werden: Aufseher*innen, Ärzt*innen, Priester, Psychiater*innen, Psycholog*innen, Erzieher*innen, Sozialpädagog*innen, Fachleute für Täter-Opfer-Ausgleich, Betreuungspersonal in Wohnheimen für Strafentlassene, Ausbildungsleiter*innen im Strafvollzug und viele andere mehr. Sie alle gruppieren sich um den modernen Strafvollzug. Sie alle wären ohne das Gefängnis nicht vorstellbar. Sie alle sollen an der Besserung der Seele arbeiten. Sie sollen kein Schauspiel geben, sie sollen keine Schmerzen zufügen, sondern im Verborgenen ihre Wirkung entfalten.

In diesem Zusammenhang aus Bestrafung und Besserung steht das Gefängnis unverrückbar und fest. Selbst die meisten Fachleute sehen das so: Das Gefängnis muss zwar stets reformiert, kann aber niemals abgeschafft werden. Dass die beruflich Tätigen in diesem Bestrafungs- und Besserungskomplex mit dem Gefängnis als Kern nicht seine Abschaffung denken, steht außer Frage und ist nicht zu kritisieren, schließlich stiftet dieser Komplex berufliche Anerkennung und Sinn. Das gilt sicher auch für die Mitarbeiter*innen in den anderen Teilen der Straffälligenhilfe, die außerhalb der Gefängnisse ihrer Arbeit verrichten. Allerdings, so mag zu Recht eingewandt werden, ist die anhaltende Kritik an diesem Gefängnissystem unübersehbar. So richtig dieser Einwand ist, so sehr ist doch zu berücksichtigen, dass sich diese Kritik in aller Regel an der Frage orientiert, wie wirksam das Gefängnis sei. Es geht so gut wie immer um die Verbesserung der sechs Regeln, von denen Foucault gesprochen hat.

Foucaults Regeln in der Justiz

In der juristischen Sprache werden diese sechs Regeln mit drei Aspekten gefasst: Erstens, kann das Gefängnis Generalprävention (also die Abschreckung aller Gesellschaftsmitglieder) leisten? Zweitens, ist das Gefängnis hilfreich für die Spezialprävention (also der Abschreckung der verurteilten Täter*innen)? Und drittens, kann es die Resozialisierung einzelner Täter*innen unterstützen?

Je nach professioneller Orientierung werden von den Fachleuten andere Aspekte in den Vordergrund gestellt. Aus Sicht der Sozialen Arbeit wird die Resozialisierung (in den Worten Foucaults: die Besserung) in das Zentrum des beruflichen Handelns gerückt.

Resozialisierung im Gefängnis: Beispiel Bewährungshilfe

Am Gefängnis orientieren sich alle anderen Strafen und Maßnahmen der Besserung bzw. Resozialisierung. Nehmen wir als ein Beispiel dafür die Bewährungshilfe. Sie kann ohne Weiteres als eine Wirklichkeit gewordene Kritik an der Einsperrung betrachtet werden. Zwar war es in Deutschland bereits seit den in 1920er Jahren in sehr seltenen Fällen möglich, Reststrafen von Jugendlichen und Erwachsenen zur Bewährung auszusetzen (Cornel & Kawamura-Reindl 2012, 12). Allerdings wurden diesen Menschen noch keine Bewährungshelfer*innen beigeordnet. Das begann in Deutschland erst 1951, zunächst in Vereinsform. Bewährungshelfer*innen wurden in deutschen Großstädten ausschließlich im Gnadenwege bei jugendlichen Verurteilten eingesetzt. 1953 wurde diese Möglichkeit der Beiordnung von Bewährungshelfer*innen in das Jugendgerichtsgesetz aufgenommen und auch als Möglichkeit im Erwachsenenstrafrecht vorgesehen, allerdings immer noch hauptsächlich bei jungen Verurteilten. Damit bestand nun auch die Option, über den Gnadenerweis hinaus eine Strafe insgesamt oder eben den Rest einer in der Haft teilweise verbüßte Strafe zur Bewährung auszusetzen. Seit dem Bestehen der Bundesrepublik Deutschland hat sich das Verhältnis zwischen Haft und Bewährung umgekehrt. Heute wird die Mehrheit der verhängten Freiheitsstrafen zur Bewährung ausgesetzt. »Es stehen mehr als dreimal so viele Personen unter Bewährungsaufsicht, als in den Gefängnissen inhaftiert sind« (ebd., S. 24). Dünkel hat eine ähnliche Zahl ermittelt. Er stellt für Deutschland ein Verhältnis von 2,5 Bewährungspflichtigen auf eine inhaftierte Person fest (Dünkel 2021, S. 77). Die Entwicklung der Ausweitung dieses Sanktionsinstruments hat jedoch nicht dazu geführt, dass nun sehr viel weniger Gefängnisinsassen in Deutschland leben. Die Bewährungsunterstellungen sind dazugekommen. Nach der Schätzung von Cornel und Kawamura-Reindl stehen zusätzlich ca. 200.000 strafrechtlich verurteilte Menschen unter Bewährungs- oder Führungsaufsicht.

Die Installierung dieses strafrechtlichen Instruments hat daher offensichtlich den harten Kern des Kriminaljustizsystems, seine schärfste Waffe und stärkste Sanktionsandrohung des Entzugs von Lebenszeit in Freiheit nicht beiseitedrängen können. Das Gefängnis bestraft weiterhin, das steht außer Frage, und das soll es auch. Aber es entfremdet zugleich die Inhaftierten von ihrer Lebenswelt in Freiheit und ersetzt diese durch eine Lebenswelt hinter Gittern. Das ist wenig hilfreich für die Vorbereitung auf ein straffreies Leben in der Freiheit. »Wer einmal aus dem Blechnapf frisst« (den Gefangene bekommen), so titelte Hans Fallada seinen Gefängnisroman, den er aus eigenem Erleben schrieb, der muss das immer wieder.[7]

---

7 Falladas Alter ego ist Willi Kufalt. Er muss wiederholt in den Strafvollzug aus- und einrücken. So hat er sich in das Leben hinter Gittern eingefügt. Daher hat er nun Angst vor der Entlassung: »Er starrt vor sich hin. Keine 48 Stunden trennen ihn vom Entlassungstermin, den er sich so heiß herbeigesehnt hat seit fünf Jahren. Nun ist ihm angst. Hier ist er gern gewesen, er hat sich rasch gefunden in den Ton und die Art, er hat schnell gelernt, wo man demütig sein muss und wo man frech werden kann. Seine Zelle ist immer blank gewienert gewesen, sein Kübeldeckel hat stets geglänzt wie ein Spiegel, und den Zementboden seiner Zelle hat er zweimal die Woche mit Graphit und Terpentin geputzt, dass er geschimmert hat wie ein Affenarsch« (Fallada 1934/1957, S. 8). Seine erneute Einlieferung empfindet er dagegen als Wohltat, und so endet der Roman, erneut im Vollzug, mit der ersten Nacht: »Kufalt hat die Decke schön hoch über die Schultern gezogen, im Kittchen ist es angenehm still, er wird großartig schlafen. Fein, wenn man wieder so zu Hause ist. Keine Sorgen mehr. Fast, wie man früher nach Haus kam, mit Vater zur Mutter. Fast? Eigentlich noch besser. Hier hat man ganz seine Ruhe. Hier quatscht keiner auf einen los. Hier braucht man nichts zu beschließen, hier hat man sich nicht so zusammen zu nehmen. ›Schön, so 'ne Ordnung. Wirklich ganz zu Haus‹. Und Willi Kufalt schläft sachte, friedlich lächelnd ein« (ebd., S. 341).

2 Müssen Strafe und Gefängnis sein?

Wenn das Gefängnis auch nicht beiseitegedrängt werden konnte, so kommt in dieser Entwicklung doch eine bedeutende kriminalpolitische Absicht zum Ausdruck. Warum also nicht Strafen aussetzen oder im Wege der Bewährung verkürzen? Dann war der Strafe genüge getan, sie war immerhin ausgesprochen. Und wenn es nicht klappen sollte mit der Bewährung, so konnte sie während der laufenden Bewährungszeit noch in Gänze vollstreckt werden. Hier wurde die unter spezialpräventiven und resozialisierenden Gesichtspunkten deutlich gewordene Unzuverlässigkeit der Strafe zum kritischen Ausgangspunkt genommen. Mittlerweile gibt es laut der Arbeitsgemeinschaft deutscher Bewährungshelferinnen und Bewährungshelfer mehr als 2.500 hauptamtliche Bewährungshelfer*innen,[8] dazu viele tausend Mitarbeiter*innen in der Jugendgerichtshilfe, in der Gerichtshilfe und in der Freien Straffälligenhilfe. Außerhalb des Gefängnisses arbeiten weitaus mehr Menschen mit Straffälligen oder ehemals Straffälligen als innerhalb der Gefängnismauern. Dass alle diese Fachleute außerhalb des Gefängnisses Brot und Arbeit haben, hängt eng damit zusammen, dass wir wissen – ohne es zu deutlich zu formulieren – dass das Gefängnis nicht jene bessernden Wirkungen erzielt, die wir gemeinhin mit ihm verbinden und die von ihm erwartet werden. Also erscheinen uns alle diese Organisationen im Umkreis des Gefängnisses sehr nützlich. Sie bügeln aus, was auszubügeln ist: »Letztlich steht dahinter die kriminalpolitische Erwartung, dass neben Tatvergeltung und Abschreckung [die das Gefängnis leisten soll, M. L] nur professionelle Hilfe und Begleitung sowie Lebenslagenverbesserungen Delinquenz vermeiden oder verhindern können« (Cornel 2021b, S. 46).

Trotzdem würde kaum jemand dieser Fachleute außerhalb der Gefängnismauern auf die Idee kommen, diese Kritik am Gefängnis bis zum bitteren Ende durchzubuchstabieren und darauf hinwirken, das Gefängnissystem ernsthaft zu minimieren, weil die Sicherung des gesellschaftlichen Zusammenhalts auch anders verwirklicht werden kann.

Die in der akademischen kriminalsoziologischen Fachwelt seit Jahrzehnten diskutierte abolitionistische Sicht (Pavarini & Ferrari 2018), wonach eine Einsperrung nur für jene Menschen in Frage kommen sollte, die eine Gefahr für andere Menschen und sich selbst bilden, wird in der Praxis,

---

8 https://www.bewaehrungshilfe.de/?page_id=109, Aufruf 09.01.2023.

bei Dienstbesprechungen und auf Fortbildungen dagegen nicht berührt. Grundlage dieses Denkens ist die Erkenntnis, dass nur sehr wenige jener Menschen wirklich gefährlich sind, die Strafgesetze verletzt haben.

»Bei ihnen geht es aber auch nicht in erster Linie um die Frage der Strafe – also die Frage, wie man ihnen intentional Leid zufügen kann – sondern um die Frage der Sicherheit der Allgemeinheit. Das ist keine Frage der im Gefängnis zu verbüßenden Freiheitsstrafe mehr, sondern eine Frage der menschenwürdigen, die ganze Person respektierenden Unterbringung zum Schutz der Allgemeinheit. Dass das nicht in Zellengefängnissen mit Käfighaltung erfolgen darf, sollte sich von selbst verstehen« (Scheerer 2018, S. 175).

Foucault hat für dieses trotz nachgewiesener Schwächen unverrückbare Gefängnis eine Deutung angeboten. Danach beruht die Selbstverständlichkeit des Gefängnisses auf der »Einfachheit der ›Freiheitsberaubung‹« (Foucault 1977, S 296). Einfachheit deshalb, weil Freiheit ein allgemeines Gut ist. Es gehört allen, und deren Verlust trifft daher – so das Argument – alle gleichermaßen. Weiterhin argumentiert er, dass die Freiheitstrafe eine »exakte Quantifizierung der Strafe nach der Variable der Zeit« (ebd., S. 297) ermöglicht. Das Strafmaß ist damit zugleich ein Zeitmaß. Drittens kommt die Annahme hinzu, dass das Gefängnis zur »Umformung der Individuen« (ebd.) geeignet sei. Viertens ist das Gefängnis nur ein Teil eines weitläufigen Mechanismus, der viele Reaktionen auf Abweichung innerhalb und außerhalb der Gefängnismauern ermöglicht. So kann mit diesem Mechanismus differenziert und kategorisiert werden. »Der Mechanismus ist differenziert, weil er in seiner Form davon abhängig ist, ob es sich um einen Angeklagten oder um einen Verurteilten, um einen Besserungshäftling oder um einen Kriminellen handelt« (ebd., S. 289). So können Bestrafungen und Besserungen sichergestellt werden, die sich in ihrer Intensität und auch ihren Zielen unterscheiden. Diese Unterscheidungen können überall getroffen werden, auch im Gefängnis selbst. Ein Beispiel dafür sind wegen sexueller Delikte verurteilte Menschen. Sie werden sehr häufig in sozialtherapeutisch geführten Sonderabteilungen inhaftiert und erhalten dort sozialtherapeutische Angebote[9], denen sie sich einerseits

---

9 »Ziel der Sozialtherapie ist es, bei den Verurteilten eine Symptombeseitigung, Nachreifung und Verhaltensänderung zu bewirken, so dass sie in Zukunft ohne weitere Straftaten ihr Leben bewältigen können. Dies wird durch eine Kombi-

nicht entziehen dürfen, zu denen andererseits der Großteil der Gefangenen keinen Zugang erhält.

> **Die drei Arbeitsorganisationen im Strafvollzug**
>
> Auf der Organisationsebene bedeutet dies für die Soziale Arbeit, dass sie in drei verschiedenen Arbeitsorganisationen tätig ist (für einen Überblick vgl. Cornel & Trenczek 2019, S. 167). Es sind dies die Organisationsebene der Landesjustizverwaltungen mit der Gerichtshilfe für Erwachsene, der Bewährungshilfe (Cornel 2021b, S. 120–136) und dem Sozialdienst im Vollzug (ebd., S. 106–119), die Organisationsebene der Jugendhilfe im Strafverfahren in den Jugendämtern und schließlich die freie Straffälligenhilfe in den Organisationsformen freier Träger (ebd., S. 137–148), also jener in der Regel als Vereine organisierten Einrichtungen, die ebenfalls vom Staat finanziert werden.

Was hier beschrieben wird, kann auch in ein Bild aus der Geologie gefasst werden: Die Geologie erforscht u. a. die übereinander liegenden Sedimentschichten des Erdreichs. Der auf diese Schichten wirkende Druck nimmt zu, je weiter unten sie liegen. Und wenn dieses Bild auf die Entstehung von Strafe und Gefängnis angewandt wird, so lässt sich sagen, dass bei dieser Sedimentation, also der Ablagerung von Verwitterungsprodukten, eine ganze Reihe von übereinanderliegenden Schichten entstanden sind.

Die am tiefsten liegende Sedimentschicht ist die Strafe. Ich definiere Strafe als die einer*m Täter*in auferlegte Buße zur Abgeltung eines begangenen Unrechts. Nach dem Kriminologen Nils Christie geht es bei der Buße respektive Strafe um eine »Leidzufügung, die als Leid beabsichtigt ist« (Christie 2011, S. 22). Auf ihr baut alles andere auf, auch das Strafrecht,

---

nation aus psychotherapeutischen und pädagogischen Maßnahmen, lebens- und alltagspraktischen Hilfen sowie eine schrittweise Heranführung an die Freiheit erreicht. Bei diesem integrativen Ansatz stehen die gesamte Person und ihr Umfeld im Mittelpunkt der Arbeit«, https://www.schleswig-holstein.de/DE/justiz/gerichte-und-justizbehoerden/JVALUEBECK/Angebote/_documents/sozialtherapie.html, Aufruf 09.01.2023.

auch das Gefängnis. Das uns heute vertraute Gefängnis liegt über dieser Tiefenschicht und lässt sich als eine Hybridform aus Straf- und Besserungsabsichten fassen. Daher ist es eine noch junge Sedimentschicht, die weit oben lagert. Darüber sind nur noch die ambulanten, das Gefängnis ergänzenden Hilfen in ersten Bruchstücken abgelagert. Diese oberen Schichten sind nur wenig von einer dünnen Grasnarbe bedeckt. Unten liegt die Strafe, darüber die Besserung. Im Gefängnis werden diese beiden Schichten zusammengepresst. Es muss daher etwas geben, das ihre innige Übereinanderlagerung fördert. Dieser Pressdruck wird erzeugt durch etwas sehr Universales. Gemeint ist der Konflikt. Ein Konflikt (lat.: confligere = aneinandergeraten, zusammenstoßen, kämpfen, Waffengeklirr) zeigt an, dass eine gleichzeitige Verwirklichung unterschiedlicher Absichten ausgeschlossen scheint. Das muss allerdings nicht deutlich erkennbar werden. Es kann ja auch sein, dass sehr ordnungsbewusste Anwohner*innen mit einem sorgfältig gestutzten Rasen in einem unausgesprochenen Konflikt mit ihren Nachbar*innen stehen, die sich an ihrer Blumenwiese erfreuen. Erst wenn der Konflikt ausgesprochen ist, wird er zum Streit. Der Streit ist das äußere Erscheinungsbild eines Konfliktes. Wenn sich in einer Partnerschaft die Partner*innen um den stehen gebliebenen Abwasch streiten, geht es vielleicht nicht so sehr darum, sondern es kommen unterschiedliche Vorstellungen von ihrem Zusammenleben zum Ausdruck.

Konflikt-Strukturen

Konflikte können anhand ihrer Struktur unterschieden werden. Mikrosoziale Konflikte betreffen zwei oder wenige Parteien, etwa zwischen Paaren oder in Familien oder in Freundschaften und (auch flüchtigen) Bekanntschaften. Sie sind personal. Meso-soziale-Konflikte spielen sich in Systemen und Organisationen ab, etwa in der Nachbarschaft, in Vereinen oder Schulen. Hier sind dann stets mehrere Personen und Gruppen beteiligt. Makro-soziale Konflikte sind gesellschaftlich-politische Fragen in einem Gemeinwesen bzw. zwischen Staaten und betreffen eine Vielzahl von Konfliktparteien, Interessensgruppen und staatlichen Einrichtungen.

2 Müssen Strafe und Gefängnis sein?

Selbstverständlich ist das eine fast schon künstliche Trennung, denn die im Streit offenbar werdenden Konflikte finden zwar zwischen Einzelnen statt, beruhen aber auf größeren Zusammenhängen. Der bekannte Streit zwischen Adam und Eva ist dafür ein frühes Beispiel für einen offenbar gewordenen Konflikt, der tiefer liegende Wurzeln hat. Eva aß ohne Not auf Geheiß der Schlange von dem verbotenen Baum in der Mitte des Gartens, obwohl ihr andere Apfelbäume zur Verfügung standen. Das war nur zu verständlich, denn die Schlange behauptete, dass sie, wenn sie von gerade diesem Baum äße, wie Gott sein würde und wissen, was Gut und Böse sei. Adam tat es ihr gleich und verzehrte den Apfel, den sie ihm reichte. Das ging gründlich schief, wie wir wissen. Dieser bekannte Konflikt macht deutlich, dass er zwar einen mikro-sozialen Ausgangspunkt hat und in dem Verhältnis von Eva, Adam und der Schlange seinen Anfang fand. Die beiden wollten mit dem Verbot unterschiedlich umgehen. Eva war etwas früher geneigt, dieses Verbot zu brechen. Doch hätte es diesen Konflikt ohne Verbot nicht gegeben.[10] Adam und Eva hätten so viele Äpfel von dem Baum essen können, wie es ihnen zuträglich gewesen wären. Doch ganz offensichtlich lag dem mikro-sozialen Konflikt zwischen den beiden ein makro-sozialer Konflikt zugrunde: Das Verbot kam buchstäblich von ganz oben. Das gilt übrigens auch umgekehrt. Nicht nur ein Verbot, sondern auch ein Schutz kann von ganz oben kommen. Nach dem Sündenfall begannen Menschen sich fortzupflanzen, und schon kam es zum Brudermord. Kain erschlug aus Eifersucht seinen Bruder Abel. Kain musste daraufhin zwar das Land verlassen. Durch das ihm von Gott gegebene Zeichen des Kainsmals wurde er jedoch vor der Blutrache geschützt.

Bekanntgewordene Straftaten sind in ihrem Kern Ausdruck menschlicher Konflikte, die zum Streitfall geworden sind. Das Strafrecht, so unsere Vorstellung, soll sie mit dem Ziel ausgleichen, den Rechtsfrieden zu gestalten. »Straftaten [sind] in ihrem Kern menschliche Konflikte […], die

---

10 »Da sprach die Frau zu der Schlange: Wir essen von den Früchten der Bäume im Garten; aber von den Früchten des Baumes mitten im Garten hat Gott gesagt: Esset nicht davon, rühret sie auch nicht an, dass ihr nicht sterbet! Da sprach die Schlange zum Weibe: Ihr werdet mitnichten des Todes sterben; sondern Gott weiß, daß, welches Tages ihr davon esset, so werden eure Augen aufgetan, und werdet sein wie Gott, und wissen, was gut und böse ist« (1. Mose 3, 2–5).

ausgeglichen werden müssen, um den Rechtsfrieden zu erhalten« (Trenczek 2022, S. 206). Wenn wir nun die Strafe als eine allgemeine Reaktion auf strafrechtlich geregelte und bekannt gewordene Konflikte ansehen und zugleich das Gefängnis als eine spezielle Antwort, dann ist eine Verbindung geschaffen.

Konflikte sind stets an Interessenlagen gebunden und werden entsprechend der jeweiligen Interessen definiert. Und so liegt es auch bei der Strafe auf der Hand, dass es Personen geben muss, die ihre Deutung des Konflikts auf Kosten der anderen durchsetzen können – also Personen, die qua Amt und öffentlichem Auftrag über die »Definitionsmacht« verfügen. Diese Definitionsmacht lag gewiss nicht bei Adam und Eva, und auch die einflüsternde Schlange hat das Verbot weder verhängt noch verfügte sie über die Macht, es durchzusetzen. Soweit ich es sehe, wird in der betreffenden Bibelstelle nicht gesagt, warum sie Eva mit einem falschen Versprechen überreden wollte, außer, dass sie listig war. Aber wir können uns vielleicht vorstellen, wenn wir den Schöpfungsmythus ernst nehmen, wonach Gott den Himmel und die Erde und das Licht und die Tiere und schließlich auch Menschen erschuf, dass die Schlange von Gott mit voller Absicht mit List ausgestattet wurde. So konnte er ausprobieren, ob sein auf der Makro-Ebene ausgesprochenes Verbot auf der Mikro-Ebene zwischen den Menschen Bestand haben würde.

Die Definition eines Konflikts beinhaltet daher einmal seine Benennung. Diese Benennung bleibt jedoch folgenlos, wenn nicht die Möglichkeit besteht, diesen Konflikt im Streitfall zugunsten der einen oder anderen Partei zu entscheiden. Beides ist maßgeblich dafür, was wir unter Strafe verstehen und wie wir Strafe anwenden. Und so vielgestaltig Konflikte auch sein können, so lassen sich anhand dieser Unterscheidung doch zwei wesentliche Entwicklungslinien im Umgang mit Konflikten nachzeichnen. Ich meine erstens Konflikte in »vormodernen Zeiten« (▶ Kap. 2.1) und Konflikte in »modernen Zeiten« (▶ Kap. 2.2). Mit »Vormoderne« bezeichne ich jene Zeit, als der*die Einzelne, das »Individuum«, noch nicht seine*ihre jetzige herausragende Bedeutung hatte, sondern im Umgang der Menschen miteinander aus Gründen des Überlebens eine Gemeinschaftsorientierung vorherrschte.

> **Konflikte in der Vormoderne**
>
> Der*die Einzelne wurde in erster Linie als Teil der Gruppe betrachtet, der er*sie angehörte, und eben nicht als ein unteilbares Individuum. Ein Konflikt entstand in dieser Zeit immer dann, wenn Handlungen begangen wurden, die den Bestand dieser Gruppe gefährdeten. Die Missetaten in diesen Welten wurden nicht als Verstöße gegen eine Rechtsordnung (niemand würde gewusst haben, worum es sich dabei handelt – eine von Menschen gemachte Rechtsordnung, wie wir sie kennen, was soll das sein?), sondern als Verstoß gegen eine als göttlich empfundene Weltordnung empfunden. Die Lösung des Konflikts bestand dann notwendig darin, diesen in der Missetat zum Ausdruck gekommenen Riss in der Weltordnung zu kitten. Das geschah nicht durch Strafe. Diesen Ausdruck gab es in Europa bis zum 12. Jahrhundert überhaupt nicht. Dagegen ging es um Ausgleich, Sühne, Versöhnung, oder auch um schlichtes Vergessen, je nachdem, was dem Kollektiv dienlich war (Achter 1951, S. 10).

Kennzeichnend für diese Zeit ist neben der genannten Gemeinschaftsorientierung ein zweites: es handelte sich um staatenlose Gemeinschaften. Und ohne Staat keine Rechtsordnung, wie wir sie kennen. Ethnolog*innen haben dafür den aus dem griechischen abgeleiteten Begriff der »akephalen Gesellschaften« (akephal = kopflos) geprägt. Diese Gesellschaften wurden nicht durch Strafe, Gesetz und Polizei zusammengehalten, sondern durch verwandtschaftliche Bindungen. Ich werde gleich ein Beispiel dafür geben (▶ Kap. 2.1.1).

Anders ist es bei Konflikten in »modernen Zeiten«, in denen es Herrschaft gibt. Man spricht daher von »kephalen« Gesellschaften (Gesellschaften mit einem Kopf). Langsam bildete sich ein neues Menschenbild heraus: Das einzelne, für sich stehende Individuum wurde als einzigartig und in erster Linie als sich selbst und seinen Eigeninteressen verpflichtet gedacht. Damit wurde es aber zugleich ein Wolf, der gezähmt werden musste. In diesem Denken herrscht klare Über- und Unterordnung. Konflikte sind nun Ausdruck eine Interessenschieflage zwischen Einzelnen, die miteinander konkurrieren müssen, ob sie nun wollen oder nicht. Diese

2 Müssen Strafe und Gefängnis sein?

Gesellschaften sind verschachtelter und in ihre Struktur verwobener, als dies in akephalen Gesellschaften der Fall ist, denn in kephalen Gesellschaften herrscht das Prinzip der Arbeitsteilung und des Tausches von Gütern. Der frühe Sozialökonom Adam Smith hat das Menschenbild und seine ökonomische Grundstruktur in arbeitsteiligen Gesellschaften so dargelegt:

> »Der Mensch [ist] fast immer auf Hilfe angewiesen, wobei er jedoch kaum erwarten kann, dass er sie allein durch das Wohlwollen der Mitmenschen erhalten wird. Er wird sein Ziel wahrscheinlich viel eher erreichen, wenn er deren Eigenliebe zu seinen Gunsten zu nutzen versteht, indem er ihnen zeigt, dass es in ihrem eigenen Interesse liegt, dass für ihn zu tun, was er von ihnen wünscht. [...] Nicht vom Wohlwollen des Metzgers, Brauers und Bäckers erwarten wir das, was wir zum Essen brauchen, sondern davon, dass sie ihre eigenen Interessen wahrnehmen. Wir wenden uns nicht an ihre Menschen- sondern an ihre Eigenliebe, und wir erwähnen nicht die eigenen Bedürfnisse, sondern sprechen von ihrem Vorteil« (Smith 1978, S. 17).

Seither werden Konflikte immer in einen Zusammenhang mit diesem zum Subjekt gewordenen einzelnen Menschen gestellt. Damit entstanden neue Regelungsnotwendigkeiten zwischen den mit eigenständigen Rechten und auch Pflichten ausgestatteten Bürger*innen.

Konflikte in der Moderne

Konflikte in der Moderne sind daher wesentlich gedacht als Probleme zwischen Einzelnen bzw. einzelnen Gruppen untereinander. Der Staat hat in diesen Konflikten ein »Wächteramt«. Er sorgt dafür, dass die Streitereien nicht allzu sehr ausarten und die Geschäftsgrundlagen für den notwendigen Tausch in einer arbeitsteiligen Gesellschaft nicht in Frage gestellt werden. So etwa stellen wir es uns heute vor.

Ich will mit Hilfe von drei Beispielen diesen Entwicklungsgang im Umgang mit Konflikten von der vormodernen zur modernen Zeit nachzeichnen. Und ich will dann weiter zeigen, dass jenes, was wir als »Strafe« zu bezeichnen uns angewöhnt haben, sich dabei notwendig gewandelt hat, ja mehr noch, dass die Strafe in unserem heutigen Verständnis mit dem Gefängnis und seiner starken Drohung des Freiheitsentzugs ein modernes

Produkt arbeitsteiliger, »kephaler« Gesellschaften ist. In diesen Gesellschaften ist die Strafe »allenthalben dass, was dem Schuldigen gebührt« (Fischer 2018, S. 13). Doch Ausgleich und Vergeltung, wie wir es heute verstehen, können auch anders vorstellbar sein.

2.1 Vormoderne Zeiten

2.1.1 Erstes Bild: Magie und Aberglaube in Eis und Schnee. Konflikte lösen ohne staatlichen Beistand

Ich wähle als ein Beispiel für eine akephale Gesellschaft die Eskimo bzw. Inuit.[11] Sie waren bis in die 1920er Jahre eine egalitäre vormoderne Gesellschaft, die als gut erforscht gelten kann. Mit »egalitär« ist übrigens nicht gemeint, dass alle gleich sind und dass es keine abgestufte Ordnung gibt. Damit ist lediglich zum Ausdruck gebracht, dass keine gesellschaftlichen Institutionen oberhalb der Familie existieren. Die Familie und die Verwandtschaft sind das Ordnungsprinzip, und das reicht aus. »Regulierte Anarchie« (Sigrist 1967) wird dieser Zustand genannt. Regulierte Anarchie deshalb, weil in ihnen eine paradoxe Konstellation zum Ausdruck kommt: Wir finden einerseits eine komplexe soziale Ordnung (Regulation), andererseits aber keine Über- und Unterordnung. Max Weber hat von einer »Art von ›Anarchie‹« gesprochen, »d. h.: die Koexistenz und das Gemein-

---

11 Ich benutzte beide Begriffe synonym. Zum Zeitpunkt der Drucklegung gilt es teilweise als anrüchig, »Eskimo« zu sagen, weil dies als abwertende Fremdbezeichnung betrachtet wird. Daher entscheiden sich viele für die Selbstbezeichnung »Inuit«. Sie wird allerdings nur von einem Teil der indigenen Volksgruppen des hohen Nordens gebraucht; manche würden diese letztere Bezeichnung daher vielleicht ebenfalls als eine Beleidigung empfinden. Zudem gehen einige Forschende davon aus, dass sich der Begriff »Eskimo« von dem Wort ›aayaskimeew‹ abgeleitet hat. In der Sprache der nordamerikanischen Cree und Algonkin bedeutet das ›Schneeschuhflechter‹.

schaftshandeln der ein Gebiet bevölkernden Menschen in Gestalt eines rein faktischen gegenseitigen Respektierens der gewohnten Wirtschaftssphäre, ohne Bereithaltung irgendwelchen Zwanges nach ›außen‹ oder ›innen‹« (Weber 1972, S. 515). »Wo der Europäer Sittenlosigkeit und Gesetzlosigkeit sieht, herrscht in der Tat strenges Gesetz«, formulierte Friedrich Engels (1974, S. 54). Allerdings kein Gesetz in unserem Sinne. Nichts ist aufgeschrieben, also »gesatzt«. Aber alle wissen, was zu tun ist, und halten sich, ohne Polizei und Gerichte, an die überlieferten Regeln. Das kann sehr weit gehen: »Der Giljak [Angehöriger eines Stammes auf der Insel Sachalin, M. L.] ist so empfindlich gegen Schande, daß, sobald er einer schimpflichen Handlung überführt ist, in den Wald geht und sich erhängt« (ebd., S. 209). Die sozialen Beziehungen und die damit verbundenen gegenseitigen Abhängigkeiten regeln im Normalfall das Verhalten aller, weil alle aufeinander angewiesen sind.[12] So wird die Ordnung ohne Soldat*innen, Gendarmerie und Polizei, ohne Adel, König*innen, Präfekten oder Richter*innen aufrecht erhalten. »Allen Zank und Streit entscheidet die Gesamtheit derer, die es angeht [...] – nur als äußerstes, selten angewandtes Mittel droht die Blutrache, von der unsere Todesstrafe nur die zivilisierte Form ist, behaftet mit allen Vorteilen und Nachteilen der Zivilisation«, wie Friedrich Engels schreibt (1974, S. 109).

Diese Ordnung wird von formal gleichrangigen Familienklans mit Leben gefüllt. Jeder verwandtschaftlich gebundene Klan ist Teil einer aus mehreren Klans gebildeten erweiterten Gruppe, ist ein Segment dieser Gruppe: »Wir nennen diese Gesellschaften segmentär, um aufzuzeigen, daß sie aus der Wiederholung von untereinander ähnlichen Aggregaten gebildet sind, analog den Ringen des Ringelwurms, und wir bezeichnen jenes elementare Aggregat als Klan« (Durkheim 1992, S. 230). In diesen Gesellschaften kann von Arbeitsteilung in unserem heutigen Verständnis kaum die Rede sein, wenn wir einmal davon absehen, dass etwa bei den Inuit die Männer jagen und die Frauen die Hüterinnen des Haushalts sind.

---

12 »Soziale ›Beziehung‹ soll ein seinem Sinngehalt nach aufeinander gegenseitig eingestelltes und dadurch orientiertes Sichverhalten mehrerer heißen. Die soziale Beziehung besteht also durchaus und ganz ausschließlich: in der Chance, dass in einer (sinnhaft) angebbaren Art sozial gehandelt wird, einerlei zunächst: worauf diese Chance beruht« (Weber 1972, S. 13).

Daher ist die Menge ihrer Erzeugnisse sehr beschränkt und Reichtum nicht vorhanden. Privateigentum wäre daher sinnlos. In solchen Gesellschaften erscheint die Gesellschaftsordnung überwiegend beherrscht durch die Geschlechtsbande (Engels 1974, S. 8). Kennzeichnend für diese Gesellschaften ist zudem, dass es keinen technischen Fortschritt und daher keine damit verbundenen Änderungen der Sozialstruktur gibt.

Selbstverständlich bestehen auch in segmentären Gesellschaften erhebliche Unterschiede zwischen den Menschen. So haben manche Männer mehr Einfluss als andere, und besonders die Kombination aus intellektueller und körperlicher Kraft, also etwa magische Fähigkeiten als Schamane und herausragende Jagderfolge, lässt sie besonders einflussreich werden. Oder aber die Männer stehen über den Frauen. Streitereien sind an der Tagesordnung, und sie werden handfest gelöst. Darüber hinaus sind Kindestötung und Tötung der Alten in Notzeiten üblich. Aber, um es in unserer heutigen Sprache zu sagen, alles geschieht informell, nicht institutionalisiert. Polizei und Gerichte gibt es nicht. Auch kein Strafrecht. Die Probleme mussten anders gelöst werden. Hier ein Beispiel. Ein Mann hatte jemanden aus der Gruppe erschossen. Was war passiert?

»Er war ein gewalttätige Unruhegeist, der von Zeit zu Zeit außer Fassung geriet. Er hatte einen Mann getötet und einige andere bei seinen Anfällen verwundet. Die Leute fühlten sich bedroht. Deshalb beschlossen sie, dass er getötet werden müsse. [Sein Bruder] erhielt den Auftrag, sehr gegen seinen Willen, denn er liebte seinen Bruder. Er stimmte trotzdem zu, weil er es als seine Pflicht ansah. Er ging zu ihm und erklärt ihm das Ganze. Dann fragte er ihn, wie er sterben wolle, mit dem Messer, dem Riemen oder durch die Kugel. Ohne Protest oder Zeichen der Furcht wählte der Bruder die Kugel. Er erschoss ihn auf der Stelle« (Wesel 1985, S. 131).

Wie ist dies aus heutiger Sicht zu deuten? Man hat dies als »Selbstregulierung« durch gegenseitige Abhängigkeit bezeichnet: »Der Mechanismus zur Durchsetzung von Normen ist damit in die Beziehungen selbst eingebaut, von außen kommende Sanktionen sind überflüssig« (Roberts 1981, S. 39). Diese Selbstregulierung fußt auf der sogenannten »Reziprozität«[13]. Reziprozität benötigt persönliche Bindungen, enges Miteinander, kleine Ge-

---

13 Nicht Gegenseitigkeit, wie man heute sagen würde. Gegenseitigkeit ist ein Begriff der Moderne, ist ein Begriff des bürgerlichen Rechts.

meinschaften, den Tausch von Gebrauchswerten, die Abwesenheit von privatem Eigentum, und vor allem enge moralische Bindungen. Darum kann man sich in diesen Gesellschaften nichts *schenken*. Man besitzt nichts außer einigen wenigen persönlichen Gegenständen für den eigenen täglichen Gebrauch. Es ist aber eine Selbstverständlichkeit, etwas zu *geben*. Doch diese Gaben beruhen auf allgemeinen Erwartungen, die von allen geteilt werden. So schildert Friedrich Engels: »Im Unglücksjahr, wenn's beim Giljak nichts zu beißen gibt, weder für ihn noch für seine Hunde, streckt er nicht die Hand aus nach Almosen, er geht unverzagt zu Gaste und wird da ernährt, oft auf ziemlich lange Zeit« (1974, S. 209). Mit anderen Worten: Er erbittet kein besonderes Geschenk, sondern erwartet eine selbstverständliche Gabe, wie sie auch von ihm erwartet wird, wenn er der Gebende sein kann.

»Die Aufrechterhaltung einer gegebenen sozialen Ordnung wird durch Reziprozitätsmechanismen auch ohne Vermittlung einer Instanz ermöglicht: der Druck der Einzelinteressen führt zu einer Reduzierung des abweichenden Verhaltens auf der Linie erwarteten Verhaltens. Solche Prozesse subsumieren ich unter dem Begriff der Selbststeuerung« (Sigrist 1994, S. 115).

Für Recht, zumal für Strafrecht, ist in diesen Gesellschaften wie bei den Inuit wenig Platz. »Du sollst nicht töten« ist vielleicht der einzig greifbare Rechtssatz. Aber auch von diesem Rechtssatz bestehen Ausnahmen, wie die Zulässigkeit der Tötung von gefährlichen Unruhestiftern zeigt. »Diesem mageren Befund auf dem Felde des Rechts steht gegenüber eine Legion von Vorschriften im Bereich der Magie und in der Welt der Geister« (Wesel 1985, S. 136f.). Dies ist aber nur eine analytische Trennung von außen. Die Inuit trennten nicht zwischen Religion und Recht, zwischen Irdischem und Überirdischem.

Übrigens sollte mit dem bisher Gesagten nicht das Trugbild von den ›glücklichen Wilden‹ erzeugt werden. Mir ging es lediglich darum zu zeigen, dass unter bestimmten Bedingungen ein Zusammenleben ohne die uns bekannten Rechtsinstitute und damit auch ohne Strafrecht und Gefängnisse möglich ist. Selbstverständlich ist diese Form des Zusammenlebens an die Bedingung kleiner Gemeinschaften geknüpft, die in der Regel nicht sesshaft waren und deren Regeln ausschließlich in den engen Grenzen ihrer Gruppe galten. »Der Stamm blieb die Grenze für den

Menschen, sowohl dem Stammesfremden auch sich selbst gegenüber« (Engels 1974, S. 111). Diese Menschen hingen an der »Nabelschnur des naturwüchsigen Gemeinwesens« (ebd.).

2.1.2 Übergang: Die Strafe wird erfunden

Man sieht an diesem Beispiel, dass sich Menschen zu allen Zeiten mit den Übeltaten Einzelner zu befassen hatten. Das Paradies hat es wohl nie gegeben. Doch erst in jüngster Zeit sind sie dazu übergegangen, die Strafe mit den Mitteln des Strafrechts zur Bekämpfung von Gesetzesverstößen einzusetzen.

»Das germanische Recht kannte bis in das Mittelalter hinein eine Strafe nicht; zu strafen begannen erst die Menschen des Hochmittelalters. Gerade in solchem Beginn aber zeigt sich der enge Zusammenhang mit den vorherrschenden Elementen der großen kulturellen Wandlungen, die den Beginn der Neuzeit ankündigen« (Achter 1951, Vorwort).

Noch die Europäer*innen des Frühmittelalters dachten nicht daran, eine Person als verantwortliches Subjekt zu bestrafen. Vielmehr waren Umfang und Ausmaß ihrer Reaktion an dem Grad der objektiven Störung, an dem Ausmaß der durch die Tat entstandenen Entordnung ihres Weltbildes orientiert. Darin sind sie den akephalen, egalitären Gesellschaften der Eskimos noch sehr ähnlich.

Von Strafe in unserem heutigen Verständnis nichts zu wissen bedeutete allerdings keineswegs, wie das Beispiel der Inuit zeigt, auf eine Unrechtsfolge zu verzichten. Daher ist es sinnvoll, für diese Zeit nicht von einer strafbaren Handlung, sondern eher von einer Missetat oder einem Unrecht zu sprechen. Mit diesen beiden Worten kommt besser zum Ausdruck, dass das Gewicht der objektiven Störung (was ist passiert und welche Folgen hat das für alle?) und nicht das Ausmaß der subjektiven Tathandlung (warum ist es gerade durch diese Person geschehen) über die Ausgestaltung der Unrechtsfolge entschied. Die Unrechtsfolge zielte auf den *objektiven Ausgleich der Tat* und nicht auf die *subjektive Abrechnung mit einzelnen Täter*innen*, wie wir es heute gewohnt sind. »Die Übeltat, die Missetat bedeutet weniger, daß ein Mensch bösen oder üblen Willens gehandelt hat, als vielmehr daß eine Störung, eine Entordnung, also etwas ganz Objektives eingetreten ist. Und weil diese Entordnung eingetreten ist, gilt es, sie schnellstens zu beseitigen. Das ist der Sinn der Unrechtsfolge, die man füglich noch nicht Strafe nennen darf« (ebd., S. 15 f.), denn noch ging es nicht um die Beurteilung eines subjektiven Tatbestands. Sittliche Maßstäbe, also Rückschlüsse von der Person auf die Tat, spielten noch keine Rolle. Ähnlich wie bei den Inuit ist auch hier eine Art Magie im Spiel, denn die Menschen dieser Zeit hatten kaum eine Vorstellung von kausalen Zusammenhängen. Entsprechend wurde der Mensch »nur angesehen als Teil, als Glied eines Ganzen, und dass sein Tun nicht individuell, sondern nur in Bezug auf die Lebenseinheit, auf die Gesamtheit der Lebensbeziehungen und deren magische Ordnung gesehen wurde« (ebd., S. 20).

Erst als im Hochmittelalter die Vorstellung vom Menschen als einem Subjekt mit Eigensinn aufkam, schwenkte der Blick allmählich von der Tat auf die Täter*innen, wich das Bemühen um den *objektiven Ausgleich* der *sittlichen Beurteilung* und anschließenden Bestrafung des Individuums. Erst seitdem lässt sich von Strafe und Strafvollzug in unserm heutigen Verständnis sprechen. Die Unrechtsfolge verlässt das Reich der Magie und wird zur Strafe: zu einer weltlichen Strafe zu weltlichen Zwecken mit weltlichen Mitteln (ebd., S. 23). Ich will dies mit einem Zeitsprung verdeutlichen und in das Spätmittelalter gehen, weil wir hier von Übergangsstrafen sprechen können. Sie sind teils noch magisch und auf Ausgleich angelegt, teils bereits an den beabsichtigten Folgen für die Täter orientiert.

2.1.3 Zweites Bild: Strafe als verordnete Schande im Spätmittelalter

Im Spätmittelalter wurde Strafe häufig als eine »verordnete Schande« gesehen und daher in erster Linie unter ihren entehrenden Aspekten betrachtet: Die Strafe wurde gedacht als Ehrenstrafe, als notwendige Folge einer unehrlichen Tat. Dabei machte nicht erst die Strafe unehrlich, sondern bereits die Tat. Mit der Ehrenstrafe wurde symbolisch nachvollzogen, was bereits geschehen war. Es wurde immer noch versucht, den in der unehrlichen Tat zum Ausdruck gekommenen Riss im Weltengefüge mit einer Rechtsfolge zu kitten. Dabei galt als Prototyp einer unehrlichen Tat der heimliche Diebstahl, während Totschlag als »erbar sach« angesehen wurde (Schwerhoff 1993, S. 160). Der Pranger ist die uns bekannteste Form dieser Ehrenstrafen. Noch heute sagen wir, dass Menschen an den Pranger gestellt werden. Allerdings hat sich unsere Auffassung dazu geändert. Es ist nach unserem Empfinden nicht in Ordnung, jemanden an den Pranger zu stellen, also eine Schuld öffentlich zu machen.[14] Und gerade dieses Öffentlich-Machen, heute nur in Ausnahmen gebilligt, war damals das zentrale und unverzichtbare Merkmal der Ehrenstrafe – es war die eigentliche Strafe. Dies ging so weit, dass Täter*innen, die ihr Leben eigentlich schon verwirkt hatten und zum Tode verurteilt waren, »um den Preis der öffentlichen Verächtlichmachung« (ebd., S. 161) sehr häufig geschont wurden. Im Aussinnen dieser öffentlichen Verächtlichmachung waren die Menschen in diesem Zeitalter übrigens sehr erfindungsreich. So mussten sich manche Delinquenten etwa dem Hundetragen unterwerfen. Da der Hund schon damals als ein Symbol der Treue galt, konnte das Hundetragen als Teil einer öffentlichen Versöhnungszeremonie verstanden werden. Andere Delinquenten mussten sich der Strafe des Lastersteine-Tragens ergeben. Dies kann als symbolische Sühne für die aufgehäuften schweren Sündenlasten gedeutet werden.

---

14 Obwohl sich hier unzweifelhaft Änderungen abzeichnen, die darauf hinwirken, daß auch in unserer Zeit die alten Ehrenstrafen wieder zu Ehren kommen. Ich denke nur an »Chain-Gangs«, Gefangene, die in den USA öffentlich im Straßenbau eingesetzt werden, oder aber die Veröffentlichung der Namen und Anschriften von wegen Sexualdelikten verurteilten Tätern in den USA. Auch in Deutschland wird diese Grenze, wonach die sittliche Beurteilung und die Strafzumessung eine Sache zwischen staatlicher Justiz und der zu verurteilenden Person ist, gerade bei Sexualdelikten leichtfertig überschritten und das oft sogar als angemessen betrachtet. Adorno (1963) formulierte dazu in »Sozialtabus und Recht heute«, dass das stärkste Tabu von allen jenes sei, das sich mit dem Begriff des ›Minderjährigen‹ verbinde. Hier lagere ein universales und durchaus begründetes Schuldgefühl der Erwachsenenwelt, die die (sexuelle) Unschuld der Kinder zu verteidigen hat, ja sie geradezu heiligt, und das mit jedem Mittel. Insofern laufen wir hier Gefahr, in der Gedankenwelt jener Zeit zurückzukehren, als die Strafe noch nicht erfunden war, sondern eine Unrechtsfolge als Antwort auf die Missetat galt, denn »wenn eine Missetat begangen ist, dann ist die Welt als Einheit in ihrem Wesen getroffen, besudelt (Fehr 1938, S. 591, zit. nach Achter 1951, S. 16).

Wieder anderen Delinquenten wurde ihr Haus durch die Nachbarschaft abgedeckt. Dies war eine gebräuchliche Rügeform für einen Mann, der sich von seiner Frau schlagen ließ (ebd., S. 169).

Dies sind Übergangsstrafen. Sie wurzeln einerseits in der alten, vertrauten Welt der Magie. Es sind Beschwörungen, inständige Bitten an über den Menschen stehenden Kräften, es sind Zauberformeln, mit denen versucht wird, die in der Tat zum Ausdruck gekommene Ent-Ordnung der Welt wieder zu heilen. Andererseits befinden wir uns bereits in der neuen, modernen Welt. In dieser wird die Person, die die Tat begangen hat, als ein für sich stehendes Individuum in den Vordergrund gerückt. Sie steht als ein zu bessernder Mensch im Mittelpunkt. Es sind Rechtsakte in unserem heutigen Verständnis. Aber es sind auch noch soziale Sanktionen der Gemeinschaft. Sie erhofft sich davon insgesamt eine Heilung des Risses in der Weltordnung, der durch die Missetat verursacht wurde.

2.2 Moderne Zeiten

2.2.1 Macht festigt sich zu Herrschaft: Die Entstehung von Staaten und die gleichzeitige Erfindung des Verbrechens

Strafe in unserem heutigen Sinn ist ohne Herrschaft nicht denkbar. Wenn die Strafe im 12. Jahrhundert langsam auftauchte, dann im Gefolge von Herrschaftsinstanzen. Erst hier wandelte sich die Missetat, auf die mit Ausgleich geantwortet wurde, zum Verbrechen, das nur durch Strafe gesühnt werden kann. Mit der Erfindung der Strafe richtete sich dann die Blickrichtung von der Störung der ganzen Weltordnung zur individuellen Handlung des Störers*der Störerin. Der*die Störer*in geriet nun als Person in den Mittelpunkt. Entsprechend stand nicht mehr die Wiederherstellung der gestörten Ordnung, nicht mehr objektiver Ausgleich im Zentrum, sondern die subjektive, sittliche Beurteilung des Handelns. Aus dieser sittlichen Beurteilung wird nun das dem*der Täter*in aufzuerlegende Strafübel abgeleitet. An diesem Punkt stehen wir bis heute.

Dieses Denken setzt voraus,

1. dass jemand eigenverantwortlich für sich handelt (Verantwortlichkeit und freier Wille),
2. dass eine Abschreckung erzielt wird (General- und Spezialprävention),
3. dass eine entsprechende (Urteils-)Begründung erfolgt,
4. dass dafür bereitgestellt Personen (Stäbe) die Aufgaben der Beurteilung, Verurteilung und Durchführung der Verurteilung übernehmen. Dies sind aufwendige und kostspielige Stäbe.

Nun wird es kompliziert. Nicht mehr nur die Tat, sondern die Täter*innen selbst sind zu beurteilen. Nur die Tat zu beurteilen ist schon Problem genug. Aber da jede*r Täter*in eine andere Person ist und aus ganz unterschiedlichen Motiven handelt, wird es nun sehr viel aufwendiger. Die Tat muss in Bezug zu dem Menschen gesetzt werden, der sie verübt hat. So entsteht das Strafmaß, also die auf die Person *und* die Tatschwere gleichermaßen bezogene Abstufung: Für ein und dieselbe Handlung können nun unterschiedliche Straffolgen geurteilt werden, wie das Beispiel des Diebstahls zeigt.»Wer eine fremde bewegliche Sache einem anderen in der Absicht wegnimmt, die Sache sich oder einem Dritten rechtswidrig zuzueignen, wird mit Freiheitsstrafe bis zu fünf Jahren oder mit Geldstrafe bestraft«, so § 242 des Strafgesetzbuches. Mehr als fünf Jahre gehen nicht, aber in diesem Strafrahmen ist viel auf die Person der Täter*innen bezogenes Urteilen möglich. Die Häufigkeit ihrer Vorstrafen, ihre soziale Stellung, ihre wirtschaftlichen Möglichkeiten, ihre Eingebundenheit in Familie und Beruf, ihr Geschlecht[15], ihre gezeigte oder verweigerte Reue

---

15 »Geschlechteraspekte haben in der Vergangenheit sowohl im Strafrecht als auch in der Kriminologie immer wieder eine Rolle gespielt. Zu denken ist dabei u. a. an die im Strafrecht seit Jahrzehnten geführten Diskussionen über § 218 StGB und an die Debatte über die erst (!) 1997 eingeführte Strafbarkeit der Vergewaltigung in der Ehe. Früh haben Genderfragen aber auch in der Kriminologie Bedeutung erlangt. So warf bereits Cesare Lombroso, der als einer der Begründer der Kriminologie gilt, in seinem 1894 veröffentlichen Buch mit dem bemer-

und »Tateinsicht«. All dies wird Teil der Prognose, ob künftig ein straffreies Leben erwartet werden kann.

Unterschiede zwischen dem alten und dem neuen Strafverständnis

Der Unterschied zwischen diesem neuen täterbezogenen Strafverständnis und dem alten vormodernen Ausgleichs- und Sühneverfahren lässt sich in folgende Gegensatzpaare fassen: Erstens, der Blick wechselte nun von der Tat zum*zur Täter*in und damit von der Störung zum*zur Störer*in. Damit stand, zweitens, nicht ein objektiver Ausgleich und das Wiederherstellen der göttlichen Ordnung im Vordergrund, sondern die sittliche Beurteilung der Handlung wurde mitentscheidend für das Strafmaß. Damit kam zum Ausdruck, drittens, das abweichende Handlungen nicht mehr als eine Bedrohung des Kosmos angesehen wurden, dessen Unversehrtheit diese Handlung verletzte, sondern als ein individuelles, zurechenbares, gewolltes Tun einer einzelnen Person. »Die Aufgabe besteht darin, die Strafe zur wirklichen Konsequenz des Verbrechens zu machen. Sie muß dem Verbrecher also die notwendige Wirkung seiner eigenen Tat, daher als *seine eigene Tat* erscheinen« (Marx 1976, S. 114, Hervorhebung im Original).

Die zentrale Gedanke ist nun, viertens und entscheidend, dass die Gefahr von bestimmten, benennbaren Menschen ausgeht und nicht mehr von unbestimmten, über den Menschen stehenden Mächten. Nun wird Einfluss im Hier und Jetzt unmittelbar auf die Täter*innen genommen: kein Sühneopfer, sondern Verurteilung einer Person.

kenswerten Titel ›Das Weib als Prostituierte und Verbrecherin‹ die Frage auf, warum Frauen weniger mit Kriminalität belastet sind als Männer« (Bartsch et al. 2022, S. 5).

2.2.2 Drittes Bild: Ein Fallbeispiel für die Erfindung eines Verbrechens im 19. Jahrhundert – der Holzdiebstahl

Bei dem Beispiel der Inuit (▶ Kap. 2.1.1) lag der Ausgangspunkt stets im Erhalt der Gemeinschaft als Ganzes. Das Individuum wurde gegenüber der Gemeinschaft als nachgeordnet betrachtet, denn es bedurfte der Leistung der ganzen Gruppe, um den Erhalt jeder einzelnen Person zu sichern. In dem oben genannten Beispiel kommt das zum Ausdruck: Der Bruder erschießt seinen Bruder auf Geheiß der Gemeinschaft, um den Gemeinschaftsfrieden wieder herzustellen und damit für den funktionierenden Zusammenhalt aller zu sorgen. Zugleich war damit auch gesichert, dass es zu keiner Blutrache zwischen den familiären Gruppen kommt, denn die Tötung erfolgte innerhalb der Familie.

Doch nun löst sich das Kollektiv auf zugunsten vieler Einzelner. Nun gilt eine andere Rechnung: Viele, für den Erhalt der Gesellschaft als notwendig gesehenen Einzelinteressen werden benötigt, um eine Gesellschaft zu formen. Es sind die Einzelinteressen, deren Entfaltung notwendig ist.

Das hat Konsequenzen für die Unrechtsfolgen. Im Gehalt der Strafe müssen nun notwendig auch individuelle Interessen unterschiedlicher gesellschaftlicher Gruppen zum Ausdruck kommen. Und so liegt der Gedanke nahe, dass mächtigere gesellschaftliche Individuen und Gruppen mit der Strafe ihre speziellen Interessen durchsetzen wollen. Es ist Karl Marx (1976/1842), dem wir ein Beispiel dafür verdanken, wie die Strafe in den Dienst der herrschenden Klasse gestellt wurde. In der »Neuen Rheinischen Zeitung« schrieb er den Beitrag »Debatten über das Holzdiebstahlsgesetz«. Es war zu diesem Holzdiebstahlsgesetz gekommen, weil der Holzdiebstahl, wie man in einer Enzyklopädie der Staatswissenschaften des späten 18. Jahrhunderts nachlesen konnte, allen, die mit dem Forstwesen zu tun hatten,

»beständig viel zu schaffen [machte]. Die wenigsten Malversanten erkennen solches für den wahren Diebstahl, lassen sich wohl verlauten, daß für die Holzdiebe noch kein Galgen gebaut sey, und stehlen desto ungescheuter; ja in einigen Orten, welche nahe an den Wäldern liegen, ist es zuweilen gar ein ordentliches Nahrungsmittel der Unterthanen geworden« (Mooser 1984, S. 43).

2.2 Moderne Zeiten

Was war geschehen? Das jahrhundertealte Recht für jedermann, in den umliegenden Wäldern Holz für den Hausgebrauch sammeln zu können, war mit dem Erstarken des Privateigentums und durch die damit einhergehende Privatisierung der Wälder zunehmend eingeschränkt worden. Die Holzentnahme wurde kriminalisiert und als Diebstahl bezeichnet, als sich das Volk dieses jahrhundertealte, lebenswichtige Recht nicht nehmen ließ. Marx zitiert einen Deputierten aus der Debatte des sechsten rheinischen Provinzial-Landtags 1841 mit den Worten, dass dieser es bedenklich findet, für die Entnahme von Holz »das Wort ›Diebstahl‹ nicht auszusprechen, weil die Leute, denen die Diskussion über dieses Wort bekannt würde, leicht zu dem Glauben veranlaßt werden könnten, als werde die Entwendung von Holz auch von dem Landtage nicht dafür gehalten« (Marx 1976, S. 109).[16]

Dass Volk ließ sich das althergebrachte Gemeinschaftsrecht zunächst nicht nehmen. Eine zeitgenössische Statistik zeigt, dass in Preußen (ohne Rheinprovinz) im Jahr 1850 nur 35.000 andere, aber 265.000 Holzdiebstähle registriert wurden (Mooser 1984, ebd.). Mit der Kriminalisierung des Holzdiebstahls drückte sich ein gewandeltes Rechtsverständnis aus, das die adelige und bürgerliche Klasse gegenüber der bäuerlichen Bevölkerung durchsetzen konnte. Sie wandelte das Allgemeingut Holz in ein Privateigentum der bürgerlichen und feudalen Klasse um. Erst dadurch konnte es zu dem Delikt »Holzdiebstahl« und damit zur selektiven Kriminalisierung der Holzbedürftigen kommen. Sie wurden nun in die missliche Lage versetzt, gegen vom Landtag beschlossenes gesatztes Recht verstoßen zu müssen, um ihrem überlieferten Recht nachgehen zu können. Karl Marx

---

16 Bereits im Jahr 1841 wurde der Kriminalisierungsdiskurs von einer parallelen Debatte begleitet. Diese Debatte kommt uns noch heute sehr bekannt vor, wie wir an der Stellungnahme eines anderen Deputierten des Landtages sehen:»Da sich die Strafe bis zu langem Gefängnis steigern könne, so führe eine solche Strenge Leute, die sonst noch auf gutem Wege wären, gerade auf den Weg des Verbrechens. Das geschehe auch dadurch, daß sie im Gefängnis mit Gewohnheitsdieben zusammenkamen; er halte daher dafür, daß man das Sammeln oder Entwenden von trockenem Raffholz bloß mit einer einfachen Polizeistrafe belegen solle« (Marx 1976, S. 111). Es geht dabei nicht um das Absehen von Strafe, jedoch um die Vermeidung schädlicher Inhaftierung. Erneut ist zu sehen, dass die Kritik am Gefängnis genauso alt ist wie das Gefängnis selbst.

hat diese Verschiebung vom Gewohnheitsrecht der bäuerlichen Bevölkerung zum gesatzten Recht sehr drastisch ausgedrückt. Dies sei, so formuliert er, ein Rückfall der Menschheit in das Tierreich:

> »Die Menschheit erscheint in bestimmte Tierrassen zerfallen, deren Zusammenhang nicht die Gleichheit, sondern die Ungleichheit ist, eine Ungleichheit, welche die Gesetze fixieren. Der Weltzustand der Unfreiheit verlangt Rechte der Unfreiheit, denn, während das menschliche Recht das Dasein der Freiheit, ist dies tierische Recht das Dasein der Unfreiheit. […] Die einzige Gleichheit, die im wirklichen Leben der Tiere hervortritt, ist die Gleichheit eines Tieres mit den andern Tieren seiner bestimmten Art, die Gleichheit der bestimmten Art mit sich selbst, aber nicht die Gleichheit der Gattung. Die Tiergattung selbst erscheint nur in dem feindseligen Verhalten der verschiedenen Tierarten, die ihre besonderen unterschiedenen Eigenschaften gegeneinander geltend machen« (Marx 1976, S. 115).

Dieser Gedanke, wonach das Gesetz nun fixierte Ungleichheit sei, kann uns dadurch erschlossen werden, dass wir die von Marx gebrauchten Begriffe des »Tieres« und des »Tierreiches« durch »Individuum« und »Interessengruppen« ersetzen. Dann wird klar, dass sich einzelne Individuen zu Interessengruppen zusammenschließen und gegenüber anderen Interessengruppen ihre Interessen geltend machen, wobei sie sich des Rechts bedienen.

> Das kehrt die Verhältnisse vollständig um: Recht ist dann nicht Recht in dem Sinne, dass es das menschliche Recht des Daseins in Freiheit unterstützt, sondern im Gegenteil: »Diese Gesetzesbestimmung ist gut, soweit sie mir nützt, denn mein Nutzen ist das Gute« (ebd., S. 114). Nun fördert das Gesetz einen Weltzustand der Unfreiheit.

Anhand dieses Beispiels lässt sich zeigen, dass »Recht […] nicht nur Interpretation [ist], sondern Interpretationsherrschaft, hinter der dann das Gewaltmonopol des Staates steht, mit vielen kräftigen jungen Männern und polizeilichen Ausrüstungsgegenständen verschiedenster Art« (Wesel 1992, S. 28). Denn das ist die notwendige Folge: Nun muss dieses Recht durchgesetzt werden, und dazu bedarf es eines entsprechenden Apparates. Das Personal in diesem Apparat, also in der Polizei, bei den Gerichten und im Strafvollzug, kann nun aber stets sicher sein, für diese Rechtsdurchsetzung legitimiert zu sein, weil es auf legaler – also rechtlicher Grundlage – handelt. Recht und Strafe sind daher auch in der Moderne nichts ›Objektives‹, sondern etwas Interessengeleitetes. Nur besteht das vorrangige Interesse nicht mehr ausschließlich darin, den Bestand der jeweiligen Gemeinschaft zu hüten, sondern, die Einzelinteressen zu schützen. Und dieser Schutz gilt im Wesentlichen dem Schutz des Privateigentums. Damit werden zugleich auch die Einzelinteressen bestimmter gesellschaftlicher Gruppen in besonderer Weise geschützt, nämlich jener Gruppen, die über (viel) Privateigentum verfügen.

2.2.3 Strafe und Gefängnis als nur eine Form der Reaktion auf abweichendes Verhalten

Eine Gesellschaft, die völlig ohne negative Sanktionen auskommt, wird es nicht geben. Ich benutze bewusst den etwas abstrakten Ausdruck »negative Sanktionen« und nicht jenen der »Strafe«. Nach dem bisher Gesagten will ich den Begriff der Strafe einschränken und als eine besondere Form der Reaktion betrachten.

> **Negative Sanktion im Unterschied zur Strafe**
>
> Eine negative Sanktion ist zunächst und allgemein die einer Person *zur Abgeltung einer von ihr begannen und als Unrecht definierten Handlung auferlegte Buße*. Wird diese negative Sanktion zu einer Strafe in einem kriminologischen Sinn, so muss es sich bei dieser negativen Sanktion um eine staatliche Reaktion auf eine Abweichung handeln. Entsprechend muss ich meine Definition um diesen Zusatz erweitern und *Strafe als die einer Person zur Abgeltung einer von staatlicher Seite als Unrecht definierten und von staatlicher Seite verfolgten Handlung* bezeichnen.

Ohne Staat keine Strafe. Sie findet im Strafrecht ihren Ausdruck:

> »Die Kriminalstrafe stellt die am stärksten eingreifende staatliche Sanktion für begangenes Unrecht dar. Jede Strafnorm enthält ein mit staatlicher Autorität versehenes, sozial-ethisches Unwerturteil über die von ihr pönalisierte Handlungsweise, das durch den Straftatbestand und die Strafandrohung näher um-

schrieben wird. [...] Das Strafrecht wird als ›ultima ratio‹ des Rechtsgüterschutzes eingesetzt, wenn ein bestimmtes Verhalten über sein Verbotensein hinaus in besonderer Weise sozialschädlich und für das geordnete Zusammenleben der Menschen unerträglich, seine Verhinderung daher besonders dringlich ist« (BVerfG 1997, Rn. 10).

Hier möchte ich eine ergänzende Bemerkung einschieben. Sie bezieht sich auf unsere Sprachregelung zur Strafe, zum Strafrecht und zur Strafhaft, wie ich sie hier auch übernommen habe. Wir reden von Strafrichtern, von Strafrechtsprofessoren, wir verfügen über eine Strafprozessordnung und über ein Strafrecht. Wir kennen den Strafvollzug, Strafvollzugsbedienstete und ehrenamtliche Straf-Vollzugshelfer*innen. Doch sind das nicht allesamt Euphemismen? Schließlich ist es doch die volle Absicht der Strafinstitutionen, »dass ihrer Klientel etwas verabreicht wird, das sie unglücklich macht, etwas, das weht tut« (Christie 1995, S. 25). Schon dies unterscheidet die staatlichen Strafen von den Strafen der Eltern. Wenn wir unseren Kindern mit Strafen in voller Absicht Leid zufügen, dann müssen wir selbst mit einer Strafe rechnen. In der Erziehung der Kinder dürfen wir nicht strafen, und das aus gutem Grund. »Kinder haben ein Recht auf gewaltfreie Erziehung. Körperliche Bestrafungen, seelische Verletzungen und andere entwürdigende Maßnahmen sind unzulässig« (§ 1631, Abs. 2 BGB). Das leuchtet sofort ein. Dies unterscheidet die staatlichen Strafen von den »negativen Sanktionen« früherer, akephaler Gesellschaften. Zwar wendeten auch sie ihre Sanktionen an, um den Fortbestand ihrer kleinen Gemeinwesen nicht zu gefährden. Es ging ihnen aber nicht darum, dies mit dem Mittel der Leidzufügung zu bewerkstelligen. Mit dem heutigen Strafrecht jedoch lassen wir Menschen vorsätzlich und absichtsvoll leiden. Und darum wäre es auch möglich und vielleicht noch nicht einmal eine völlig haltlose Bezeichnung, von den Richter*innen als Leidzufüger*innen, von den Strafrechtsprofessor*innen als Leidzufügungsprofessor*innen, von den Strafanstalten als Leidzufügungsanstalten zu sprechen.

Auch aus christlicher Sicht wäre das zutreffend: Hier ist die Strafe als individuelle Leidfolge für missbilligtes Handeln von Anfang an dabei, und die Vertreibung aus dem Paradies ist nur die erste Strafe Gottes an den beiden Sünder*innen. Am Ende wartet das Weltgericht auf uns alle. Hier werden wir Menschen voneinander geschieden. Zur Rechten dürfen die Gerechten sitzen: »Kommt her, ihr Gesegneten meines Vaters, ererbet das

Reich, das euch bereitet ist von Anbeginn der Welt« (Matthäus 25, 32–35). Auf der linken Seite sieht es nicht so gut aus: »Gehet hin von mir, ihr Verfluchten, in das ewige Feuer, das bereitet ist dem Teufel und seinen Engeln« (ebd., 25, 41). Die Verfluchten werden in die ewige Pein gehen, die Gerechten aber in das ewige Leben. Man kann also durchaus sagen, dass die leidzufügende Strafe ein zentrales Merkmal christlichen Denkens ist. Sie ist aber nicht das grundsätzliche und unverzichtbare A und das O menschlicher Gesellungsformen. Daher denke ich, dass wir wenig Anlass haben, auf unsere Verbindung aus Strafe und Gefängnis stolz zu sein. Sie mag eine Humanisierung gegenüber früheren Reaktionen sein, ist und bleibt jedoch eine vorsätzliche Leidzufügung. Offen bleibt seither zudem die Frage, ob das zu greifbaren Erfolgen führt oder unseren Umgang miteinander menschlicher macht.[17]

Aus dem bisher Gesagten lässt sich mit Sebastian Scheerer folgende Schlussfolgerung treffen:

> »Mißbilligung unerwünschten Verhaltens und negative Sanktionen sind zwar ›soziale Totalphänomene‹ (Marcel Mauss), aber die Strafe im engeren Sinne des Strafrechts und das Strafrecht selber sind es nicht. Es sind keine Universalien, sondern sehr spezifische Entwicklungen, die historisch relativ jung sind und doch schon sehr überaltert wirken« (Scheerer 1993, S. 173).

---

17 Diese Leidzufügung kann viele Gesichter haben und wird ganz sicher von Mensch zu Mensch unterschiedlich empfunden. Doch sie verändert jeden Menschen, der das Gefängnis erfahren muss: »Ich will versuchen, Ihnen in einer Art von Szenario zu vermitteln, wie für den Gefangenen die Zeit vergeht. Stellen Sie sich das erste Jahr vor, als die Besuche von der Lebendigkeit der Kinder bestimmt waren. Die Besucher kamen, die Kinder liefen voraus, ihnen folgten einige schöne, junge Frauen [...] Sie bewegten sich rasch [...] Dahinter, etwas langsamer, kamen die Eltern, Geschwister, Schwiegereltern, beladen mit schweren Einkaufstüten. Einige Jahre später waren die Dinge anders. Nun kamen zuerst einige junge Leute – es waren keine Kinder mehr, sondern Jugendliche von zwölf, 13, 14 Jahren. Hinterher gingen einige mittelalte Frauen in den Dreißigern, mit veränderten Bewegungen und anderem Ausdruck auf den Gesichtern [...] Und genau wie der Charakter des Besuchs sich verändert, so verändert sich auch die Bekleidung. Man trägt dunkle Sachen, ist sparsamer mit der Gestik, die hellen Stimmen sind vergangen, die Scherze vorbei, die Anekdoten und Geschichten vergessen. Nur über das Wesentliche wird gesprochen. [...] Und wie die der Gefangenen, so wurden auch ihre Haare grau, ihre Gesichter runzelig und ihre Zähne weniger« (Christie 1995, S. 25).

Entsprechendes gilt auch für das Gefängnis. Strafe und Gefängnis bilden heute zwar eine Einheit, und es lässt sich historisch, politisch und sozial erklären, warum es zu dieser Einheit gekommen ist. Aber es hätte auch anders kommen können.

3 Kriminalität im Spiegel der Statistik

Was Sie im dritten Kapitel erwarten können

Im ersten Teil des dritten Kapitels erfolgt eine kritische Auseinandersetzung mit dem Erkenntniswert von Kriminalstatistiken (▶ Kap. 3.1). Weil sie stets auf einer Datenauswahl und einer Ordnung der ausgewählten Daten beruhen, bilden sie nicht nur die Wirklichkeit ab, sondern repräsentieren auch diese Selektion. Gleichwohl sind sie unverzichtbar und ein wichtiges Erkenntniselement für die Soziale Arbeit. Um ihren Erkenntnisgehalt zu zeigen, werden im abschließenden Teil dieses Kapitels ausgewählte Daten präsentiert (▶ Kap. 3.2).

3.1 Überlegungen zur Bedeutung der Statistik für die Praxis Sozialer Arbeit

Sozialarbeiter*innen beschäftigen sich beruflich mit Menschen, die kriminell geworden sind oder von Kriminalität bedroht werden bzw. mittelbar davon betroffen sind wie etwa die Eltern, die Geschwister, Verwandte und Kolleg*innen. Wer es beruflich mit solchen Menschen zu tun hat, muss sich stets ohne Wenn und Aber mit zwei Fragen befassen. Die erste Frage lautet: »Warum hat gerade dieser Mensch, der hier vor mir sitzt, eine Straftat begangen?« Das ist die klassische sozialarbeiterische Frage, die sich stets auf einzelne Menschen richtet. Wenn wir diese Frage verallgemeinern und nicht nur den einen, sondern alle Menschen in den Blick nehmen, die kriminell geworden sind, dann lautet die Frage erweitert: Warum begehen Menschen überhaupt Straftaten? Wir können auch noch allgemeiner fragen: Warum weichen Menschen von einem Verhalten der allgemeinen Billigung zu einem der allgemeinen Missbilligung ab? Bleiben wir bei der ersten Frage stehen, die sich nur auf eine einzelne Person bezieht, laufen wir Gefahr, das kriminelle Verhalten dieser bestimmten, vor uns sitzenden Person ausschließlich ihr oder den Bedingungen in ihrem unmittelbaren sozialen Umfeld zuzurechnen. Das ist nicht falsch, denn diese bestimmte Person hat es ja getan. Sie ist nicht zu Unrecht verurteilt worden, sondern hat jene Verurteilung bekommen, die der Strafkatalog für ihr missbilligtes Verhalten vorsieht. Und dieser Strafkatalog sollte gekennzeichnet sein durch eine von Status-, Macht- und Achtungsfragen unabhängige Zuverlässigkeit des Rechts und in Übereinstimmung mit der sozialen Ordnung stehen (Luhmann 1978, S. 68.).

Nun ja, wie wir anhand des Holzdiebstahls gesehen haben, ist das nicht unbedingt immer der Fall, aber dies ist jedenfalls die unhinterfragte Vermutung. Wir müssen dem Recht vertrauen wollen. »Vertrauen ist in diesem Sinne eine Willensleistung« (Luhmann 1973, S. 33). Zwar beziehen wir den Begriff des Vertrauens in der Regel auf unseren Umgang mit anderen Menschen, denen wir – als Vorleistung – vertrauen. Das setzt allerdings persönliche Kenntnis und Vertrautheit mit diesen Menschen voraus. In komplexen Gesellschaften wie der unsrigen ist das nicht mehr ohne weiteres möglich. So tritt das Recht auf den Plan. Das wird insbesondere im Vertragsrecht deutlich. Ist etwas vertraglich vereinbart, so können wir uns auf die Einhaltung der Verabredung verlassen und müssen nicht mehr vertrauen. Doch wird im Recht »das Vertrauensprinzip juristisch-griffig reformuliert und so verselbständigt« (ebd., S. 36). Daher fundiert in Wahrheit »der Vertrauensgedanke das gesamte Recht, das gesamte Sicheinlassen auf andere Menschen, so wie umgekehrt Vertrauensbeweise nur auf Grund einer Risikominimierung durch das Recht zustande kommen können« (ebd., S. 37).

Die Beantwortung dieser ersten Frage nach der Person ist die Grundlage für den Umgang mit der zweiten Frage. Wenn Abweichungen immer und immer wieder in allen Kulturen geschehen, so müssen auch allgemeine Bedingungen vorliegen, die dazu führen, und nicht nur Mängel in der

3.1 Überlegungen zur Bedeutung der Statistik für die Praxis Sozialer Arbeit

jeweiligen Person. Kriminalität ist offensichtlich ein normaler und leider unverzichtbarer Bestandteil des sozialen Lebens. Sie gehört zu jeder Gesellschaft wie ein Schnupfen: unangenehm, aber nicht zu vermeiden. Und diese zweite Frage nach den allgemeinem Bedingungen sollte daher die erste Frage nach den besonderen persönlichen Verhalten ergänzen, denn nur so kann es zu einem fachlich angemessenen Umgang mit der eigentlichen Arbeitsfrage Sozialer Arbeit kommen. Diese Arbeitsfrage lautet: »Unter welchen Bedingungen wird dieser Mensch aufhören, Straftaten zu begehen?« Das ist die Frage nach dem Abstand- Nehmen von Kriminalität, auch als die ›Desistance‹ bezeichnet. Die klassische Kriminologie will in der Regel den Prozess des Einstiegs erklären. Die Desistance-Perspektive will dagegen den Prozess des Ausstiegs aus Kriminalität verstehen, und welche Bedingungen diesen Ausstieg befördern und erleichtern. Um die Entstehung von Kriminalität zu verstehen, bedient sich die Soziale Arbeit des Erklärungswissens der Kriminologie. Sie kann darauf aufbauen. Aber das kann nicht ausreichen, sondern ist lediglich ihre Grundlage. In der Sozialen Arbeit steht eben nicht die wissenschaftliche Erkenntnis im Vordergrund, nicht die Theorie, also das Beschauen (theorein) der Gegenstände der Welt, sondern das Handeln und der Umgang mit Menschen. Weil aber persönliches Handeln und gesellschaftliche Regeln in einem engen Zusammenhang stehen, kann sie nicht darauf verzichten, persönliches Handeln gesellschaftlich einzuordnen. Sie muss daher auch theoretisch informiert sein, um nicht bei ihrem Alltagswissen (das unverzichtbare Grundlage ist) hängenzubleiben. Die folgende Tabelle verdeutlicht den Unterschied von Alltagswissen und wissenschaftlichem Wissen (▶ Tab. 1).

Tab. 1: Alltagswissen und wissenschaftliches Wissen

Alltagswissen	Wissenschaftliches Wissen
Beruht auf alltäglicher, subjektiver und selektiver Beobachtung	Beruht auf zumindest intersubjektiv nachprüfbarer, systematisierter Beobachtung
Wird aufgefüllt mit persönlicher Erfahrung und Wissenssplittern aus unterschiedlichen Quellen	Der einzelne Untersuchungsschritt wird dokumentiert

73

Tab. 1: Alltagswissen und wissenschaftliches Wissen – Fortsetzung

Alltagswissen	Wissenschaftliches Wissen
Verlässt sich auf Intuition und praktische Erfahrungen	Wird im Lichte weiterer empirischer Untersuchungen und im wissenschaftlichen Diskurs geprüft
Beanspruchte Gültigkeit aufgrund subjektiver Einschätzung und Erfahrung	Lässt nur gelten, was vorläufig verifiziert[18] oder letztlich falsifiziert[19] werden konnte

Quelle: Schaffer, H. (2014) (3. Auflage). Empirische Sozialforschung für die Soziale Arbeit. Eine Einführung. Freiburg im Breisgau: Lambertus, S. 28

> Kriminologisches Wissen hilft, die gesellschaftliche Ordnung und die Entstehung von Kriminalität zu verstehen. Soziale Arbeit dagegen will einzelnen Menschen ein Gesicht geben und sie dabei unterstützen, sich in die gesellschaftliche Ordnung einzufügen.»So entstehen in beiden Fächern jeweils unterschiedliche Sichtweisen, die über die allgemeine Frage zusammengebunden werden, wie Ordnung möglich ist und durchgesetzt werden kann« (Lindenberg 2022b, S. 17).

Bislang habe ich in diesem Kapitel danach gefragt, wie ein einzelner Menschen zum ›Fall‹ geworden ist, zu einem Menschen, der kriminell gehandelt hat. Das habe ich dann verallgemeinert und in der zweiten Bewegung nach allen Menschen gefragt, die wir als ›Fälle von Kriminalität‹ in der Sozialen Arbeit betrachten. Es fehlt noch ein dritter Schritt, denn um ein vollständiges Bild zu erhalten, muss noch eine weitere Frage gestellt werden. Diese Frage orientiert sich nicht an einem einzelnen Menschen (Schritt 1) oder an allen jenen Menschen (Schritt 2), denen wir Kriminalität zurechnen. Mit einem dritten Schritt geraten wir in die Welt der

---

18 Eine wissenschaftliche Aussage durch empirische Beobachtung oder durch einen logischen Beweis bestätigen.
19 Eine wissenschaftliche Aussage durch empirische Beobachtung oder durch einen logischen Beweis widerlegen. Damit wäre dann immerhin schon mal klar, dass diese Aussage nicht stimmt, und es können andere Aussagen in Betracht gezogen werden.

3.1 Überlegungen zur Bedeutung der Statistik für die Praxis Sozialer Arbeit

Statistik. In dieser Welt werden nicht nur einzelne bzw. alle bekannt gewordenen kriminellen Personen in den Blick genommen, sondern die Bevölkerung insgesamt in ihrem Verhältnis zur Kriminalität. Wenn wir alle Personen eines Landes als Grundgesamtheit betrachten, stehen wir vor einer Reihe von Entscheidungen. Wir müssen überlegen, nach welchen Kriterien wir diese Grundgesamtheit aufteilen, denn es macht ja beispielsweise wenig Sinn, die Anzahl der bekannt gewordenen Diebstähle summarisch und ohne weitere Differenzierung auf die Gesamtbevölkerung zu beziehen. Viele dieser Menschen sind noch nicht strafmündig, und es ist bestimmt auch interessant herauszufinden, wie sich die Anzahl der Diebstähle über das Alter und das Geschlecht verteilen. Dass wir nach Alter und Geschlecht differenzieren, liegt unmittelbar auf der Hand. Darüber hinaus werden wir aber feststellen, dass in den Statistiken noch andere Kriterien auftauchen, etwa jene nach der Staatsangehörigkeit, der ethnischen Zugehörigkeit und weiterer Kennzeichen. Es sind Eigenschaften, die ganz offensichtlich für bedeutsam gehalten werden und über die wir besondere Informationen wünschen. Außerdem muss nun differenziert werden, wie die staatlichen Reaktionen auf Kriminalität ausfallen. Entsprechend wird gefragt nach der Gesamtheit aller der Polizei bekannt gewordenen Fälle möglicher Kriminalität, nach der Gesamtheit aller Anklagen, nach der Gesamtheit aller Verurteilungen und schließlich nach der Gesamtheit aller einem Urteil oder eben auch einer Nicht-Verurteilung zugeführten Personen. Daneben gibt es immer viele Sonderauswertungen und spezielle Betrachtungen, etwa über Einstellungen in der Bevölkerung zur Kriminalität (Birkel et al. 2019; Bundesministerium des Inneren, für Bau und Heimatschutz 2019). Auch der Einfluss von jugendkriminalrechtlichen und kriminalpolitischen Maßnahmen auf Jugendliche interessiert stets ganz besonders (Heinz 2019).

Kriminalität in quantitativer (mengenmäßiger) Hinsicht zu messen und anhand dieser Messungen zu bewerten ist eine ausgesprochene Notwendigkeit. Statistiken über Kriminalität sind der Versuch, die Erfahrung einer Gesellschaft mit dem Ausmaß und der Verteilung von Kriminalität zu beziffern. Und Erfahrung, so Immanuel Kant

»ist ohne Zweifel das erste Produkt, welches unserer Verstand hervorbringt, indem er den rohen Stoff sinnlicher Empfindungen bearbeitet. Sie ist eben dadurch die erste Belehrung, und im Fortgange so unerschöpflich an neuem Unterricht, daß das zusammengekettete Leben aller künftigen Zeugungen an neuen Kenntnissen, die auf diesem Boden gesammelt werden können, niemals Mangel haben wird« (Kant 1966/1787, S. 49).

Übersetzt in unsere heutige Sprache und bezogen auf die Kriminalstatistiken würden wir wohl sagen, dass Statistiken ein Versuch sind, mit Hilfe unseres Verstandes unsere Erfahrungen zu systematisieren. Die Kriminalität selbst ist dabei der rohe Stoff. Er wird geordnet. Das ist die Aufgabe der Statistik. Dadurch erlangen wir erste Kenntnisse, die uns zeigen, wie sich die Kriminalität in der Vergangenheit gestaltet hat. Aus der Vergangenheit soll dann abgeleitet werden, wie es in der Zukunft sein wird, und möglicherweise sogar, wie sie sich in Zukunft entwickeln könnte. Das ist selbstverständlich ein sehr hoher Anspruch, der vor allem deshalb kaum einzulösen ist, weil sich die Verhältnisse ständig ändern, und damit auch die Erscheinungsformen der Kriminalität. Noch vor 30 Jahren war das Wort »Cyberkriminalität« nur aus Science-Fiction-Romanen bekannt und in die damaligen statistischen Verfahren nicht einbezogen. Wenn wir Kant folgen, sind es daher stets nur vorläufige Erkenntnisse. An neuen Kenntnissen wird es uns niemals mangeln. [20]

Gleichwohl ist diese aus der Empirie (den Erscheinungen des Lebens) gewonnene Erfahrung, so Kant weiter,

»bei weitem nicht das einzige Feld, worin sich unserer Verstand einschränken lässt. Sie sagt uns zwar, was da sei, aber nicht, dass es notwendigerweise, so und nicht anders, sein müsse. Eben darum gibt sie uns auch keine wahre Allgemeinheit, und die Vernunft, welche nach dieser Art von Erkenntnissen so begierig ist, wird durch sie mehr gereizt, als befriedigt« (ebd., S. 49 f.).

Dies würden wir in unserer heutigen Sprache wohl so ausdrücken: Wir sehen zwar die Dinge um uns herum sehr genau und können ihr Ausmaß und ihre Gestalt analysieren. Das bedeutet aber noch lange nicht, dass wir genau erkennen, was da eigentlich los ist. Kant gibt uns einen Grund dafür,

---

20 Das ist den Wissenschaftler*innen auch völlig klar. In der Regel werden ihre Untersuchungen mit einem Absatz enden, in dem sie skizzieren, was noch alles getan werden muss, um den von ihnen beforschen Gegenstand noch genauer zu verstehen. Die dazu gebrauchte Schlussformel lautet sehr häufig: »More research is needed.«

dass trotzdem noch eine Menge offenbleibt, indem er eine »nicht auf den ersten Anschein zugleich abzufertigende Frage [stellt]: ob es ein dergleichen von der Erfahrung und selbst von allen Eindrücken der Sinne unabhängige Erkenntnis gebe« (ebd., S. 50). Ja, das ist so, meint Kant, und er unterscheidet daher zwischen Erkenntnissen a priori und a posteriori.

> **A priori/a posteriori**
>
> Das erstere sind Erkenntnisse vor aller Erfahrung, das letztere sind jene, die wir aus der Erfahrung erzeugen. Solche allgemeinen Erkenntnisse a priori, also vor aller Erfahrung, »die zugleich den Charakter der inneren Notwendigkeit haben, müssen, von der Erfahrung unabhängig, für sich selbst klar und gewiss sein; man nennt sie daher Erkenntnisse a priori: da im Gegenteil das, was lediglich von der Erfahrung erborgt ist, [...] nur a posteriori, oder empirisch erkannt wird« (ebd.). Also: empirische Erkenntnisse beruhen auf Erfahrung. Sie sind die Grundlage aller Erkenntnis. Wie ist es nun zu verstehen, dass es Erkenntnisse vor aller Erfahrung gibt, wenn doch die empirische Erfahrung die Grundlage von allem ist? Kant gibt ein Beispiel, um das wechselseitige Verhältnis von Erkenntnissen vor der Erfahrung und durch die Erfahrung zu verdeutlichen. Wenn jemand mutwillig das Fundament seines Hauses untergräbt, so hätte er doch von vornherein wissen können, dass er damit das ganze Gebäude zum Einsturz bringt. Er braucht nicht auf die Erfahrung a posteriori zu warten, dass es bei seinem letzten Spatenstich tatsächlich geschieht. »Allein gänzlich a priori konnte er dieses doch auch nicht wissen. Denn daß die Körper schwer sind, und daher, wenn ihnen die Stütze entzogen wird, fallen, mußte ihm doch zuvor durch Erfahrung bekannt werden« (ebd., S. 51). Es ist daher nicht notwendig, so schlussfolgert Kant, alles aus der unmittelbaren Erfahrung abzuleiten, denn wir verfügen über die Kenntnis allgemeiner Gesetzmäßigkeiten – etwa jene der Schwerkraft – und können daher schon von vornherein wissen, was passiert, ohne es jedes Mal ausprobieren zu müssen.

Wozu diese zugegeben etwas langen allgemeinen Ausführungen zu Kriminalstatistiken? Ich habe sie angestellt, um den Blick auf Statistiken und den Umgang mit ihnen zu schärfen. Wir alle kennen dieses Phänomen, dass Statistiken in besonderer Weise unsere Aufmerksamkeit auf sich ziehen und wir ihnen einen ganz außergewöhnlichen Erkenntniswert beimessen. Bei Präsentationen etwa widmen ihnen die Zuhörer*innen stets ein hohes Interesse, stellen auffallend viele Fragen und sehr häufig beginnen sie eifrig zu notieren, wenn eine entsprechende Folie auftaucht – es sei denn, die Präsentation besteht nur aus Statistiken. Dann allerdings tritt der umgekehrte Fall ein, und die Zuhörerschaft beginnt sich gegen die Fülle der Zahlen abzugrenzen, weil sie, und das ist die andere Seite, lediglich abstrakt zeigen können, was in der Wirklichkeit geschieht.

Zwar wissen wir alle, dass Statistiken auch gefälscht, manipuliert und interessenorientiert verwendet und gedeutet werden. Das ist aber nicht mein Punkt. Ich will darauf aufmerksam machen, dass die uns präsentierten Statistiken über Umfang und Ausmaß von Kriminalität sowie die staatlichen Sanktionen erst einmal Messresultate sind – sie zeigen lediglich, was erfasst und gemessen wurde. Daher sollten sie nicht überschätzt werden.

»Inzwischen ist es aber so, daß die moderne Wissenschaft alle diese Messresultate als die eigentlichen Tatsachen ansieht und sammelt. Nun gehorchen diese Messungen einem durch die Phänomene an sie herangetragenen Maßstab, der durch Konventionen festgelegt ist. [...] In der Tat gibt es einen anderen Begriff von Maß, als was in den Bereich des so Messbaren fällt, und das steht in dem platonischen Dialog vom Politiker. Dort ist davon die Rede, es gebe ein Maß, mit dem man nicht an etwas herantritt, sondern das etwas in sich selbst hat« (Gadamer 1993, S. 167).

Es besteht die Gefahr, dass wir nur jenes für Tatsachen halten, was wir messen können. Dagegen steht jedoch eine Position, »daß die Methode [in diesem Fall: Statistiken über Kriminalität, M. L.] den Gegenstand des Wissens überhaupt erst konstituiert« (ebd., S. 168), also herstellt.

Ein klassisches Beispiel für diese Konstruktion von Wissen über Kriminalität durch Messresultate sind Statistiken über den Anteil nichtdeutscher Tatverdächtiger bei Straftaten, wie sie die PKS (Polizeiliche Kriminalstatistik) misst.

3.1 Überlegungen zur Bedeutung der Statistik für die Praxis Sozialer Arbeit

> **Polizeiliche Kriminalstatistik (PKS)**
>
> Die PKS ist bereits von ihrem erfassten Datensätzen her selektiv, weil sie damit nicht das tatsächliche Kriminalitätsgeschehen erfassen kann, sondern die Anzeigebereitschaft der Bevölkerung und das Kontrollhandeln der Polizei misst.

Auf der Grundlage dieser Daten wird dann über das gesonderte Erfassen nichtdeutscher Tatverdächtiger, wenn auch unausgesprochen, ein Zusammenhang zwischen Kriminalität und Herkunft erzeugt. Tatsächlich bejahen die nackten Zahlen diesen Zusammenhang und weisen eine im Verhältnis höhere Kriminalitätsrate bei nichtdeutschen Tatverdächtigen aus. Bei einem genaueren Blick zeigt sich jedoch, dass dies durch die Statistik selbst erzeugt wird.

- So werden erstens ausländerrechtliche Verstöße mitgezählt, gegen die deutsche Staatsbürger*innen nicht verstoßen könnten.
- Zweitens sind unter den Personen ohne deutsche Staatsbürgerschaft besonders viele junge Menschen, deren Kriminalität im Verhältnis zu älteren Personen höher liegt.
- Drittens gibt es Hinweise darauf, dass Personen, die bereits ihrem äußeren Anschein nach ›Ausländer‹ sein könnten, von der Polizei intensiver kontrolliert werden.
- Viertens werden auch Personen erfasst, die ihren festen Wohnsitz überhaupt nicht in Deutschland haben.
- Fünftens ist davon auszugehen, dass ein erschwerter Zugang zum Arbeitsmarkt und schwierige Wohnbedingungen abweichendes Verhalten fördern.

Die nur aus der nackten Statistik abzuleitende Aussage, dass überproportional viele nichtdeutsche Personen Tatverdächtige sind, wird daher durch die Statistik selbst erzeugt. Die Messeresultate sind zwar korrekt. Sie erzeugen so eine von uns dann als Tatsache aufgefasste Wahrheit, dass Menschen nichtdeutscher Herkunft krimineller sind als jene, die hier ge-

boren wurden. Sie sagen damit nichts über die Selektivität der Strafverfolgung oder über die Lebensbedingungen dieser Menschen aus.
Zu dieser Selektivität tragen im öffentlichen Bewusstsein auch die Medien bei. In einer Medienanalyse hat Hestermann (2019) die Unterschiede in der Darstellung von deutschen und ausländischen Tatverdächtigen herausgearbeitet.[21] Im Jahr 2017 wurden ausländische Tatverdächtige in Fernsehberichten 25-mal häufiger erwähnt, als es ihrem statistischen Anteil in der Polizeilichen Kriminalstatistik (PKS) entsprach. Diese Verzerrung hat er auch für das Folgejahr nachweisen können:

»Verglichen mit der Polizeilichen Kriminalstatistik, ergibt sich daraus ein stark verzerrtes Bild: Während die Polizei 2018 mehr als doppelt so viele deutsche wie ausländische Tatverdächtige erfasste, kommen in Fernsehberichten mehr als 8 und in Zeitungsberichten mehr als 14 ausländische Tatverdächtige auf einen deutschen Tatverdächtigen« (ebd., S. 2).

Er hat weiter zeigen können, dass im Jahr 2019 fast jeder dritte Fernsehbeitrag über Gewaltkriminalität auf die Herkunft der Tatverdächtigen (31,4 %) hinwies, die überregionalen Tageszeitungen sogar in 44,1 % der untersuchten Medien. Dabei wurde die Herkunft meist nur dann erwähnt, wenn die Tatverdächtigen Ausländer*innen waren. Er hat weiter zeigen können, dass im Fernsehen über in Deutschland lebende Eingewanderte und Geflüchtete zu 34,7 % dann berichtet wurde, wenn sie als mutmaßliche Gewalttäter*innen galten. In überregionalen Zeitungen war dies in 22,1 % der Fall.[22]

In unserem Umgang mit Kriminalität stecken wir daher in der Sozialen Arbeit in einer quälenden Zwickmühle. Einerseits dürfen wir unsere eigenen beruflichen Alltagserfahrungen nicht verallgemeinern, denn es

---

21 »Berücksichtigt wurden Hauptnachrichten und Boulevardmagazine der acht meistgesehenen Fernsehsender ARD, ZDF, RTL, Sat.1, ProSieben, Kabel Eins, Vox und RTL Zwei sowie 2019 Bild, Süddeutsche Zeitung, Frankfurter Allgemeine Zeitung, Die Welt und die Tageszeitung taz« (Hestermann 2019, S. 5).
22 Methodisch musste so vorgegangen werden, dass die vorliegenden Zahlen des Vorjahres mit den aktuellen Erhebungsdaten verglichen wurden, also jeweils ein Jahr später. Die PKS wird zwischen Februar und Mai von den Bundesländern für ihre Regionen vorgestellt, im Mai dann als Gesamtstatistik vom Innenministerium in Berlin für ganz Deutschland.

3.1 Überlegungen zur Bedeutung der Statistik für die Praxis Sozialer Arbeit

> wäre ganz sicher falsch, von den einzelnen Menschen, mit denen wir beruflich zu tun haben, auf die Erscheinungsformen von Kriminalität insgesamt Rückschlüsse zu ziehen. Schließlich haben wir es mit einer bestimmten Auswahl aus dem Kriminalitätsgeschehen insgesamt zu tun. In aller Regel sind es Menschen aus bestimmten sozialen Gruppen, mit denen wir arbeiten. Damit wir nicht von unseren eigenen Erfahrungen überrollt werden und sie in das Gesamtgeschehen fachlich korrekt einordnen können, benötigen wir Statistiken. Andererseits müssen wir auch gegenüber den Statistiken kritisch bleiben, denn wie ich eben zu zeigen versucht habe, fließen in Statistiken immer Vorannahmen ein, die Einfluss auf die Messresultate haben, wie das Beispiel der nicht-deutschen Tatverdächtigen zeigt. Zudem können ohne Vorannahmen keine Zahlen generiert werden. Ich selbst habe eben statistische Zahlen benutzt, um zu zeigen, wie die Medien mit der sogenannten ›Ausländerkriminalität‹ umgehen und als »publizistisch-politischer Verstärkerkreislauf« fungieren (Scheerer 1978).

Wir sehen vor allem das, was für uns bedeutsam ist. Diese Erkenntnis war auch der Anlass für die eben gezeigte Untersuchung von Hestermann über die mediale Berichterstattung nach der sogenannten »Kölner Silvesternacht«. In diese Nacht kam es in Köln und anderen Orten zu sexuellen Übergriffen, die auch große nationale und internationale Beachtung erfuhren. In den beiden Fahndungsplakaten der Polizei in deutscher Sprache sowie mit arabischen Schriftzeichen war zu lesen: »Es bestehen Anhaltspunkte dafür, dass die Straftaten im Wesentlichen durch Gruppen junger Männer begangen wurden, die sich zu mehreren den Opfern näherten, um im Gedränge Raub und schwere Straftaten zu begehen.« Seine Untersuchung fand aus Anlass dieses Ereignisses statt. Hestermann formulierte diesen Befund:

> »Der gewalttätige Ausländer ist eine zentrale Angstfigur im deutschen Journalismus. Seit der Kölner Silvesternacht 2015/16 sind Medien getrieben von dem Anspruch, genauer und umfassend hinzusehen. In der Berichterstattung über Gewaltkriminalität ist jedoch das genaue Gegenteil eingetreten: ein einseitiger Fokus auf ausländische Tatverdächtige« (Hestermann 2019, S. 14).

Statistiken sind Alleskönner. Sie können erklären und verdeutlichen, aber auch verschweigen und manipulieren. Aber es hilft nichts. Wir müssen mit ihnen leben und arbeiten. Etwas Besseres haben wir nicht. Der Schriftsteller H.-G. Wells wird häufig mit diesem Satz paraphrasiert: »Grundkenntnisse in Statistik werden eines Tages für eine effektive Wahrnehmung der Bürgerrechte genauso bedeutsam sein wie Lesen und Schreiben.«[23] Recht hat er. Darum werden im Folgenden einige wenige Beispiele gegeben, die verdeutlichen sollen, was Statistiken wie abbilden.

3.2 Hier sind sie nun: Einige nackte Zahlen

Jene kriminologische Literatur, die sich mit der statistischen, mengenmäßigen Darstellung von Kriminalität befasst, ist stets vorsichtig und voller Einschränkungen. Hier einige Beispiele für diese Einschränkungen: Ländervergleiche in Europa sind häufig wenig aussagefähig, weil die Gesetze unterschiedlich sind und die Strafrechtspraxis unterschiedlich gehandhabt und erfasst wird, was übrigens auch für den Vergleich der 16 deutschen Bundesländer untereinander gilt. Bestimmte Delikte können nur von bestimmten Personengruppen begangen werden (etwa die sogenannte ›Ausländerkriminalität‹). Andere Delikte geraten besonders in den Fokus der Aufmerksamkeit und haben dann Einfluss auf die Strafverfolgung und die Verurteilungspraxis (Verstöße gegen die sexuelle Selbstbestimmung). Außerdem fehlen bundesgesetzliche Rechtsgrundlagen für die Strafrechtspflegestatistiken. Die Polizeiliche Kriminalstatistik (PKS) ist zwar ein Tätigkeitsnachweis der Polizei, informiert jedoch lediglich über die registrierte Kriminalität. Sie ist dabei vor allem von der Anzeigeerstattung abhängig und bildet daher eher die schwereren Deliktsformen ab. So verzerrt sie das Bild über Kriminalität grundsätzlich, was dann durch bestimmte

---

23 »A basic literacy in statistics will one day be as necessary for efficient citizenship as the ability to read and write« (zit. nach Olubusoye S. 7).

3.2 Hier sind sie nun: Einige nackte Zahlen

Einzelerhebungen wie das gezeigte Herausheben der sogenannten ›Ausländerkriminalität‹ erneut verstärkt wird (Heinz 2017).

Gleichwohl sind sie hilfreich und auch für das Handlungsfeld der Sozialen Arbeit unabdingbar. Die folgenden Abbildungen sind Versuche, Kriminalitätstrends abzubilden, deren Kenntnis für die Fachkräfte nützlich sein könnten.

Fachkräfte in der Sozialen Arbeit sehen sich in ihrem Berufsalltag stets mit der Aussage konfrontiert, »dass die Gesellschaft immer schlimmer wird und die Kriminalität stetig zunimmt.« Das Gegenteil ist der Fall. Bei aller Vorsicht gegenüber statistischen Aussagen verdeutlichen diese beiden folgende Abbildungen (▶ Abb. 1; ▶ Abb. 2) jedoch, dass die Zahl der bekannt gewordenen Straftaten in den vergangenen 30 Jahren in Deutschland stetig abgenommen hat. In absoluten Zahlen lag ihre Anzahl im Jahr 1993 bei 6.750.613 Personen, im Jahr 2018 bei 5.550.520 Menschen.

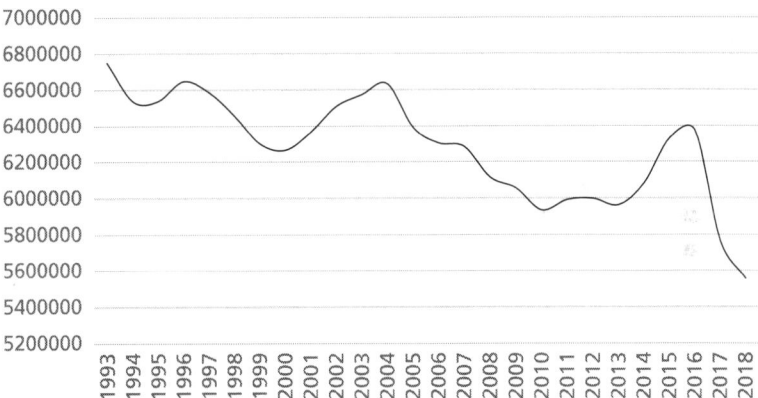

Abb. 1: Bekannt gewordene Tatverdächtigungen 1993–2018[24] (Daten aus Jehle 2019, S. 76)

---

24 Manchmal ist hier auch von »bekannt gewordenen Straftaten« die Rede. Ob Straftaten vorliegen, entscheiden aber die Staatsanwaltschaften und die Gerichte, und noch nicht die Polizei. Sie registriert diese tatverdächtigen Personen und ermittelt auf der Grundlage des Strafvorwurfs.

3 Kriminalität im Spiegel der Statistik

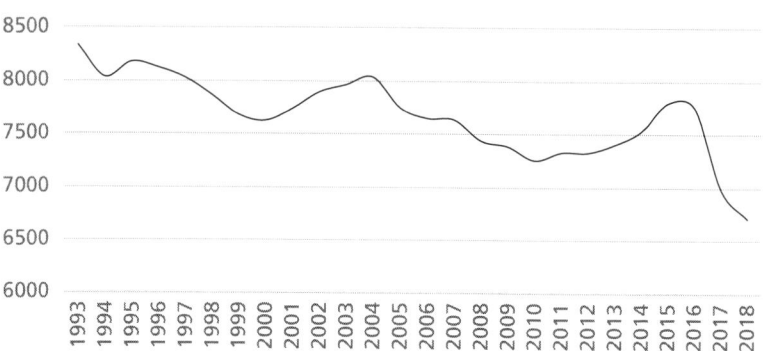

Abb. 2: Tatverdächtigenbelastungsziffern 1993–2018 (Daten aus: Jehle 2019, S. 76)

Nun mag eingewendet werden, dass die absoluten Zahlen mit abnehmender Bevölkerungsstärke zu tun haben. Das trifft nicht zu, denn auch die Quote (Anzahl der tatverdächtigen Personen auf 100.00 der Bevölkerung) ist seit 1993 von 8.337 auf 6710 Personen abgesunken (▶ Abb. 3).

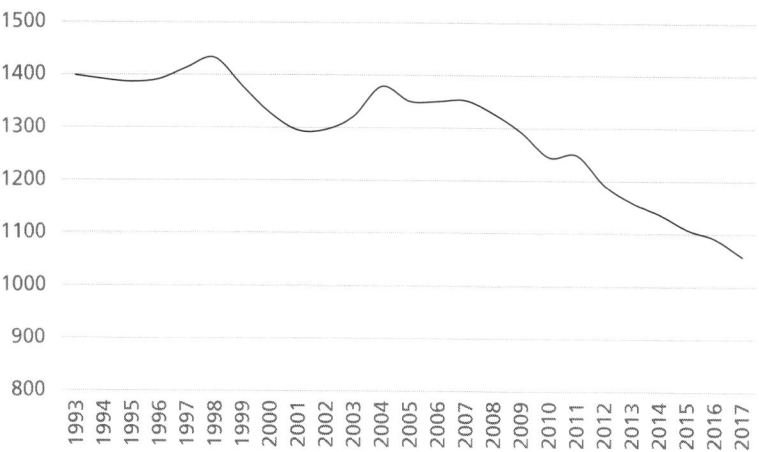

Abb. 3: »Abgeurteilte« (Quote) 1993–2017 (Daten aus: Jehle 2019, S. 81)

Als »Abgeurteilte« gelten in der juristischen Fachsprache jene Menschen, die, vereinfacht gesprochen, einen Richter oder eine Richterin in einem Hauptverfahren gesehen haben. Sie sind also angeklagt und wurden ›verhandelt«. Das Hauptverfahren muss aber nicht immer zu einer Verurteilung führen. Hier kann dann auch ein Strafbefehl erlassen werden, und das Strafverfahren muss nach der Eröffnung des Hauptverfahrens nicht mit einem Straf-Urteil, sondern kann auch mit einem Einstellungsbeschluss enden. Zu den Abgeurteilten gehören daher auch jene Angeklagten, bei denen es nicht zu einem Straf-Urteil gekommen ist. Auch ihre Zahl ist in den vergangenen 30 Jahren stetig abgesunken von 1.398 im Jahr 1993 auf 1.057 im Jahr 2017, jeweils bezogen auf 100.000 Personen (Quote).

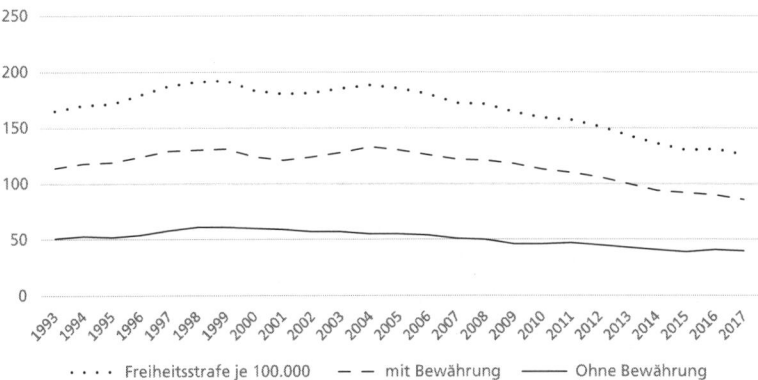

Abb. 4: Verhängte Freiheitsstrafen 1993–2017 (Daten aus: Jehle 2019, S. 82)

Abbildung 4 zeigt nun das untere Ende dieses Ausfilterungsprozesses vom Verdacht bis zur Freiheitsstrafe (▶ Abb. 4). Hier wird unterschieden zwischen sogenannten »unbedingten Freiheitsstrafen« (sie müssen angetreten werden, die verurteilten Personen gehen ins Gefängnis) und Bewährungsstrafen. Die obere Linie zeigt die Gesamtzahl aller Freiheitsstrafen (bedingt und unbedingt), die zweite die bedingten Freiheitsstrafen und die untere Linie den geringeren Anteil der unbedingten Strafen. Bezogen auf 100.000 der Bevölkerung als Grundgesamtheit (Quote) kam es demnach in diesem Jahr zu 51 Freiheitsstrafen, im Jahr 2017 zu 40 Freiheitsstrafen.[25]

---

25 Kriminologische Fachleute raufen sich bei dieser groben Betrachtung die Haare, denn sie selbst weisen immer wieder darauf hin, dass die Statistiken mit vielen Fehlern und Lücken behaftet sind. Darauf gehe ich hier aber nicht ein, denn es

Abbildung 5 setzt die bisher einzeln aufgeführten Daten in eine Beziehung. Ausgangspunkt dieser Abbildung ist das Jahr 1963 (▶ Abb. 5). Sie ist mit 100 als die »Stunde Null« gesetzt. Von diesem Jahr an wird die Entwicklung der den Ermittlungsbehörden bekannt gewordenen Delikte betrachtet. Wie bereits gezeigt, sind diese Delikte bis in die 1990er Jahre angestiegen, in der Summe jedoch seit 1993 (das erste gezeigte Jahr in den vorherigen Abbildungen) stetig abgesunken. Das trifft auch auf die Verurteilungen zu. Die Inhaftierungszahlen insgesamt haben sich wenig verändert und sind nur leicht gesunken. Dagegen sind im Verhältnis zur Inhaftierung sehr viel mehr Menschen zu einer Bewährungsstrafe verurteilt worden. Die Abbildung verdeutlicht damit die Tendenz, dass die staatlichen Instanzen zunehmend dazu übergegangen sind, am unteren Sanktionsende auf bekannt gewordene Kriminalität vor allem mit Geldstrafen und im Falle einer Verurteilung zu einer Freiheitsstrafe vermehrt auf ihre Aussetzung zur Bewährung zurückzugreifen.

Von der Geldstrafe war bisher noch nicht die Rede. Sie ist jedoch von hoher Bedeutung, denn der ganz überwiegende Anteil der Verurteilungen lautet auf Geldstrafe. Abbildung 6 zeigt die überragende Bedeutung der Geldstrafe gegenüber den Freiheitsstrafen. Im Jahr 2018 waren 84 % aller Strafen Geldstrafen (▶ Abb. 6).

Übrigens: Im europäischen Vergleich variierten die Gefangenenraten erheblich. Im Jahr 2015/16 lag die Differenz zwischen 45 pro 100.000 der Bevölkerung in Island und 445 in Russland (ebd., S. 180). Diese Zahlen hängen von vielen Bedingungen ab und sind daher nur schwer miteinander zu vergleichen.

Dünkel, Geng und Harrendorf (ebd., S. 195) schlagen vor, drei verschiedene Gesellschaftstypen nach sozio-ökonomischen und strafrechtsorientierten Aspekten zu unterscheiden. Gemeint sind damit neoliberale, konservativ-korporatistische und sozialdemokratisch korporatistische Formen. Ein Beispiel für einen neo-liberalen Gesellschaftstyp sind in Europa England und Wales. Deutschland, Frankreich und die Niederlanden wer-

---

kommt mir lediglich darauf an, die für die Soziale Arbeit bedeutsamen Trends darzustellen. Und diese werden meiner Ansicht nach angemessen abgebildet.

3.2 Hier sind sie nun: Einige nackte Zahlen

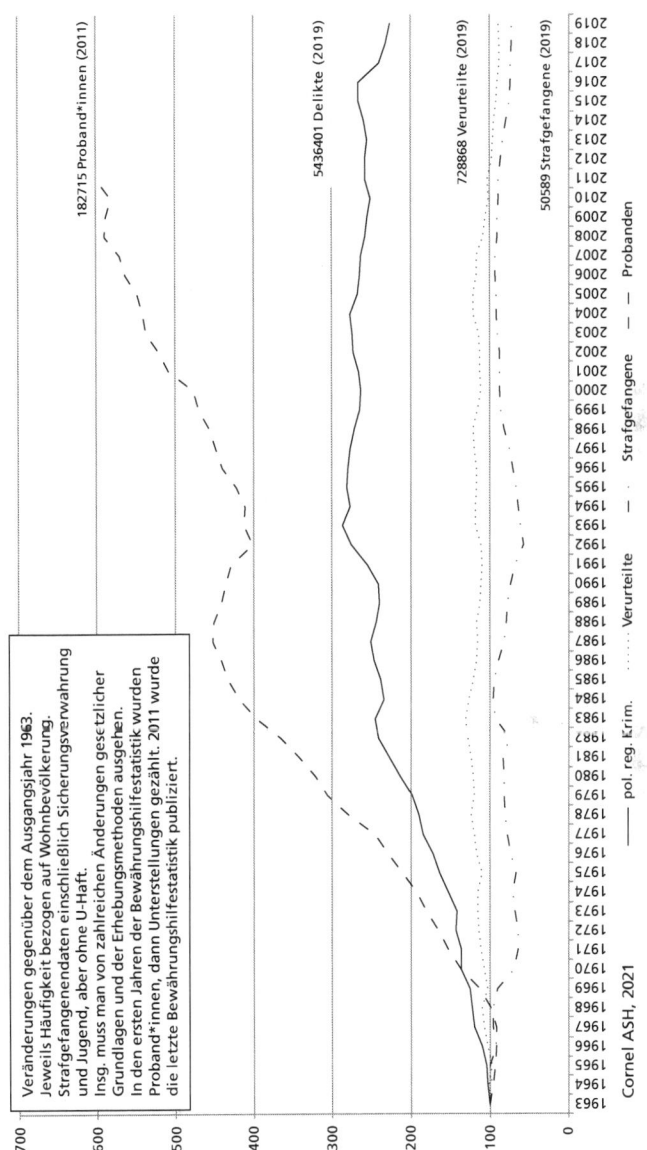

Abb. 5: Entwicklung der registrierten Kriminalität und Rechtsfolgen im Überblick 1963–2019 (Daten aus: Cornel 2022, S. 44)

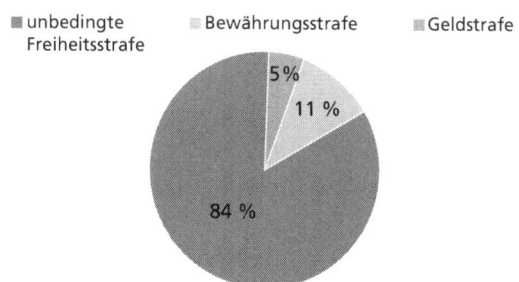

Abb. 6: Verhältnis Geldstrafen/unbedingte Freiheitsstrafen/Bewährungsstrafen 2018 (Daten aus: Cornel 2021b, S. 15)

den als konservativ-korporatistische Gesellschaftstypen bezeichnet, Schweden und Finnland als sozialdemokratisch-korporatistische Typen.

»Im Ergebnis kommen die neoliberalen Staaten (mit extremen Einkommensunterschieden und einer Law-and Order-Politik mit starker ›Exklusion‹) auf erheblich höhere Gefangenenraten als die konservativ-korporatistischen Staaten und vor allem die (wohlfahrtsstaatlich und egalitär bzw. auf ›Inklusion‹ orientierten) skandinavischen Länder« (ebd.).

4 Der Trichter oder: Wie Kriminalität handhaben?

Was Sie im vierten Kapitel erwarten können

Im vierten Kapitel wird besprochen, wie die Polizei und anschließend die Instanzen der Strafjustiz das Insgesamt der bekannt gewordenen abweichenden Handlungen in ein abgestuftes Verfahren überführen. Mit diesem Verfahren wird Kriminalität ›getrichtert‹. Damit ist gemeint, dass die als weniger schwerwiegend bewerteten Handlungen in frühen Stadien dieses Prozesses ausgefiltert werden. Mit zunehmender Sanktionstiefe verbleiben so immer weniger Täter*innen in dem System.

Es liegt auf der Hand, dass es keinen Sinn macht, jede Abweichung mit der ganzen Härte des Gesetzes zu verfolgen, zumal ein derartiges Vorgehen unmöglich und nicht zuletzt unpraktisch ist. Gleichwohl muss dennoch gewährleistet sein, dass der staatliche Strafanspruch eingehalten wird und das staatliche Gewaltmonopol zum Tragen kommt. Das gelingt durch das gestufte Abschwächen der staatlichen Reaktion auf bekannt gewordene Kriminalität – und eben nicht durch ihren völligen Verzicht. So wird eine bekanntgewordene Verhaltenssequenz, deren Benennung als ›kriminell‹ wegen ihres schweren Normverstoßes als unumgänglich angesehen wird, durch ihre Filterung einer wirtschaftlichen und handhabbaren Lösung zugeführt. Im Resultat wird der staatliche Monopolanspruch zur Beilegung von zu Kriminalität gewordenen Konflikten aufrechterhalten. Der Staat tut etwas.

Im Folgenden wird gezeigt, wie der staatliche Ausfilterungsprozess unter Beibehaltung der geltenden rechtlichen Definitionen abläuft. So kann eine nicht unbeträchtliche Menge des bekanntgewordenen kriminellen Verhaltens von dem harten, aufwendigen Sanktionsapparat der förmlichen Gerichtsverfahren getrennt werden. Damit wird auf dieses Verhalten nicht nur wirtschaftlich und machbar reagiert – die staatlichen Instanzen können damit umgehen –, sondern auch mit einer von den meisten Bürger*innen akzeptierten Reaktion geantwortet. Die Fachleute sprechen dann von einer »Ausfilterung im Strafprozess« oder einer »differentiellen Entkriminalisierung«. Es handelt sich dabei um einen von staatlicher Seite geführten Prozess einer Bewertungsänderung der bekannt gewordenen Tat. Um diesen Ausfilterungsprozess zu verstehen, sollten die von mir in den vorigen Abschnitten bereits genannten Punkte auch hier bedacht werden:

- Erstens, nicht jede Abweichung wird entdeckt und dann als Straftat bewertet.
- Zweitens, nicht jede Abweichung kommt zur Anzeige.
- Drittens, nicht alle angezeigten Fälle können aufgeklärt werden.
- Viertens kann sich herausstellen, dass der angezeigte Vorfall nicht strafbar ist.
- Fünftens mag es auch sein, dass nicht jene Person angezeigt wurde, die für die Tat verantwortlich ist.
- Sechstens kann sich im Gerichtsverfahren herausstellen, dass die angeklagte Person nicht verurteilt wird.

Der Gesetzgeber hat für den Umgang mit bekannt gewordenen Delikten eine Fülle von milderen Sanktionsmöglichkeiten vorgesehen. So kann von der Strafe abgesehen werden, wenn ihre Verhängung offensichtlich verfehlt wäre (§ 60 StGB). Ein Beispiel dafür kann sein, dass jemand betrunken einen Unfall verursacht hat und dabei ein Familienangehöriger ums Leben gekommen ist.[26] Es kann auch sein, dass die beschuldigte Person außer-

---

26 Bei sehr vielen bekannt gewordenen Tötungen handelt es sich um sogenannte »Beziehungstaten«. Würde dieser Gedanke konsequent weiterverfolgt, könnten die Schlussfolgerung sein, dass etwa ein eifersüchtiger Ehemann, der seine Frau im Affekt vom Balkon gestoßen hat, nicht mehr verurteilt werden sollte, denn er ist durch diese Handlung bereits genug bestraft und wird sich sein Leben lang nicht mehr davon befreien können.

gewöhnliche Wiedergutmachungsanstrengungen gezeigt hat. Damit ist der staatliche Strafanspruch gemindert.

Ebenfalls kann eine Verwarnung mit Strafvorbehalt ausgesprochen werden. In diesen Fällen wird von einem »aufschiebend bedingten Strafausspruch« gesprochen (§ 59 StGB). Diese Verwarnung wird in der Regel mit Auflagen und Weisungen versehen bzw. einer Bewährungszeit (Cornel & Kawamura-Reindl 2021). Sind die Auflagen und Weisungen erfüllt und ist die Bewährungsfrist abgelaufen, so ist die Person zwar verwarnt, im rechtlichen Sinne jedoch nicht bestraft worden.

Nun erst kommen wir zu den Strafen. Sie sind unterteilt in Haupt- und Nebenstrafen. Hauptstrafen sind Freiheitsstrafen (»zeitige Strafen« von mindestens einem Monat bis höchstens 15 Jahren) sowie die lebenslange Freiheitsstrafe als stärkste Sanktion. Auch innerhalb dieser Sanktionsform wird ausgefiltert, denn Freiheitsstrafen von nicht mehr als zwei Jahren können zur Bewährung ausgesetzt werden. In aller Regel wird dies mit Auflagen zur Wiedergutmachung des begangenen Unrechts und Weisungen zur Verhinderung neuer Straftaten verbunden. Eine Auflage kann die Zahlung eines Geldbetrags sein. Bei einer Weisung kann es sich darum handeln, dass sich die bestrafte Person einer therapeutischen Behandlung unterzieht oder regelmäßige sozialarbeiterische Unterstützung in Anspruch nehmen muss.[27] Geldstrafen zählen ebenfalls zu den Hauptstrafen. Sie werden in Tagessätzen ausgesprochen. Der Tagessatz sollte sich an den wirtschaftlichen Verhältnissen der verurteilten Person orientieren. Das Fahrverbot ist dagegen eine Nebenstrafe.

Cornel und Kawamura-Reindl (2021, S. 14f.) haben gezeigt, dass die Verurteilungen nach allgemeinem Strafrecht (Erwachsenenstrafrecht) zwischen 2011 und 2018 von 705.640 auf 653.060 Menschen zurückgegangen sind. Davon bekamen im Jahr 2011 lediglich 37.720 Personen eine Ladung zum Strafantritt (5,3 %). Im Jahr 2018 waren es bei 33.240 Personen 5,1 % der strafrechtlich Verurteilten, die in Haft gehen mussten. Der

---

27 Sie muss. Das ist wichtig zu erwähnen, denn es handelt sich um eine erzwungene und keine freiwillige Unterstützung. Damit sind bekanntermaßen viele offene Fragen verbunden, mit denen sich die Soziale Arbeit im Zwangskontext herumzuschlagen hat, denn wer lässt sich schon gerne zur Hilfe zwingen?

ganz überwiegende Teil wurde zu Geldstrafen verurteilt (579.278 im Jahr 2011 und 550.321 im Jahr 2018).

Zu unterscheiden von der »Nebenstrafe« ist die »Nebenfolge«. Sie kann im Zuge einer strafrechtlichen Verurteilung ausgesprochen werden. Beispiele dafür können das Verbot sein, ein öffentliches Amt zu bekleiden oder der Verlust des Wahlrechts sowie der Wählbarkeit.

Abschließend müssen unbedingt die sogenannten »Maßregeln der Besserung und Sicherung« erwähnt werden. Wie die Bezeichnung bereits ausdrückt, handelt es sich dabei zwar um eine Folge der Tat und deren Verurteilung durch ein Gericht. Wenn das Gericht aufgrund der Schwere der Tat sowie der Persönlichkeit der Täter*innen vermutet, dass von der verurteilten Person dauerhaft eine Gefahr ausgeht, kann es die Unterbringung in einem psychiatrischen Krankenhaus (§ 63 StGB), in einer Entziehungsanstalt (§ 64 StGB) oder in der Sicherungsverwahrung (§§ 66, 66a, 66b StGB) ergänzend verhängen.

Die folgende Grafik (▶ Abb. 7) veranschaulicht diesen im Rahmen der eben gezeigten rechtlichen Differenzierung Prozess der Ausfilterung (Mönig 2022, S. 214).

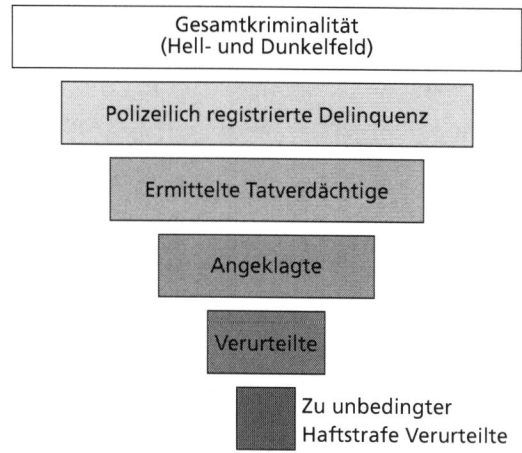

Abb. 7: Ausfilterung im Strafprozess

Wir sehen hier zunächst die Gesamtzahl aller Abweichungen (Gesamtkriminalität), unterschieden nach unbekannten (Dunkelfeld)[28] und bekannt gewordene Straftaten (Hellfeld). Das Dunkelfeld muss unberücksichtigt bleiben, denn was nicht bekannt ist, kann nicht ermittelt werden. Polizei und Staatsanwaltschaft können erst im Hellfeld tätig werden, also der Teilmenge der bekannt gewordenen Kriminalität aus der Gesamtkriminalität aus Dunkel- und Hellfeld. Aus dieser bekannt gewordenen Kriminalität des Hellfeldes wird eine wiederum geringere Anzahl tatverdächtiger Personen ermittelt. Daraus wird im nächsten Schritt ein Teil der tatverdächtigen Personen zur Anklage gebracht. Die Gerichte haben dann zu entscheiden, ob diese Anklage für eine Verurteilung ausreicht, und ein wiederum sehr geringer Teil dieser dann verurteilten Menschen muss in Haft.

Im Jahr 2019 wurden nahezu zwei Millionen strafmündige Menschen als tatverdächtige Personen ermittelt. In ca. 35 % kam es zu einem förmlichen Verfahren. Davon wurden jedoch nicht alle zu einer Freiheitsstrafe oder einer Geldstrafe verurteilt, sondern lediglich 28 % von den ca. zwei Millionen Tatverdächtigen (ca. 540.000). Ca. 102.000 Personen wurden zu einer Freiheits- oder Geldstrafe verurteilt. In Deutschland ist die Geldstrafe mit 85,6 % der Verurteilungen die Hauptsanktion im Erwachsenenstrafrecht (Dünkel 2022, S. 254). In Haft mussten ca. 40.000 Menschen. In diesem Fall spricht der Gesetzgeber von einer »unbedingten Freiheitsstrafe« (Bundesministerium 2019, S. 23).

Abbildung 8 (Goldberg & Trenczek 2022, S. 265) soll ein Gefühl dafür geben, wie viele Menschen aus welcher Altersgruppe als ermittelte Tatverdächtige, also dem Hellfeld, den Behörden bekannt werden (▶ Abb. 8). Die Zahlen beziehen sich jeweils auf 100.000 Personen (Quote) in der Bevölkerung. So wurden bei den über 60-jährigen sehr wenige Männer (ca. 940) und noch viel weniger Frauen (ca. 300) als Tatverdächtige er-

---

28 Leider ist es noch etwas komplizierter, denn in der Wissenschaft wird das Dunkelfeld noch einmal unterschieden in »absolutes Dunkelfeld« und »relatives Dunkelfeld« Mit der ersten Bezeichnung sind jene strafbaren Handlungen gemeint, die auch durch die sogenannte »Dunkelfeldforschung« nicht erhellt werden können. Das »relative Dunkelfeld« bezeichnet jene Straftaten, die durch diese Forschung (mutmaßlich) beziffert werden können. Sie sind damit eine Teilmenge des absoluten Dunkelfelds.

mittelt. Bei der am höchsten belasteten männlichen Personengruppe zwischen 18 und 21 Jahren sind es hingegen mehr als 8.000 junge Menschen, bei jungen Frauen in diese Altersstufe beträgt der Anteil ca. 2.500 Personen. Die Statistik bildet, wie wir sehen, nach wie vor Heteronormativität ab.

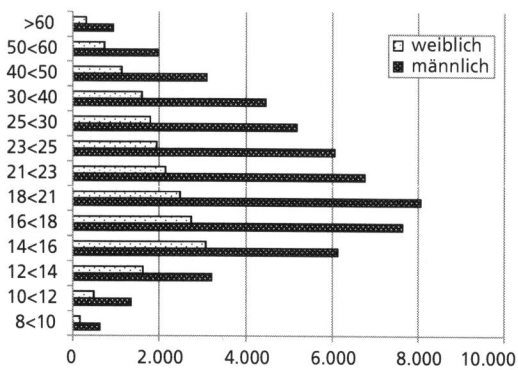

Abb. 8: Tatverdächtigenbelastungsziffern nach Alter (Daten aus: Goldberg & Trenczek 2022, S. 265)

Alle diese Zahlen helfen, die staatliche Reaktion auf Kriminalität zu erfassen. Sie zeigen aber auch, dass Kriminalität kein naturalistischer, objektiv zu messender Sachverhalt ist, sondern das Ergebnis von (zumeist) mehrstufig erfolgenden Prozessen der Wahrnehmung von Sachverhalten und deren anschließenden Interpretation und Bewertung. Hinsichtlich ein- und desselben Sachverhalts kann es mehrere Realitätsdefinitionen der verschiedenen Akteure geben. Als Tätigkeitsberichte der Instanzen strafrechtlicher Sozialkontrolle spiegeln die verschiedenen Kriminal- und Strafrechtspflegestatistiken die Ergebnisse der Entscheidungen und Bewertungen dieser Instanzen wider. Dementsprechend gibt es auch nicht »›die‹ Kriminalität und ›das‹ Messinstrument« von Kriminalität« (Heinz 2017, S. 428, Cremer-Schäfer & Lutz 2019). Doch über etwas anderes verfügen wir nun einmal nicht.

5 Warum es gut ist, dass wir nicht alles wissen: Eine etwas andere Sicht auf Kriminalität und ihre Statistiken

Was Sie im fünften Kapitel erwarten können

Im vorigen Abschnitt wurden Ausführungen zur praktischen Seite des Ausfilterungsprozesses gemacht. Dieser Ausfilterungsprozess kann aber nur funktionieren, wenn die an diesem Prozess beteiligen Fachleute entsprechende Interpretationsleistungen erbringen, welches Verhalten wie zu bewerten ist. Sie haben die Aufgabe, die ihnen bekannt gewordenen Abweichungen einzuordnen. Gegenstand dieses Kapitels ist, wie das geschieht und woran sie sich bei ihren Entscheidungen orientieren.

Im vorigen Abschnitt sind einige Schlaglichter auf Kriminalitätsstatistiken geworfen worden. Üblicherweise gehen wir davon aus, dass sich das Verbrechen desto besser beherrschen lässt, je mehr wir über den Umfang und das Ausmaß der Kriminalität wissen. Daher werden aus Statistiken entsprechende Schlussfolgerungen getroffen, etwa so: Wenn die Jugendkriminalität steigt (was, wie wir gesehen haben, ausweislich der Statistik allerdings nicht der Fall ist), dann müssen wir uns um das Problem vermehrt kümmern. In der Sozialen Arbeit werden wir dann sagen, dass wir mehr Jugendsozialarbeit benötigen, die Polizei wird vielleicht mehr Sachbearbeiter*innen in Jugendstrafsachen fordern, die politisch Verantwortlichen eine Ausweitung beschleunigter Jugendgerichtsverfahren anmahnen, Schulleiter*innen mögen dies zum Anlass nehmen, mehr Schulsozialarbeit zu beanspruchen.

Einig sind sich alle darin, dass es darum geht, die Einhaltung sozialer Normen zu sichern. Dabei ist folgender Gedanke zur Verhinderung von Kriminalität und damit zur Einhaltung sozialer Normen sehr zentral:

Wenn ihre Einhaltung nicht mehr kontrolliert wird, verlieren die sozialen Normen nach und nach ihre Geltung. Niemand wird sich mehr darum kümmern. Dazu ein Beispiel. Die große Mehrheit aller Schüler*innen akzeptiert ganz sicher das Gebot, nicht abschreiben zu dürfen. Sie mögen darüber grummeln, aber diese Norm ist klar. Nehmen wir nun (den allerdings unwahrscheinlichen Fall) an, dass dem Lehrer dieses Gebot gleichgültig ist[29]. Er schaut bei den Klassenarbeiten weg. Ein Teil der Schüler*innen nimmt das erfreut wahr und wird sofort mit dem Schummeln beginnen, abschreiben oder die Informationen aus dem Smartphone holen. Sie werden durch bessere Noten belohnt. Jene Schüler*innen, die sich bei der ersten Klassenarbeit noch normtreu verhalten haben und nicht abschrieben, werden es sich daher im Wiederholungsfall überlegen, ob sie sich weiter an diese Regel halten. Mangels Kontrolle werden dann mehr und mehr Schüler*innen versucht sein, ebenfalls abzuschreiben – mit dem Resultat, dass am Ende die meisten abschreiben.

Wir gehen daher davon aus, dass die Einhaltung von Regeln überwacht werden muss, und, mehr noch, dass jeder Verstoß gegen diese Regeln unbedingt zu ahnden ist, weil sie sonst verdämmern würden. Doch das

---

[29] Selbstverständlich unwahrscheinlich aus zwei Gründen: Erstens würde er damit auf lange Sicht seinen Arbeitsplatz verlieren. Vielleicht will genau dieser Lehrer genau dieses erreichen. Aber das ist kaum zu erwarten. Er könnte kündigen, wenn er das vorhat. Es würde ihm aus einem anderen Grund sehr schwerfallen, die Schüler*innen schalten und walten zu lassen, wie sie es wollen. Auch er unterliegt dem Selbstzwang, eben nicht offen von den geltenden Normen abzuweichen. Mit dem Begriff des »Selbstzwangs« meint der Soziologe Elias einen der zivilisierten Welt innewohnenden grundlegenden Mechanismus, der alle Mitglieder der Gesellschaft gleichermaßen trifft, und dem sich niemand entziehen kann. Dieser im Zivilisationsprozess der vergangenen Jahrhunderte zugenommene Selbstzwang ersetzte schrittweise den bisherigen Fremdzwang (Elias 1991). Unter seinem Regime ist nicht mehr erforderlich, dass Dritte entscheiden, was ich als Einzelner zu tun habe, sondern ich selbst bin es, der um die auf mir ruhenden und lastenden Erwartungen weiß und entsprechend handelt. Dieser Selbstzwang funktioniert wie ein reibungsloser Mechanismus, der sich in Jahrhunderten herausgebildet und Scham- und Peinlichkeitsgefühle hervorgebracht hat, denen sich jeder einzelne Mensch immer erneut stellen muss. Übrigens ist daher auch zu erwarten, dass die Schüler*innen selbst auf Dauer an diesem Verfahren des Wegsehens kaum Gefallen finden würden, denn für sie gilt gleichermaßen, was auch für den Lehrer gilt.

kann auch anders gesehen werden. Im Folgenden will ich mit Hilfe von Heinrich Popitz (1925–2002) und seiner Schrift »Über die Präventivwirkung des Nichtwissens« (Popitz 1968/2003) den Gedanken entwickeln, dass es weder sinnvoll noch möglich ist, alle Regelverstöße aufzudecken. Wüssten wir über alle diese Verstöße Bescheid, wäre sehr schnell klar, dass niemand von uns frei von Normbrüchen und Fehlverhalten ist. Und welchen Wert hätte eine Regel, gegen die ohnehin alle verstoßen?

Wie nun geht Popitz vor, um diesen Gedanken zu entfalten? Zuerst müssen wir uns darüber klar werden, was mit dem Begriff des Wissens eigentlich gemeint ist. Es gibt viele Ausdrücke im Zusammenhang mit Wissen. »Wissen ist Macht«; »Wissen ist der Schlüssel zu allem«; wir reden von einer »Wissensgesellschaft«, aber auch davon: »Was ich nicht weiß, macht mich nicht heiß.« Manchmal hören wir auch den Satz: »Du darfst alles essen, aber nicht alles wissen.« Wissen ist zentral. Dabei gehen wir davon aus, dass unser Wissen in der Regel auf faktisch vorhandenen Vorgängen und Dingen beruht. Wissen ist nur dann Wissen, wenn es ›objektiv‹ ist. Es soll auf Tatsachen beruhen. Meinungen sind das Gegenteil von Wissen. Sie drücken subjektive Positionen aus. Popitz bringt dazu allerdings folgenden Satz, der nachdenklich macht, und mit dem ihn Dahrendorf zitiert: »Siehst du sie rein, in nackten Formen, so werden dir aus Fakten Normen« (Dahrendorf 1999, S. 51). Ich denke, Popitz will damit Folgendes sagen: Alles, was uns als etwas Faktisches (als Tatsache) erscheint, ist schon eine Norm; wäre es anders, könnte es uns gar nicht erscheinen. Das kann auch anders und einfacher ausgedrückt werden: Bei allem, was wir sehen, und was uns als wirklich erscheint, gehen wir stets davon aus, dass es gar nicht anders sein könnte. Das führt dazu, dass alles, was als Faktum, also als ein in der Wirklichkeit als Tatsache Vorhandenes bezeichnet wird, bereits ein Urteil über dieses Faktum in sich trägt. Wenn es aber mit einem Urteil belegt ist, kann es kein objektives Faktum mehr sein.

Auf Kriminalität bezogen bedeutet dies, dass ein und dasselbe Verhalten als Kriminalität bezeichnet werden *kann*, aber keinesfalls *muss*. Der Satz »Das ist kriminelles Handeln« drückt demnach kein reines Faktum aus, sondern belegt diesen Handlungsvorgang mit einer Beurteilung. *Es be-*

darf der Beurteilung eines Handlungsvorgangs, um ein bestimmtes Phänomen als kriminell bezeichnen zu können.

Beurteilung und Vorgang sind untrennbar miteinander verbunden, denn »die Handlung selbst liefert ihre eigene Interpretation nicht mit. Diese wird von außen an sie herangetragen. Zwei physikalisch gleich ablaufende Geschehnisse können durchaus eine unterschiedliche Interpretation zulassen. Die Parteien in einem Rechtsstreit bzw. Staatsanwalt und Verteidiger streiten im Prozess in der Regel nicht darum, was ›in Wirklichkeit‹ geschehen ist, sondern um die Interpretation eines Geschehens, darum etwa, ob beim Entfernen einer Sache ›Aneignungsabsicht‹ vorgelegen hat oder nicht, ob etwas vorsätzlich geschehen ist oder fahrlässig, ob bei der Strafzumessung von einer Resozialisierungschance oder nicht auszugehen ist usw.« (Sack 1968, S. 465).

In einem Strafverfahren etwa werden die Merkmale einer strafbewehrten Handlung gegeneinander abgewogen: Hat dieser bestimmte Jugendliche den Zigarettenautomaten aufgebrochen? Tat er dies allein oder mit anderen, unter Alkoholeinfluss oder nüchtern, aus materieller Not oder als Mitläufer? Zudem werden Merkmale der Person selbst berücksichtigt: Lebt dieser junge Mensch in gesicherten sozialen Verhältnissen, hat er eine Arbeit, eine*n Freund*in, ist er in einem Sportverein aktiv? Ein Physiker dagegen würde einen Aufbruch danach beschreiben, mit welcher Kraft und in welchem Winkel ein Schraubenzieher von welcher Länge und in welcher Tiefe in den Automatenspalt hineingedrückt wurde. Soziale Anreicherungen und Deutungen, wie sie vor Gericht erfolgen müssen, würden auf das Ergebnis seiner physikalischen Überlegungen keinen Einfluss nehmen.

Popitz' Position zufolge ist es daher nicht möglich, Faktisches gleichsam frei und objektiv zu sehen. Das gilt insbesondere für Handlungen. Jede Handlung ist für ihre Betrachter*innen normativ angereichert. So werden uns aus Fakten Normen. Wir sind nicht dafür gemacht, Dinge, Handlungen und Menschen zu sehen, ohne sie gleichzeitig zu beurteilen. Nehmen wir drei Beispiele. Jesus Christus ist der Messias und Gottes Sohn – aber das hat Pontius Pilatus sicher ganz anders gesehen. Nelson Mandela ist ein großer Mann – jedoch wird seine Frau Winni Mandela vermutlich ganz anderer Ansicht gewesen sein, als ihre Ehe nach 38 Jahren geschieden wurde. John. F Kennedy ist ein großer Demokrat – das hätte der damalige

Präsident der UdSSR, Nikita Chruschtschow, möglicherweise nicht unterschrieben. Allerdings, was ist hiermit? Angela Merkel ist die erste weibliche Bundeskanzlerin Deutschlands.

Diese vier Beispiele verdeutlichen eine vermutlich etwas verwirrende Anschauung. Es gibt Erscheinungen in der Welt, und diese Erscheinungen sind uns nur deshalb zugänglich, weil wir sie in der einen oder anderen Weise deuten. Diese Deutungen müssen niemals übereinstimmen. Sie können je nach Standpunkt durchaus unterschiedlich sein, wie die ersten drei Beispiele zeigen. Wie verhält es sich indessen mit dem vierten Beispiel der ersten deutschen Bundeskanzlerin? Dies ist doch eine unbestreitbare Tatsache. Und so müssen auch wir hier im Blick auf die Kriminalität feststellen, dass es zwar unbestreitbare Tatsachen gibt, dass diese unbestreitbaren Tatsachen jedoch notwendigerweise auf die eine oder andere Weise bewertet werden müssen. Denn auch bei unserem vierten Beispiel, der ersten deutschen Bundeskanzlerin, wird deutlich, dass hier ganz offensichtlich ein Kriterium angelegt wurde. Dieses Kriterium bezieht sich auf das Geschlecht dieser Person. Das Kriterium bezieht sich nicht auf ihr Alter, womöglich auf die Größe ihrer Nase oder ihren Kleidungsstil, sondern eben auf das Geschlecht. Auch hier sind wir wie stets gefordert und aufgerufen, anhand von Kriterien eine Erscheinung deutend zu verstehen.

Mit diesem Theorievorlauf gerüstet, wenden wir uns erneut dem Gedanken von Popitz zu, der von einer »Präventivwirkung des Nichtwissens« spricht. Seine zentrale These lautet: Werden zu viele Bürger öffentlich eines Vergehens überführt, verliert das Gesetz an Prestige. Kein System sozialer Normen, so formuliert er, könnte einer perfekten Verhaltenstransparenz ausgesetzt werden, ohne sich zu Tode zu blamieren. Eine Gesellschaft, die jede Verhaltensabweichung aufdeckt, würde zugleich die Geltung ihrer Normen ruinieren, denn »die Sanktionsgeltung ist eine unerlässliche Geltungskomponente der Norm, aber sie kann in der Regel nur einen sehr kleinen Teil der Geltung tragen. Sie kann ihre Schutzfunktion nur erfüllen, wenn sie quantitativ auf einen« bestimmten Spielraum beschränkt bleibt« (Popitz 2003, S. 10). Daher ist es ausgesprochen bedeutsam, dass zur Entdeckung von Normbrüchen auch ihre Nichtentdeckung gehört. Diese Nicht-Entdeckung ist für die Entlastung der Sanktionskomponente wesentlich, denn es muss sanktioniert werden – aber nicht immer und in jedem Fall. Wenn auch der Nachbar*innen zur Rechten und zur Linken bestraft würde, verlöre die Strafe ihr moralisches Gewicht. Was jedem passieren kann, kann nicht mehr diskriminierend sein. Etwas zu diskriminieren heißt, eine Handlung als besonders herauszuheben. Das ist dann nicht mehr möglich. Wenn wir daher alle bestrafen würden, deren wir habhaft geworden sind, so die Schlussfolgerung, dann wird die Strafe verbraucht. Aber auch umgekehrt gilt: Wenn eine Norm nicht mehr oder viel zu selten verdeutlicht wird, verliert sie ihre Zähne. Muss sie jedoch dauernd zubeißen, werden ihre Zähne stumpf. Es gilt, einen Mittelweg zu finden. »Ein Erzieher, der nicht alle Fehler des Kindes gleichzeitig korrigieren kann oder will, muss sich entschließen, einige nicht zu sehen« (ebd., S. 15). Allerdings muss die Möglichkeit bestehen, wegsehen zu können. Die Filialleiterin eines Supermarkts wird vielleicht eine Zeit lang das ständige Zuspätkommen einer Kassiererin tolerieren können, indem sie sich dumm stellt und vorgibt, das nicht zu sehen. Ihre berufliche Rolle verpflichtet sie aber irgendwann doch zum Eingreifen. Sie muss entscheiden, wie oft sie wegsieht. So kommt auch sie irgendwann zu dem Urteil: »Jetzt reicht es!«

Manchmal kann es sogar passieren, dass die zuständigen ›Normwächter‹, also jene Menschen, die über die Einhaltung der geltenden Regeln zu wachen haben, ihre Regeln selbst über Bord werfen, aktiv an ihrer Übertretung mitwirken und die Übertretung damit legitimieren. Goffman gibt dafür ein Beispiel aus der Sommerzeit in New York. Die Polizei war an sehr heißen Tagen gewöhnlich in Scharmützel mit Kindern verwickelt. Sie drehten die Hydranten auf, um sich dadurch Bademöglichkeiten zu schaffen. Diese Sitte griff von Jahr zu Jahr mehr um sich, und Strafen oder vorbeugende Maßnahmen waren wenig hilfreich. Polizei, Feuerwehr und Wasserversorgung einigten sich auf einen Kompromiss, mit dem die Kinder beschwichtigt werden konnten, ohne die Wasservorräte der Stadt über die Maßen zu gefährden. Der dazu entwickelte Plan sah vor,

»daß jede ›achtbare Person oder Gruppe‹ (Bewerber werden sorgfältig durch die Polizei überprüft) einen besonderen Hydrantensprühaufsatz beantragen kann, der dem Standardaufsatz gleicht, außer daß er orange gefärbt ist und 50 Löcher aufweist, damit der Hydrant wie eine Dusche Wasser verspritzen kann – in ordentlicher, beschränkter, aber, wie man hofft, zufriedenstellender Weise« (Goffman 1977/1961, S. 193).

5 Eine etwas andere Sicht auf Kriminalität und ihre Statistiken

Auf diesem Weg konnte die Kontrolle über die Beteiligten einigermaßen aufrechterhalten werden. Damit wurde die sekundäre Anpassung der Kinder an die Situation (an heißen Tagen duschen können) zu einer primären, also einer durch die Änderung der Regeln legitimierten normgerechten Anpassung.

Soziale Arbeit mit straffällig gewordenen Menschen kann ebenfalls als die dauernde Suche nach einem gangbaren Mittelweg bezeichnet werden. Ab wann muss die Bewährungshelferin das die Aufsicht führende Gericht darüber in Kenntnis setzen, dass sie den Kontakt zu ihrer Klientin verloren hat? Soll der Sozialarbeiter im Jugendstrafverfahren mit der Klassenlehrerin sprechen, um wichtige Informationen zu bekommen, womit aber gleichzeitig aufgedeckt wird, dass sich der junge Mensch in einem Strafverfahren befindet? Und wie viele Terminversäumnisse kann die Sozialarbeiterin eines freien Trägers tolerieren? Schließlich hat sie es mit ihrem Klienten im Rahmen einer gerichtlich angeordneten Betreuungsweisung zu tun, die ihn dazu verpflichtet, sie wöchentlich zu sehen.

> Aber nicht nur die Sanktion selbst verliert ihr Gewicht, wenn die Nachbar*innen zur Rechten und zur Linken bestraft werden und damit überdeutlich klar wird, wie erschreckend viele von uns Sünder*innen vor dem Gesetz sind. Wenn allzu viele an den Pranger gestellt werden, verliert nicht nur der Pranger seinen Schrecken, sondern auch der Normbruch verliert seinen Ausnahmecharakter und damit den Charakter einer Tat, mit der eine geltende Norm überschritten wird, mit der gebrochen oder zerbrochen wird, was der Sanktionsgeltung zufolge bestraft werden muss.

Entsprechend unterscheidet Popitz in einem Modell der Geltungsstruktur sozialer Normen vier verschiedene Möglichkeiten, wie auf den Bruch normkonformen Verhaltens reagiert werden kann. Die erste uns vertraute, erwartete Möglichkeit besteht darin, der Sanktion Geltung zu verschaffen. Das abweichende Verhalten wird sanktioniert, Täter*innen werden gefasst und verurteilt. Damit ist der Norm genüge getan, sie gilt. In drei weiteren Fällen kann das jedoch nicht geschehen. Popitz spricht dann von Nichtgeltung. Die erste Nichtgeltung besteht darin, dass zwar der Normbruch bekannt ist (die Terrassentür wurde aufgehebelt, und die Wertsachen sind verschwunden), nicht jedoch, wer es getan hat. Die nächste Nichtgeltung kommt zum Tragen, wenn die Normbrecher*innen zwar bekannt sind, jedoch nicht sanktioniert werden (eine vierzehnjährige Schülerin hat nach Schulschluss mit zwei Freundinnen Drogerieartikel gestohlen und wurde dabei erwischt. Die Polizei nimmt das auf, denn es handelt sich mutmaßlich um die Straftat einer strafmündigen Person. Die Staatsanwältin stellt das Verfahren jedoch ein). Die dritte Nichtgeltung ist auch als »Dunkelziffer« bekannt und uns sehr vertraut: Weder ist der Normbruch bekannt, noch konnten Normbrecher*innen dingfest gemacht werden. Diese Form der Nichtgeltung ist statistisch der Regelfall und kommt besonders dann zustande, wenn die Täter*innen in geschützten sozialen Verhältnissen leben. So wird bei einem gewalttätigen Ehestreit in einem von vielen Parteien bevölkerten Wohnblock die Polizei eher gerufen, als wenn dieser Streit in einem Villenvorort abläuft. Dann ist der Streit unsichtbar, denn er wird von einem großen Garten und hohen Mauern abgeschirmt.

> Die Schlussfolgerung ist klar: Die Strafe kann ihre soziale Wirksamkeit nur bewahren, solange die Mehrheit nicht bekommt, was sie verdient. Auch die Präventivwirkung der Strafe – womit gemeint ist, dass ihre Androhung die Allgemeinheit von dem Begehen eines Normbruchs abhalten soll (Generalprävention) als auch die jeweils verurteilten Täter*innen (Spezialprävention) – kann nur Bestand haben, solange die drei Nichtgeltungen der Sanktion erhalten – und mengenmäßig dominant – bleiben.

Es ist daher entgegen der allgemeinen Auffassung gar nicht hilfreich, wenn jegliche Straftat aufgedeckt würde, wie Popitz mit dem Zitat von William Makepeace Thackeray betont:

> »Stellen Sie sich einmal vor, dass jeder, der ein Unrecht begeht, entdeckt und entsprechend bestraft wird. Denken Sie an all die Buben in den Schulen, die verbleut werden müssten, und dann die Lehrer und dann den Rektor [...]. Stellen Sie sich den Oberbefehlshaber vor, in Ketten gelegt, nachdem er die Abstrafung der gesamten Armee überwacht hat. Kaum hätte der Geistliche sein ›peccavi‹ gerufen, würden wir den Bischof ergreifen und ihm einige Dutzend verabreichen

[...]. Nachdem der Bischof dran war, wie wäre es mit dem Würdenträger, der ihn ernannt hat? [..] Die Prügelei ist zu schrecklich. Die Hand erlahmt, entsetzt über die vielen Rohre, die sie schneiden und schwingen muss. Wie froh bin ich, dass wir nicht alle entdeckt werden, ich wiederhole es, – und meine lieben Brüder, ich protestiere dagegen, dass wir bekommen, was wir verdienen« (Popitz 2003, S. 5).

Entsprechend schlussfolgert Popitz, das Glanz und Elend der Strafe »auf der wundervollen, der schönen Fürsorge der Natur [beruhen], der wir es verdanken, dass sie [die Mehrzahl der Bürger*innen, M. L.] nicht Bescheid wissen – oder doch sehr wenig« (ebd., S. 23). Perfekte Aufdeckung darf es nicht geben. Es ist paradoxerweise gerade die Dunkelziffer, die dafür sorgt, dass die mit der Strafe beabsichtigte Generalprävention aufrechterhalten werden kann.

Anhand des sogenannten ›Schwarzfahrens‹ – juristisch: »Beförderungserschleichung« – kann dieser Mechanismus sehr gut verdeutlicht werden. Hier handelt es sich um ein Delikt, dessen sich gewiss ein sehr großer Teil der Bevölkerung schon einmal schuldig gemacht hat (und wenn es auch nur aus Vergesslichkeit war, die vor Strafe nicht schützt). Und so taucht, folgen wir dem Gedanken von Popitz, die etwas seltsam anmutende Frage auf, wie viele Schwarzfahrer*innen überhaupt erwischt werden dürfen. Würden alle gefasst, so würden wir vor einem gewaltigen Problem stehen, denn es würde sich zeigen, wie weit verbreitet die Unehrlichkeit oder meinetwegen Vergesslichkeit der beförderten Personen ist. Würde durch die Aufhebung jeglicher Kontrollen niemand mehr gefasst, würde die Norm, wonach für Fahren in öffentlichen Verkehrsmittel bezahlt werden muss, vollständig aufgehoben. Niemand würde sich mehr für die Fahrkartenautomaten interessieren. Damit sie weiter in Betrieb bleiben – um die Bezahl-Norm aufrechtzuhalten –, müssen Schwarzfahrer*innen erwischt werden – aber eben keinesfalls alle, und noch nicht einmal die Mehrheit.

Es kann aber auch anders sein. Nehmen wir ein wichtiges Bundesligaspiel an. Die Fans des Gastvereins werden am Vormittag in allen Nahverkehrszügen auf ihren Bierkisten sitzen und mächtig Stimmung verbreiten. Sie können dann sicher sein, dass niemand vom Fahrgastpersonal die Chuzpe haben wird, in den überfüllten Abteilen zwischen angetrunkenen und lautstarken Fans Kontrollen durchzuführen. Viele der Fans werden daher vermutlich achtlos an den Fahrkartenautomaten vorbeigeschlendert sein, weil sie wussten, dass sie nicht kontrolliert werden. Übrigens zeigt sich auch hier, dass es ohne Deutungen nicht geht, denn der Begriff ›Schwarzfahrer‹ bezeichnet unehrliche oder in finanziellen Nöten befindliche Fahrgäste. Neutral ist dieser Begriff keineswegs. Vielen Verkehrsbetrieben ist das bewusst. Daher benutzen sie diese Bezeichnung nicht mehr, sondern sprechen von »Fahren ohne gültigen Fahrausweis.« Schließlich hat der Begriff keine neutrale, sondern eine anschwärzende Bedeutung. Er beruht auf einer über viele Jahrhunderte entstandenen binären Farbsymbolik, in der die schwarze Farbe das Dunkle und Böse, die weiße hingegen das Helle und Zugewandte bezeichnet. In dieser binären Farbsymbolik werden binäre Eigenschaften zugeschrieben und über die Farbsymbolik rassistisch konnotiert.

Zusammenfassend kann gesagt werden, dass eine Gesellschaft totaler Verhaltenstransparenz eine unmögliche Gesellschaft wäre. Ich führe abschließend die drei nach Popitz dafür maßgeblichen Gründe auf:

a. Einerseits ist die Kenntnis des Verhaltens anderer Menschen eine Bedingung der Gesellschaft (wie sonst sollte eine Norm als sozial definierte Handlungs-, Sein- und Denkweise sonst entstehen können? Wir müssen etwas übereinander wissen). Doch nur, wenn die wechselseitige Verhaltensinformation beschränkt bleibt und unsere gegenseitige Kenntnis übereinander eingeschränkt wird, kann Gesellschaft bestehen. Und da wir unterschiedlichen sozialen Kreisen angehören, entstehen ganz unterschiedliche Verhaltenskonten über uns. Im Sportverein werden wir nach anderen Kriterien beurteilt als am Küchentisch in der Familie. »Die jeweils begrenzten Kenntnisse anderer über unser Verhalten akkumulieren sich relativ wenig, sie fließen selten in einer Hand zusammen. Die Gefahr einer Gesamtbilanz ist relativ gering« (ebd., S. 7).[30] Simmel hat daher das Geheimnis als eine der größten

---

30 »Relativ gering bedeutet indessen nicht, dass sie, jedenfalls in besonderen Fällen, gänzlich ausgeschlossen ist. The Police 1983: «Every breath you take, Every move you make, Every bond you break, every step you take, I'll be watching you, Every single day, And every word you say, Every game you play, every night you stay, I'll be watching you». Zwar sind dies die Ausrufe eines liebeskranken Menschen

5 Eine etwas andere Sicht auf Kriminalität und ihre Statistiken

Errungenschaften der Menschheit charakterisiert und davon gesprochen, dass durch das Geheimnis eine ungeheure Erweiterung des Lebens erreicht werde: »Das Geheimnis bietet sozusagen die Möglichkeit einer zweiten Welt neben der offenbaren, und diese wird von jener auf das stärkste beeinflusst« (Simmel 2013, S. 406). Die Wahrung des Geheimnisses ist eine akzeptierte Form des Handelns, »ohne die angesichts unseres sozialen Umgebenseins gewisse Zwecke überhaupt nicht erreichbar sind« (ebd., S. 407). Und wenn auch zweifellos alle unsere Beziehungen nur deshalb möglich sind, weil wir über das Sprechen etwas voneinander wissen, also die Vergesellschaftung erst »durch das Sprechenkönnen bedingt [ist], so wird sie – was freilich nur hier und da hervortritt – durch das Schweigenkönnen geformt« (ebd., S. 426). Aus

---

(«Oh, can't you see, You belong to me? How my poor heart aches, With every step you take»), doch dass ein technologisch induzierter Formenwandel Sozialer Kontrolle vorliegt, der dazu führt, dass die unterschiedlichen Verhaltenskonten miteinander verrechnet werden können, kann wohl nicht bestritten werden. Popitz zufolge ließe sich das aber nicht bis zur totalen Verhaltenskontrolle steigern, weil dann jede Gesellschaft zerbrechen würde: «Es bieten sich stets wieder neue Chancen, sich den Informationsinteressen zu entziehen. Selbst Orwell kann seine Utopie der perfekten Verhaltensinformation als Roman schreiben: Die Geschichte, die er erzählt, kann nur in Gang kommen, weil die Perfektion – trotz der eingebauten Fernsehapparaturen – eben nicht erreicht ist. Es läßt sich doch etwas ›im Geheimen‹ tun» (ebd., S. 9 f.). Selbst das Gefängnis ist ein Ort, in dem verschiedene Verhaltenskonten geführt werden können, weil sich die Gefangenen und das Personal in unterschiedlichen Bezügen bewegen. Unter den Bedingungen der Sozialtherapie im Strafvollzug kann das jedoch durchbrochen werden. Sozialtherapie ist ein «Sammelbegriff einer Reihe von Methoden der Sozialen Arbeit zur Behandlung von psycho-sozialen Problemen und Störungen. Im Justizvollzug sind mit Sozialtherapie sozialtherapeutische Einrichtungen gemeint, in denen im Rahmen eines strukturierten Programms inhaftierte Sexual- und Gewaltstraftäter*innen über mehrere Jahre behandelt werden. Dabei kommen neben hochstandardisierten, zielgruppenspezifischen Behandlungsprogrammen auch therapeutische Einzel- und Gruppenangebote zu Einsatz. Großer Wert wird auf die Lebensweltorientierung der gesamten Behandlung gelegt. Das erste Ziel der Behandlung ist die Senkung des Rückfallrisiko» (AK HochschullehrerInnen Kriminologie/Straffälligenhilfe in der Sozialen Arbeit 2022, S. 337). Es leuchtet unmittelbar an, dass in einem derartigen Programm erwartet wird, dass die Inhaftierten alle ihre Verhaltenskonten offenlegen.

all diesen Faktoren entstehen die Eigentümlichkeiten der Verhaltenskonten, die nicht unendlich miteinander zu verschränken sind.

b. Würden alle Normbrüche tatsächlich aufgedeckt, so würde die Geltung der Norm ruiniert, sie würde zu Tode blamiert. Normbrüche sind offensichtlich unvermeidbar; aber vermeidbar ist, dass sie alle herauskommen. Normen können keine Tiefstrahler vertragen, sie müssen in einem ihnen zuträglichen Halbdunkel bleiben. Eltern hören zwar, wenn ihre Kinder schlimme Schimpfwörter sagen. Aber sie werden nicht immer darauf reagieren, weil sie in der Küche gerade etwas anderes zu tun haben als ihre Stimme zu erheben, oder weil sie nach einem langen Arbeitstag keine weiteren Auseinandersetzungen wollen. Würden sie stets reagieren, so würde offenbar, dass die Kinder doch immer und immer wieder missbilligte Worte aus der Schule, von der Straße oder von ihren Freund*innen mitbringen. Die Norm der Vermeidung missbilligter Worte stünde auf dem Prüfstand. Durch das Beschreiten eines Mittelwegs aus dosierter Reaktion und dosierter Ignoranz kann die Norm aufrechterhalten werden.

c. Würden alle Normbrüche tatsächlich aufgedeckt, so würde damit nicht nur die Geltung der Norm ruiniert, sondern die diese Normen abdeckenden Schutzsysteme (nicht nur das strafrechtliche, sondern auch das informelle) könnten ihre Schutzfunktion nicht mehr erfüllen. Erst die Dunkelziffer ermöglicht der Polizei ihre Arbeit, erst das Schweigen-Können wahrt den Familienfrieden. Müsste die Polizei sich in ihrem Alltag mit allen potentiell strafbewehrten Handlungen befassen, käme sie sehr schnell an ihre Kapazitätsgrenzen. Das würde dann auch für die Gerichte gelten. Sie alle müssten sich mit der immer weiter steigenden Zahl der Tatverdächtigen befassen. Auch hier gilt: Würden alle bestraft, die es vor dem Gesetz verdienten, verlöre das Gesetz seine Geltung.

Es ist daher nicht nur schädlich, alles aufzudecken und umfassend zu erheben. Es würde sogar die Gesellschaft und die Einzelnen zerstören. Es kann ganz im Gegenteil sinnvoll sein, wenn wir uns mit Masken bewehren.

»Masken sind bewahrender Ausdruck und bewundernswerte Echos des Fühlens, zugleich wahrheitsgetreu, zurückhaltend und übersteigert. Lebende Wesen, die der Luft ausgesetzt sind, brauchen eine Schutzhaut, und niemand wirft der Haut vor, dass sie nicht das Herz ist« (Santayana 1922, zit. nach Goffman 1983, S. 1).

Und es ist auch nicht erforderlich, alles zu wissen. Wenn wir jemanden zum Abendessen einladen, werden wir nicht vorher Ermittlungen über diese Person anstellen und herauszufinden versuchen, ob dieser Mensch unser Geld oder unsere Löffel stehlen könnte. Wir führen unser Leben nicht nach statistischen oder wissenschaftlichen Gesichtspunkten, sondern orientieren uns an Annahmen, die wir zu Schlussfolgerungen verdichten. Wir werden daher annehmen, dass es zu keiner verbotenen Aneignung kommen wird und die Einladung getrost aussprechen (Goffman 1983, S. 7).

6 Das Verbrechen ist immer und überall

> **Was Sie im sechsten Kapitel erwarten können**
>
> Dieses sechste Kapitel führt in das Denken des Soziologen Durkheim ein. Seine Überlegungen zur Kriminalität sind für eine sozialwissenschaftlich orientierte Kriminologie unverzichtbar. Er hat erkannt, dass das Verbrechen in allen Gesellschaften aller Typen anzutreffen ist. Er hat auch festgehalten, dass es durchaus unterschiedliche Handlungen sein können, die so bezeichnet werden. Kriminalität ist ihm zufolge ein unhintergehbarer sozialer Tatbestand. Ihr kommt die Aufgabe zu, sowohl normverdeutlichend zu wirken (das Verbrechen wird bestraft) als auch in die Zukunft zu weisen: »Wie oft ist das Verbrechen wirklich bloß eine Antizipation der zukünftigen Moral, der erste Schritt zu dem, was sein wird. Nach dem athenischen Recht war Sokrates ein Verbrecher, und seine Verurteilung war gerecht. Und doch war sein Verbrechen, die Unabhängigkeit seines Denkens, nützlich, nicht nur für die Menschheit, sondern auch für seine Vaterstadt« (Durkheim 1961, S. 160).

Abweichung ist notwendig! Abweichung ist wichtig! Abweichung muss sein! Das sagt uns der französische Soziologe Durkheim, denn Abweichung ist »normaler, unverzichtbarer Bestandteil des sozialen Lebens, ein integraler Teil aller gesunden Gesellschaften« (Sack & Lindenberg 2001, S. 173). Emile Durkheim (1858–1917), ab 1902 Professor an der Sorbonne in Paris, hat als Soziologe die jeweiligen einzelmenschlichen Leistungen auf eine überindividuelle soziale Wirklichkeit bezogen. Die menschliche Existenz verwirkliche sich in und durch die Gesellschaft, so formuliert er, weil wir in »ihr und mit ihren Regelungen ein Maß (modération), eine Begrenzung (limitation) und eine Disziplinierung (discipline)« erfahren (König 1961, S. 56).

Sozialer Tatbestand nach Durkheim

Damit ist gemeint, dass wir uns in unserem Handeln an sozialen Tatbeständen zu orientieren haben, denn nur so können wir unsere soziale Existenz verwirklichen. Als ein Beispiel führt er an, dass ihn niemand gezwungen habe, mit seinen Mitmenschen Französisch zu reden, aber an der Sorbonne sei es nun einmal erforderlich, genau das zu tun. Das ist ein sozialer Tatbestand. Es stehe uns auch nicht frei, »die Form unserer Häuser zu wählen, wie die der Kleidung; die eine ist mindestens im gleichen Maße verbindlich wie die andere« (Durkheim 1961, S. 113). Das heißt nicht, dass wir alle Uniformen zu tragen haben, obwohl genau dies in einer Armee ein unhintergehbarer sozialer Tatbestand ist. Sozialer Tatbestand ist ebenfalls, dass Männer in der Regel keine Röcke tragen, Frauen aber schon. So sind wir Menschen Doppelwesen. Wir sind als Naturwesen zwar an unseren Trieben orientiert. Aber damit würden wir nicht weit kommen. Erst durch soziale Regelungen, die wir uns zu eigen machen und die wir zu bejahen lernen, finden wir zu unserer Lebensform als soziale, also aufeinander bezogene und angewiesene Wesen. Dabei sind unsere individuellen Lebensgeschichten und unsere davon geprägten Einstellungen ebenfalls von größter Bedeutung für unsere soziale und kulturelle Entfaltung. Wir reagieren zudem nicht bloß auf die von uns selbst geschaffenen sozialen Tatbestände, wir sind keine ›Reaktionsdeppen‹.

So ist es auch in der Sozialen Arbeit gar nicht möglich, nur stur nach Verwaltungsvorschriften zu handeln. Das fachliche Handeln würde zerbrechen, wenn das geschähe. Stets bringen wir unserer Werte und Vorstellungen mit ein. Die öffentlichen Bediensteten, zu denen in der Regel auch Sozialarbeiter*innen gehören, benötigen eine »lange Leine«[31] (Luh-

---

31 »Das System wird durch seinen Zweck, der zugleich die Abnahmefähigkeit

mann 1971, S. 119), weil sie nicht jede ihrer Entscheidungen umstandslos aus den Gesetzen und Normen ableiten können. Nur so können die Vorschriften mit Leben gefüllt werden – und das geschieht täglich. Es macht beispielsweise einen großen Unterschied für einzelne Gefangene, ob ein Bediensteter mit seinem Schlüssel laut gegen die Zellentür hämmert, bevor er eintritt, oder ob er aufschließt ohne vorherige Ankündigung, oder ob er höflich anklopft und dann sofort die Zelle betritt, oder, wie es im bürgerlichen Leben außerhalb der Anstalt der Fall ist, erst nach seinem Anklopfen noch eine kurze Weile wartet, bevor er den Haftraum betritt. Den Schlüssel allerdings kann und wird er dem Gefangenen nicht geben. Schließlich ist das Gefängnis ein Ensemble objektiver Kräfteverhältnisse, das allen in sein Feld Eintretenden gegenüber als Zwang auferlegt wird und weder auf die individuellen Intentionen der Einzelakteure noch auf deren direkte Interaktionen zurückzuführen ist (Bourdieu 1985, S. 10). Diese Kräfteverhältnisse und Zwänge in einem Gefängnis sind hinzunehmen. Sie sind sozialer Tatbestand. Aber der Umgang der Beamten mit diesen objektiven Kräfteverhältnissen im Beispiels seines Umgangs mit der Macht des Schlüssels erzeugt den entscheidenden Unterschied bei der Beantwortung der Frage, ob er den Gefangenen würdevoll oder würdelos behandelt. Und ob das geschieht, entscheidet nicht nur, und in der konkreten Situation vor der Zellentür vermutlich sogar weniger, die Struktur, sondern vielmehr der Mensch als handelndes Subjekt im Gefängnis. Der einzelne Mensch geht niemals vollständig in der ihn umgebenden Struktur auf, sondern formt sie eigensinnig. Dabei gehen wir stets davon aus, dass die berufliche Tätigkeit nicht nur für uns selbst oder die Familie geschieht, sondern für die Gesellschaft insgesamt, in unserem Beispiel des Beamten mit dem Schlüssel dadurch, dass er den Rechtsfrieden und die Sicherheit der Bevölkerung bewahrt.

Die sozialen Tatbestände geben uns die notwendige Orientierung. In Frankreich ist der Gebrauch der französischen Sprache ein sozialer Tatbestand. Aber Camus, Sartre oder Proust haben ihr jeweiliges Sprachver-

> seiner Entscheidungen definiert, im großen und ganzen am Seil geführt, aber doch nicht auf genau vorgezeichneter Spur. Es bleibt, um seiner spezifischen Eigenleistung und Verantwortung willen, relativ autonom« (Luhmann 1971, S. 119).

mögen auf der Grundlage dieses sozialen Tatbestandes ganz und gar unterschiedlich entwickelt. Sie formten die Sprache genauso wie die Arbeiter*innen in der Autofabrik von Renault eigensinnig. Daher machen auch die Beschäftigten in Betrieben immer wieder deutlich, dass sie keine Maschinen sind und zeigen ein aufsässiges Beharren darauf, dass sie nicht nur als Arbeitskraft, sondern als Menschen gesehen werden wollen (Hürtgen 2017, S. 102 f.).

Durkheim hat über diese eigensinnige Personenstruktur und ihre Integration in die Gesellschaft nachgedacht. Er hat das Wechselverhältnis zwischen Person und Gesellschaft zu bestimmen versucht, denn »tatsächlich werden soziale Verhältnisse nur durch Menschen verwirklicht. Sie sind ein Erzeugnis menschlicher Tätigkeit« (Durkheim 1961, S. 117). Damit hat er es vermieden, eine aus der Natur entsprungene Eigenschaft als allein ursächlich für ein Verhalten anzunehmen. Stattdessen hat er sein Augenmerk auf das Verhältnis zwischen Gegebenem (der Natur) und dem gesellschaftlichem Umgang mit dem Gegebenen betrachtet. Und bezogen auf abweichendes Verhaltens mag es dann zwar sein, ja es ist noch nicht einmal auszuschließen, dass für die Erklärung des Verbrechens die physische Verfasstheit und das biologische Erbe jeweils eine Rolle spielen. Aber »es sind doch letztlich die sozialen Ursachen für abweichendes Verhalten die einzigen, welche das gesetzmäßig notwendige Auftreten eines solchen Verhaltens erklären, während die anderen Ursachen im soziologischen Begriffssystem zweifellos kontingent sind« (König 1961, S. 68).

Kontingenz

Mit »Kontingenz« ist gemeint, dass in jeder Organisation nur bestimmte Verhaltensmöglichkeiten bestehen, dass aber stets offen bleiben muss, wie die einzelnen Menschen mit diesen Möglichkeiten umgehen (Kleve 2005). Eine Jugendgerichtshelferin etwa wird mit ihrem Eintritt in die Organisation Jugendamt verpflichtet, dem Jugendgericht auf Anfrage einen Bericht über einen angeklagten jungen Menschen zu übermitteln. Dabei muss sie bestimmte Regeln einhalten und sich auf die sozialen Umstände des jungen Menschen beziehen. Sie muss dem Gericht einen Vorschlag unterbreiten, wie verfahren werden könnte. Wie sie das im

> Einzelnen erledigt, bleibt jedoch ihr selbst überlassen. Es steht zu erwarten, dass zwei unterschiedliche Sozialarbeiter*innen der Jugendhilfe im Strafverfahren, obwohl sie diese Regeln einhalten, zu unterschiedlichen Berichtsabfassungen und möglicherweise auch zu anderen Vorschlägen kommen werden. Zudem sind sie mit einer »doppelten Kontingenz« konfrontiert, denn die Reaktionen der anderen Beteiligten im Verfahren, etwa des jungen Menschen selbst, über den sie einen Bericht abfasst, sind ebenfalls kontingent und nehmen daher einen von ihr nicht unbedingt vorhergesehenen Einfluss auf ihren Bericht.

Darum hat Durkheim den entscheidenden Satz geprägt, dass Soziales nur durch Soziales zu erklären ist. Als Soziologe hält er sich an diese »soziologischen Tatbestände«, also

> »jede mehr oder minder festgelegte Art des Handelns, die die Fähigkeit besitzt, auf den Einzelnen einen äußeren Zwang auszuüben; oder auch, die im Bereiche einer gegebenen Gesellschaft allgemein auftritt, wobei sie ein von ihren individuellen Äußerungen unabhängiges Eigenleben besitzt« (Durkheim 1961, S. 114).

Ich will nun zwischen ihm und Popitz eine Verbindung schaffen. Popitz hat gezeigt, dass es erstens unmöglich ist, menschliche Gesellschaften mit totaler Verhaltenstransparenz auszustatten sowie zweitens, dass ein Normensystem die Entdeckung aller Normbrüche nicht aushalten könnte, sondern mit der Bearbeitung dieser vielen Fälle heillos überfordert wäre. Wie gezeigt schließt er daher, dass das Sanktionssystem der Strafe ihre soziale Wirksamkeit nur bewahren kann, solange die Mehrheit nicht bekommt, was sie nach unserer Vorstellung eigentlich verdient hätte – nämlich die Bestrafung für den Normbruch (▶ Kap. 5).

Popitz kennzeichnet die Strafe als einen zentralen, ja unabdingbaren Mechanismus, mit dem die normative Konstruktion der Gesellschaft aufrechterhalten werden soll. Vom Soziologen Durkheim können wir eine vergleichbare Sicht erwarten. Gemeinsamer Ausgangspunkt beider ist die Annahme von Normalität. Damit ist allerdings lediglich gemeint, dass in jeder Gesellschaft Einigkeit darüber herrscht, was normal und was abweichend ist. Normal, um es ganz allgemein zu sagen, ist gebilligtes, nicht normal nicht gebilligtes Verhalten.

6 Das Verbrechen ist immer und überall

> Das ist die Pointe in der Argumentation von Popitz. Er macht uns darauf aufmerksam, dass auch abweichendes Verhalten normal ist – und zwar normal in dem Sinne, dass es geschieht – unbeschadet davon, ob es gebilligt wird. Für Popitz ist abweichendes Verhalten so normal, dass jeder von uns zu irgendeinem Zeitpunkt seines Lebens in Handlungen verstrickt ist oder sich verstricken lässt, die nicht der gebilligten und veröffentlichten Norm entsprechen.

Ja, aber warum ist das so? Darauf gibt Durkheim eine Antwort mit Blick auf das Verbrechen, den schlimmsten Normbruch. Er sagt:

> »das Verbrechen wird nicht nur bei der überwiegenden Majorität von Gesellschaften dieser oder jener Gattung, sondern bei allen Gesellschaften aller Typen angetroffen. Es gibt keine Gesellschaft, in der keine Kriminalität existierte. Sie wechselt zwar der Form nach; es sind nicht immer dieselben Handlungen, die so bezeichnet werden« (Durkheim 1961, S. 156).

Das ist nun allerdings erneut eine etwas ungewöhnliche Sichtweise auf kriminelle Handlungen und damit auch auf kriminelle Menschen. Sie werden von uns sehr häufig als randständige Exot*innen mit vielleicht sogar sozialen Störungen betrachtet. Sie weisen eine zerstörte oder unvollkommene entwickelte Individualität auf, also auf jeden Fall eine Individualität, die sie unfähig macht, dem gesellschaftlichen Konsens zu entsprechen und die Regeln einzuhalten.

Aber nach Durkheim ist auch ihre Abweichung normal, denn das Verbrechen ist immer und überall, ja nach Popitz gibt es sogar mehr davon, als wir zu glauben bereit sind. Daher muss Durkheim noch einen radikalen Schritt weitergehen. Er reiht das Verbrechen unter die Erscheinungen der normalen Soziologie ein.

> »Das Verbrechen unter die Erscheinungen der normalen Soziologie einzureihen, bedeutet nicht bloß, die Ansicht vertreten, dass es eine unvermeidliche, wenn auch bedauerliche Erscheinung ist, die der unverbesserlichen Böswilligkeit der Menschen zugeschrieben werden muss; es schließt auch die Behauptung ein, dass es einen Faktor der öffentlichen Gesundheit, einen integrierten Bestandteil einer jeden gesunden Gesellschaft bilde. Dieses Ergebnis ist auf den ersten Blick so überraschend, dass es uns lange Zeit hindurch selbst bedenklich gestimmt hat« (ebd., S. 157).

Damit setzt er diesem auch ihm selbst zunächst abseitig erscheinenden Gedanken die Krone auf, indem er das von uns als krank und verbrecherisch bezeichnete Verhalten ganz und gar anders bewertet und im Gegenteil als Ausdruck einer jeden gesunden Gesellschaft charakterisiert.[32] Dieser Gedanke hat schon lange vor Durkheim der niederländische Arzt und Sozialtheoretiker Bernhard Mandeville (1670–1733) in seiner »Bienenfabel« (1988/1732, S. 25) gedichtet:

> »So kann auch Laster nützlich sein, schränkt das Gesetz es weise ein. Ja, will das Volk nach Größe streben, muss es im Staat auch Sünde geben, wie's Hunger braucht zum Überleben. Allein von Tugend kann auf Erden, kein Staat groß, reich und mächtig werden. Wollt ihr die Goldnen Zeiten wieder? Da aß man Eicheln und war bieder«.[33]

Mandeville hat sich vor 300 Jahren einem wütenden Widerstand gegen seine Bienenfabel ausgesetzt gesehen und darauf geantwortet, dass er wisse, »daß diejenigen, die den Gedanken, in irgendeiner Sache sei Laster notwendig, für verbrecherisch halten, sich auch nicht mit einem Teil meiner Ausführungen anfreunden werden« (ebd., S. 9). Ich kann mir gut vorstellen, dass sein Gedanke auch weiterhin für Stirnrunzeln und Abscheu sorgt, wenn aus dieser Fabel die Schlussfolgerung gezogen wird, das Verbrechen sei zu entschuldigen und daher nicht zu verfolgen. Doch das meint er keineswegs, denn

---

32 Dass er für eine derartige Behauptung eine Menge Ärger bekommen würde, hat er vorausgesehen. Daher setzt er vorsichtshalber diese Fußnote:»Daraus, daß das Verbrechen eine normale Erscheinung der Soziologie ist, folgt nicht, daß der Verbrecher vom biologischen und psychologischen Gesichtspunkte aus normal ist. Die zwei Fragen sind voneinander unabhängig« (Durkheim 1961, S. 157). Somit ist von ihm erneut klargestellt, dass er sich an die sozialen Tatbestände hält. Und als sozialer Tatbestand ist das Verbrechen in jeder Gesellschaft eben: normal.

33 Karl Marx (1960, S. 364) hat übrigens eine weniger poetische Stelle aus der Bienenfabel zitiert:»Das, was wir in dieser Welt das Böse nennen, das moralische so gut wie das natürliche, ist das große Prinzip, das uns zu sozialen Geschöpfen macht, die feste Basis, *das Leben und die Stütze aller Gewerbe und Beschäftigungen* ohne Ausnahme; hier haben wir den wahren Ursprung aller Künste und Wissenschaften zu suchen; und in dem Moment, da das Böse aufhörte, müsste die Gesellschaft verderben, wenn nicht gar gänzlich untergehen«.

6 Das Verbrechen ist immer und überall

»wenn ich auch behaupte, daß Laster von großen und starken Gesellschaften untrennbar sind und daß ihr Reichtum und ihre Größe unmöglich ohne Laster existieren können, so sage ich doch nicht, daß die einzelnen Leute, die sich ihrer schuldig machen, nicht ständig ermahnt oder nicht bestraft werden sollten, wenn sie in Verbrechen ausarten« (ebd.).

Jedenfalls stimmen Mandeville und Durkheim darin überein, dass es kein normeinhaltendes ohne normabweichendes Verhalten geben kann. Diese Dualität ist notwendig, weil dem abweichenden Verhalten eine wichtige Funktion zukommt. Wenn nämlich alle Handlungen normkonform verliefen, und wirklich alle, wie sollte sich die Gesellschaft dann weiterentwickeln? Und weiterentwickeln muss sie sich. Diese Überzeugung ist fester Bestandteil allen Denkens in der Neuzeit, und das entspricht auch unserer Erfahrung. Karl Marx (1960, S. 363) hat diesen Zusammenhang gewohnt radikal formuliert:

»Der Verbrecher unterbricht die Monotonie und Alltagssicherheit des bürgerlichen Lebens. Er bewahrt es damit vor Stagnation und ruft jene unruhige Spannung und Beweglichkeit hervor, ohne die selbst der Stachel der Konkurrenz abstumpfen würde. Er gibt so den produktiven Kräften einen Sporn.«

Bei den technischen Entwicklungen liegt das unmittelbar auf der Hand, denken wir nur an den zur Lebensnotwendigkeit gewordenen Gebrauch des Smartphones. Ohne dieses Gerät ist eine Alltagsbewältigung kaum noch vorstellbar. Noch vor 20 Jahren war das keine voraussehbare Notwendigkeit, und es ist heute unklar, was in wiederum 20 Jahren Unvorhersehbares passiert sein wird, denn immer wieder werden neue, heute noch nicht abzuschätzende unvorhersehbare Umgangsformen entwickelt.

Was heute gilt, wird morgen keinen Bestand mehr haben. Und so betrachtet Durkheim Abweichungen als eine unabdingbare Notwendigkeit, um nicht nur regulierend (durch normverdeutlichende Reaktionen auf die Abweichung), sondern vor allem entwickelnd auf die Gesellschaft einzuwirken. Hören wir noch einmal Karl Marx (1960, S. 353) dazu:

»Bis ins Detail können die Einwirkungen des Verbrechers auf die Entwicklung der Produktivkraft nachgewiesen werden. Wären Schlösser je zu ihrer jetzigen Vollkommenheit gediehn, wenn es keine Diebe gäbe? Wäre die Fabrikation von Banknoten zu ihrer gegenwärtigen Vollendung gediehn, gäbe es keine Falschmünzer? Hätte das Mikroskop seinen Weg in die gewöhnliche kommerzielle

Sphäre gefunden (siehe Babbage)[34] ohne Betrug im Handel? Verdankt die praktische Chemie nicht ebensoviel der Warenfälschung und dem Bestreben, sie aufzudecken, als dem ehrlichen Produktionseifer? Das Verbrechen, durch die stets neuen Mittel des Angriffs auf das Eigentum, ruft stets neue Verteidigungsmittel ins Leben und wirkt damit ganz so produktiv wie strikes auf Erfindung von Maschinen.«

Hier liegt nun folgender Gedanke nahe: Je mehr Abweichung herrscht, desto schneller können sich Gesellschaften entwickeln oder im Extremfall auseinanderdriften. Das mag sein, wenn wir etwa an die Vervielfältigung von Lebensentwürfen denken oder die Entstehung immer neuer sozialer Milieus mit ganz unterschiedlichen Vorstellungen und Regeln – in denen beispielsweise Männer Röcke tragen.

Beispiel Heteronormativität

In der Kritik an der sogenannten »Heteronormativität« kommt das zum Ausdruck. Danach drängt »Heteronormativität [...] die Menschen in die Form zweier körperlich und sozial klar voneinander unterschiedener Geschlechter, deren sexuelles Verlangen ausschließlich auf das jeweils andere gerichtet ist. Heteronormativität wirkt als apriorische Kategorie des Verstehens und setzt ein Bündel von Verhaltensnormen« (Wagenknecht 2007, S. 19). Dieses Bündel an Verhaltensnormen wird durch die Kritik an der Norm, dass es lediglich die zwei Geschlechter männlich und weiblich gebe, und dass nur Beziehungen zwischen einem Mann und einer Frau anerkannt werden, in Frage gestellt. Um diese Norm in Zweifel zu ziehen, mussten zuvor viele Menschen von der Norm der Heteronormativität abweichen und sich außerdem zu dieser Abweichung bekennen, denn Urheber*in der Handlung ist nicht die Norm

---

34 Charles Babbage (1791–1871) gilt wegen der Erfindung einer Rechenmaschine als einer der Stammväter des Computers. Sein Hauptwerk »On The Economy of Manufactures« (1832) beginnt mit den Worten (Übersetzung M. L.): »Mit dieser Arbeit sollen die Möglichkeiten und Vorteile gezeigt werden, die mit Werkzeugen und Maschinen verbunden sind. Ihre Arbeitsweisen werden klassifiziert, um dann die Gründe und Konsequenzen zu zeigen, die dazu führen, dass sie die Fähigkeiten und Kräfte des menschlichen Arms übertreffen« (S. 1).

selbst, sondern ein Subjekt, das normkonform handelt – oder sich eben dagegen entscheidet.

Popitz Betrachtung der strafenden Reaktion auf den Normbruch geht ebenfalls von der durkheimischen Überlegung aus, dass die Strafe die um die herrschende Norm gruppierten Kollektivgefühle zum Ausdruck bringt. Sie bekräftigt diese Kollektivgefühle und verhütet damit, dass sie einschlafen. So schafft und belebt die Strafe stets neue Gruppengemeinsamkeiten. Zudem schafft sie einen schützenden Raum, in dem Menschen bereit sind, sich freiwillig und aus innerer Bereitschaft heraus normkonform zu verhalten, wie das weiter vorne gegebene Beispiel der Schüler*innen verdeutlichen sollte, die selbstverständlich akzeptieren, nicht zu schummeln – solange das überwacht und eine Abweichung davon bestraft wird. Popitz' Gedanken zielten allerdings darauf ab, die Grenzen der Leistungsfähigkeit von negativen Sanktionen – von Strafe – in den Mittelpunkt zu rücken und darauf aufmerksam zu machen, dass die Strafe, um die eben genannten Funktionen zu erfüllen, nach dem Prinzip eines Lichtschalters funktionieren muss: Er kann eingeschaltet werden – dann wird die Abweichung angestrahlt und kann geahndet werden. Er kann aber auch ausgeschaltet bleiben. Dann bleibt die Abweichung im Dunkeln. Einig sind sich Durkheim und Popitz darin, dass der Normbruch im soziologischen Sinne normal und eine notwendige Funktion der Gesellschaft ist. Ohne den Normbruch könnte keine Gesellschaft bestehen.

Während für Popitz nicht im Vordergrund steht, dass Normen Indikatoren für den jeweiligen Gesellschaftszustand sind und ihr Bruch zu Veränderungen führen kann, ist das für Durkheim zentral. Wiederum bezieht er sich auf den gravierendsten Normbruch, das Verbrechen. Seine Argumentation ähnelt Marx:

> »Wie oft ist das Verbrechen wirklich bloß eine Antizipation der zukünftigen Moral, der erste Schritt zu dem, was sein wird. Nach dem athenischen Recht war Sokrates ein Verbrecher, und seine Verurteilung war gerecht. Und doch war sein Verbrechen, die Unabhängigkeit seines Denkens, nützlich, nicht nur für die Menschheit, sondern auch für seine Vaterstadt« (Durkheim 1961, S. 160).

Bestimmt haben schon vor Sokrates abweichende Menschen die Grenzen des aktuell Erlaubten getestet und versucht, sie zu verändern oder zu erweitern, und das wird immer so sein. Das darf allerdings nicht damit verwechselt werden, dass der soziale Konformismus, der in der Normtreue – in der Treue zum allgemein erwarteten Verhalten – zum Ausdruck kommt, nicht doch eine Reihe von individuellen Nuancen verträgt. Manche Menschen etwa kleiden sich ›schrill‹ oder eben auffälliger als andere oder nehmen nur bestimmte Nahrungsmittel zu sich oder lehnen Arztbesuche ab und verlassen sich auf homöopathische Mittel oder schlagen ein Loch in das Eis und baden im kalten Wasser. Aber das Gebiet der erlaubten Variationen ist begrenzt. Rosa Parks, um ein prominentes Beispiel zu nennen, überschritt dieses Gebiet im Jahr 1955 eindeutig, als sie sich als Afroamerikanerin unter dem Diktat der Rassentrennung im Bus auf einen für Weiße vorgesehenen Platz setzte. Schlimmer noch, sie weigerte sich, ihren Sitzplatz für einen weißen Fahrgast zu räumen. In diesem Bus waren die ersten vier Reihen für Weiße reserviert, der mittlere Abschnitt wurde Afroamerikaner*innen zugestanden, der hintere sowieso. Erhob jedoch eine weiße Person Anspruch auf einen dieser mittleren Plätze, weil die vorderen vier Reihen besetzt waren, hatten die Afroamerikaner*innen die komplette Reihe zu räumen.

Nicht so Rosa Parks. Der Busfahrer rief die Polizei, Rosa Parks wurde festgenommen und wegen Störung der öffentlichen Ordnung zu einer Geldstrafe verurteilt. Dieser Normbruch war ein starkes Signal gegen die Rassentrennung, und Rosa Parks wurde zu einer Ikone der Bürgerrechtsbewegung. Martin Luther King und seine Mitstreiter*innen organisierten daraufhin einen Busstreik in Montgomery in Alabama, der 381 Tage dauerte und an dessen Ende die Segregation in den Bussen aufgehoben wurde. Und die Geschichte geht noch weiter. Seit 2001 steht der Originalbus, der sogenannte »Rosa-Parks Bus« mit der Nummer 2857, in dem sie festgenommen wurde, im Henry-Ford-Museum in Detroit. Auf der Homepage des Museums ist der Bus auf der Startseite abgebildet, gemeinsam mit einem anderen wichtigen Symbol der US-amerikanischen Gesellschaft, der Dampflock. Die Dampflock war eine Voraussetzung für die Entstehung des US-amerikanischen Wohlstands. Der Bus steht als Symbol für eine (mindestens in Teilen) erfolgreiche Transformation dieser Gesellschaft. In YouTube-Videos erklären heute weiße Mittelklasse-Personen die segensreiche Bedeutung von Rosa Parks für diesen Transformationsprozess. Nicht, dass damit die Rassentrennung überwunden wurde.

Aber es war doch so, dass öffentlich über die Frage geredet werden konnte, ob es sich dabei um ein moralisches, angemessenes Verhalten, um eine Normabweichung und vor allen Dingen, ob es sich dabei um eine Straftat handeln sollte, wenn jemand, der einen Fahrschein gekauft hat, diesen nicht auf jedem Platz benutzen darf – und das allein aufgrund der Hautfarbe. Was falsch und was richtig ist, liegt ganz offensichtlich nicht im Auge des Betrachters, wie häufig gesagt wird. Es kann besser soziologisch erklärt werden, wie es Durkheim tat, indem er eben alle einzelmenschlichen Leistungen auf eine überindividuelle soziale Wirklichkeit zurückführte. Und diese überindividuelle soziale Wirklichkeit wurde durch Rosa Parks einzelmenschliche Leistung durchbrochen und damit verändert.

Normbrüche und Macht

Normbrüche stellen nicht nur die Norm selbst in Frage, sondern die dahinter stehende Macht. Normbrüche sind Ausdruck von Machtkämpfen. In der Regel sind jene, die die Norm verteidigen, die Inhaber*innen von Machtpositionen, nicht aber jene, die sie in Frage stellen.

Im Fall von Rosa Parks war der Normbruch ganz offensichtlich auch ein Gesetzesverstoß. Das muss aber nicht zwingend der Fall sein. Ein Beispiel dafür ist Saul Alinsky (* 30. Januar 1909 in Chicago, Illinois, USA; † 12. Juni 1972 in Carmel, Kalifornien, USA). Er wurde 1909 in Chicago in einem der übleren Slums geboren. Er selbst sprach von »the slum district of the slum«. Seine Eltern waren russische Emigranten und orthodoxe Juden. Seine Mutter brachte ihn auf die Welt, als sie 17 Jahre alt war. Der kleine Saul musste in dem hinteren Teil eines kleinen Ladens leben, den seine Eltern betrieben. »Meine Vorstellung von Luxus war«, so schrieb Alinsky, »in einer kleinen Wohnung zu leben, in der ich die Toilette benutzen konnte, ohne dass meine Eltern an die Tür hämmerten, damit ich herauskomme, weil ein Kunde rein wollte« (Alinsky 1999, S. 7). Er besuchte ein Dutzend verschiedener Schulen, begann 1926 mit dem Studium der Archäologie an der Universität Chicago und belegte auch einige Soziologieseminare, die ihn aber nicht sonderlich interessierten, weil sie ihm lebensfremd vorkamen. Zeit seines Lebens spottete er über die

»Wissenschaftler im Elfenbeinturm, zum Beispiel über die soziologische Fakultät der University of Chicago, die für eine Untersuchung, wo es in der Stadt Prostitution gebe, 100.000 Dollar auf den Kopf haue, während jeder Taxifahrer einem dies erzählen könne und keinen Cent für solche Auskünfte verlange« (ebd., S. 15).

In den 1960er Jahren entwickelte er großen Einfluss auf die US-amerikanische Bürgerrechtsbewegung. Hillary Clinton und Barack Obama haben viel von seinen Organisationstechniken gelernt und übernommen.[35] Seine Herkunft aus armen Lebensverhältnissen erklärt vermutlich, warum er sich Zeit seines Lebens für Menschen eingesetzt hat, die am gesellschaftlichen Rand stehen. Das von ihm entwickelte Vorgehen beruhte auf einem einfachen, aber schwer durchzusetzenden Prinzip: Wir haben nicht die Macht. Darum müssen wir viele sein, denn

»jede Gemeinde, jede Stadt besitzt eine etablierte Machtstruktur, die sich Änderungen in Form von Verbesserungen der Masse der mittellosen Bevölkerung widersetzt. Um dennoch solche Verbesserungen der Masse durchsetzen zu kön-

---

35 »CHICAGO – The job offer to ›Miss Hillary Rodham, Wellesley College‹ was dated Oct. 25, 1968, and signed by Saul D. Alinsky, the charismatic community organizer who believed that the urban poor could become their own best advocates in a world that largely ignored them. Alinsky thought highly of 21-year-old Rodham, a student government president who grew up in the Chicago suburbs. She was in the midst of a year-long analysis of Alinsky's aggressive mobilizing tactics, and he was searching for ›competent political literates‹ to move to Chicago to build grass-roots organizations. Seventeen years later, another young honor student was offered a job as an organizer in Chicago. By then, Alinsky had died, but a group of his disciples hired Barack Obama, a 23-year-old Columbia University graduate, to organize black residents on the South Side, while learning and applying Alinsky's philosophy of street-level democracy. The recruiter called the $ 13,000-a-year job ›very romantic, until you do it.‹ Today, as Obama and Hillary Rodham Clinton face off for the Democratic presidential nomination, their common connection to Alinsky is one of the striking aspects of their biographies. Obama embraced many of Alinsky's tactics and recently said his years as an organizer gave him the best education of his life. Clinton's interest was more intellectual – she turned down the job offer – and she has said little about Alinsky since their association became a favorite subject of conservative critics during her husband's presidency« (Slevin 2007).

nen, muß eine Gegen-Macht gebildet werden. Macht aber tritt in Gestalt von viel Geld oder vielen Menschen auf. Menschen, die kein Geld haben, müssen diesen Mangel durch ihre große Zahl kompensieren. Wenn sie sich einig sind und gemeinsam handeln, können sie ihre politischen Gegner zu Zugeständnissen zwingen, sofern sie entschlossen sind, den öffentlichen Konflikt in einer Sache und an einer Stelle zu wagen, wo ihr Hauptgegner verwundbar ist« (Müller 2013, S. 116).

Alinsky hat Wert darauf gelegt, dass die organisierte Gegenmacht (er spricht von »Community-Organizing«) keine Gesetze bricht. Drei Beispiele verdeutlichen, wie die Menschen der von ihm organisierte Gegenmacht vorgegangen sind, um ihre Interessen durchzusetzen, indem sie die bislang herrschende Norm durch abweichendes, aber gesetzestreues gemeinsames Handeln veränderten (ebd.):

- Die Woodlawn Organisation, ein lokales Gemeinwesenprojekt für die Schaffung von Wohnraum und Arbeit für die arme Bevölkerung, nahm den Bürgermeister von Chicago in die Zange, indem sie ihm drohte, den Stolz der Stadt, den größten Flughafen der Welt, den O'Hare Airport, dadurch unbenutzbar zu machen, dass jeden Tag 2.500 People of Colour (PoC) rund um die Uhr die Toiletten des Flughafens benutzen würden.
- Ein großes Warenhaus weigerte sich, nichtweißes Personal einzustellen. Also verstopften täglich 3.000 PoC an den einkaufsreichen Sonnabenden die Kassen, ließen sich ihre Einkäufe per Nachnahme ausliefern und verweigerten dann die Annahme. Das Kaufhaus musste nachgeben.
- Die Eastman-Kodak-Werke in Rochester wurden zur Einstellung von PoC gezwungen, als die von Alinskys Mitarbeiter*innen gegründete Organisation FIGHT (Freedom, Integration, God, Honor, Today) anfing, über liberale Sympathisant*innen, die Kodak-Aktien besaßen, systematisch Stimmrechte für die nächste Aktionärsversammlung zu sammeln (ebd.).

Manches Mal verstößt die Abweichung gegen Gesetze, manchmal gegen das, was wir »gute Sitten« nennen, manchmal ruft sie nur Schmunzeln hervor: Homosexuelle verstießen in den 1970ern Jahren gegen das Gesetz, der griechische Ministerpräsident Alexis Tsipras, der 2015 damit begann, als Staatsoberhaupt keinen Schlips zu tragen, gegen die »guten Sitten«. Ein

Student mit Hanfpflanzen in seiner Küche verstößt zum Zeitpunkt der Formulierung dieser Zeilen gegen Gesetze, aber das kann in ein paar Jahren schon ganz anders sein. Ein türkischstämmiger junger Mann, der sich nicht um seine alten Eltern kümmert, verstößt gegen die Konventionen in seiner Familie, desgleichen eine ledige 16-jährige Schwangere aus einem der teuren Hamburger Elbvororte. Ein Psychoanalytiker, der eine Beziehung zu einer Patientin unterhält, verstößt gegen das Gesetz, und ihm droht eine Gefängnisstrafe von bis zu fünf Jahren nach § 174 c StGB (Sexueller Missbrauch unter Ausnutzung eines Beratungs-, Behandlungs- oder Betreuungsverhältnisses) – und dies selbst dann, wenn die Patientin einwilligt. Er kann auch mit einem Berufsverbot nach § 70 Strafgesetzbuch rechnen.

Eine Professorin hingegen, die eine sexuelle Beziehung mit einer Studentin eingeht, wird dafür lediglich missbilligt. Ein Mensch, der auf dem Hamburger Hauptbahnhof freundlich wildfremde Personen grüßt, wird belächelt, aber ein junges Mädchen, das sich prügelt, erfährt sicher noch mehr Missbilligung als ein Junge gleichen Alters. Ein 15-jähriger Schüler, der nicht Fußball spielen will, sondern Ballettunterricht nimmt, wird vermutlich von einigen belächelt, von anderen jedoch als mutig bezeichnet. Dabei ist die Frage, ob die Abweichung als leichter, aber noch gebilligter sozialer Normkonformismus gesehen wird (das wird dann auch als ›Verschrobenheit‹ bezeichnet) oder aber bereits missbilligtes Verhalten ist (wenn die Nase gerümpft wird), oder aber als Straftat gilt (wenn der Staat einschreitet), stets von Ort und Zeit abhängig. An dem einen Ort ist das Tragen eines Kopftuches Pflicht (etwa im Iran), an einem anderen ist es möglich und akzeptiert (etwa im deutschen Straßenbild), an einem dritten kann es verboten sein (als Lehrkraft in einer französischen Schule). Aber es ist auch abhängig von der Zeit. Zwischen dem Aufschreiben dieser Beispiele und der Drucklegung dieses Buches kann sich schon wieder einiges geändert haben.

Fest steht jedenfalls, dass das Verbrechen in seinen Merkmalen weitgehend von den staatlichen Reaktionen und Sanktionen her bestimmt wird: Verbrechen ist »Straftat«, ist »strafbares Verhalten« (Jäger 2016, S. 315). Ohne rechtliche Ahndung kein Verbrechen. So zeigte sich Leutnant Calley davon überrascht, dass es wegen seiner Beteiligung an einem Massaker während des US-amerikanischen Vietnamkrieges zu einer Verurteilung gegen ihn kommen könnte, die seine Befehle als Verbrechen bezeichnet. Er reagierte auf die Ankündigung, er könnte wegen Mordes verurteilt werden, spontan so: »Das war das Verrückteste, was ich je gehört hatte – Mord. Mord – lachhaft! Ich überlegte die ganze Zeit. Was könnte ich verbrochen haben?« (ebd., S. 314f.). Und in der Tat: Erst die Verurteilung verwandelte seine verabscheuungswürdige Handlung in den Augen des Gesetzgebers in ein Verbrechen.

7 Konfliktregelung abseits und im Schatten des Staates

> **Was Sie im siebten Kapitel erwarten können**
>
> Bislang wurde der staatliche Umgang mit Konflikten unter Beteiligung der Sozialen Arbeit erörtert. Im folgenden Kapitel werden ergänzend zwei weitere Umgangsmöglichkeiten gezeigt. Erstens werden jene Konflikte besprochen – und dabei handelt es sich um die ganz überwiegende Anzahl –, von denen die staatlichen Instanzen nichts wissen und auch nichts wissen sollen, weil sie unter den Betroffenen selbst geregelt werden (▶ Kap. 7.1). Zweitens werden jene Ausgleichsverfahren angesprochen, die zwar unter staatlicher Oberleitung stattfinden, dabei jedoch versuchen, den Konfliktparteien Votum und Stimme zu geben (▶ Kap. 7.2). Damit soll versucht werden, zu einem Ausgleich ohne staatliches Urteil zu kommen.

Da Soziale Arbeit professionelles, mithin berufliches und bezahltes Handeln ist, und weil dieses Handeln in der Arbeit mit straffällig gewordenen Menschen stets in einem staatlichen Zusammenhang steht, wurden bisher vor allem die staatlichen Mechanismen erörtert, mit denen auf die Konflikte zwischen Menschen eingegangen wird. Zudem wurde aus einer historischen Perspektive besprochen, wie der Staat mehr und mehr dazu übergegangen ist, menschliche Konflikte aus dem alltäglichen Handeln zwischen den unmittelbar Betroffenen herauszulösen und sie zu einer staatlichen Angelegenheit zu machen. Der Kriminologe Nils Christie hat das so ausgedrückt:»Als ›Kriminalität‹ definierte Probleme werden den Menschen, die direkt darin verwickelt sind, weggenommen. Sie gehen in den Besitz anderer Leute über, hauptsächlich von Rechtskundigen, oder es liegt im Interesse anderer Menschen, ihren Konflikt wegzudefinieren«[36] (1977, S. 5). Das muss aber nicht unbedingt so sein. Dazu nun einige Erörterungen.

7.1 Konfliktregelung abseits des Staates

Nicht alle Konflikte zwischen Menschen können dem staatlichen Regelungsinteresse unterworfen werden. Hanak, Stehr und Steinert haben überzeugend gezeigt, dass bei 1.100 von ihnen untersuchten Konfliktfällen nur ein verschwindend geringer Teil vor Gericht endete (Hanak et al. 1989). Ganz offensichtlich haben Menschen ihre Fähigkeit nicht verloren, ihre Ärgernisse, aber auch ihre Lebenskatastrophen ohne staatliche Hilfe zu regeln. Denn so ist es: Im Alltag ist Kriminalität für die Beteiligten ein Ärgernis und manchmal auch eine Lebenskatastrophe. Für sie kann es nachrangig sein, ob das sie betreffende Ereignis als »Kriminalität« bezeichnet wird. Sie sehen den Wohnungseinbruch nicht in erster Linie durch die Brille der Strafverfolgung. Die Behörden dagegen müssen diese Handlung nach § 243 StGB als einen besonders schweren Fall von Diebstahl klassifizieren. Ein besonders schwerer Fall liegt in der Regel vor, »wenn der Täter zur Ausführung der Tat in ein Gebäude, einen Dienst- oder Geschäftsraum oder in einen anderen umschlossenen Raum einbricht, einsteigt, mit einem falschen Schlüssel oder einem anderen nicht zur ordnungsmäßigen Öffnung bestimmten Werkzeug eindringt oder sich in dem Raum verborgen hält« – so der Gesetzestext.

Für die Bewohner*innen kann dieser Einbruch in ihre ansonsten geschützten, privaten Rückzugsräume dagegen eine schwerwiegende Routinestörung sein, die mit anhaltenden Ängsten, Schlafstörungen und dem dauerhaften Verlust von Sicherheit und Geborgenheit einhergehen können. Manchmal müssen die Betroffenen sogar ihre Wohnung aufgeben oder ihr Haus mit aufwendigen Sicherheitsvorkehrungen versehen. Diese

---

36 Eigene Übersetzung.

Probleme entstehen ganz unabhängig davon, wie der Einbruch juristisch klassifiziert wird. Das Anrufen der staatlichen Instanzen ist daher für viele nur die letzte Möglichkeit, wenn alle anderen informellen Regelungsmöglichkeiten ausgereizt sind (Kunstreich 1996, S. 25). Allerdings scheint Konfliktregelung ohne staatliche Lizensierung heute kaum vorstellbar. Das ist bemerkenswert, weil wir täglich Konfliktregelungen erleben, die ohne staatliche Beauftragte erledigt werden. Für die Fachkräfte in der Sozialen Arbeit ist es daher erhellend, auch diese außerhalb des staatlichen Handelns ablaufenden Alltagsregelungen zu bedenken, seien sie nun als »kriminell« etikettiert oder nicht.

Hanak et al. (1989) haben sich in ihrer groß angelegten Studie angesehen, wie Menschen mit alltäglichen Konflikten umgehen. Sie haben eine Typologie entwickelt, die bei »Ärgernissen« beginnt und bis zu »Lebenskatastrophen« führt. Vor allem aber haben sie darauf hingewiesen, dass diese Konflikte vom Recht kaum oder nur sehr vermittelt und indirekt erreicht werden und wenn, dann nicht unbedingt im Interesse der Geschädigten. Nehmen wir das bekannte Beispiel des gestohlenen Fahrrads. Es ist kaum anzunehmen, dass das Opfer dieser Straftat etwas davon hat, wenn die tatverdächtige Person gefasst und bestraft, das Fahrrad jedoch unbrauchbar oder unauffindbar ist. Jeder Mensch will sein Fahrrad unbeschädigt zurückbekommen und darauf hoffen, dass es nicht erneut gestohlen wird. Ob die gefasste Person als »kriminell« behandelt wird, ist dabei ganz und gar zweitrangig. Nicht so für die Strafverfolgung. Es handelt sich um einen Diebstahl und damit eindeutig um Kriminalität. Die damit verbundene rechtliche Behandlung als »kriminell« lässt das Problem auf der Alltagsebene vollständig unbearbeitet. Der Staat muss bestrafen. Das Opfer will Entschädigung. Wenn es den*die Täter*in kennt, will es vielleicht Aussprache, will Versöhnung oder im Gegenteil eine klare Abgrenzung. Der geschädigte Mensch will soziale und materielle Kompensation. Aber die Polizei übernimmt nun einmal nicht eine aktive Rolle dabei, abhanden gekommene Gegenstände an seine rechtmäßigen Besitzer*innen zurückzugeben und den Frieden zwischen Täter*innen und Geschädigten herzustellen. Sie muss Täter*innen der Strafjustiz überführen. Für sie ist das Fahrrad vor allem ein Beweissicherungsstück (Reidinger & Kufner 2020, S. 45).

7.1 Konfliktregelung abseits des Staates

Schließlich soll auch daran erinnert werden, dass viele Täter*innen in sozialen Umständen leben, in denen eigene Regeln gelten, aus denen sie sich weder befreien können noch überhaupt einen Anlass dafür sehen. Der Soziologe William Foote Whyte hat das in seiner bahnbrechenden Studie »Street Corner Society« untersucht. Sein Untersuchungsgebiet in den USA war »Cornerville«, ein vorwiegend von italienischen Einwander*innen und ihren Nachkommen bewohntes ärmeres Stadtgebiet, das als Slum verschrien war. Slums gelten üblicherweise als extrem desorganisierte Lebensorte. Whyte zufolge trifft das nicht zu. Er schreibt:

> »Das Problem von Cornerville ist nicht der Mangel an Organisation, sondern das Fehlen einer entsprechenden Verzahnung seiner eigenen sozialen Organisation mit der Struktur der Gesellschaft, die Cornerville umgibt. Das ist der Grund für die spezifische Entwicklung der örtlichen Organisationen in der Politik und in den rackets [in einer Gruppe betriebene illegale Geschäfte, etwa mit verbotenen Drogen oder Hehlerware, M. L.] und auch für die Loyalität, die die Leute für ihre ›Rasse‹ und für ihr Italien empfinden. Das wird deutlich, wenn man untersucht, welche Wege dem Mann aus Cornerville zu sozialem Aufstieg und Anerkennung einerseits in seinem eigenen Distrikt offenstehen, andererseits in der Gesellschaft draußen. [...]. Für den Mann aus Cornerville ist es schwierig, überhaupt einen Fuß auf die Leiter zu setzen, selbst auf die unterste Sprosse. Sein Distrikt ist weit und breit als ein Ort verrufen, wo eine unordentliche, kriminelle Bevölkerung wohnt. Er ist Italiener, und die Italiener gehören für die Leute der Oberschicht zu denjenigen Einwanderern, die hier am wenigsten erwünscht sind« (Whyte 2016, S. 286).

So bleibt ihm als jungem Mann oft nichts anderes übrig, als ein »corner-boy« zu werden, ein Eckensteher, der keiner regulären Arbeit nachgeht, aber seine Anerkennung und seinen finanziellen Rückhalt in der Gruppe findet. In dieser Gruppe gelten verbindliche Regeln, die andernorts als »Kriminalität« bezeichnet werden. Hier dagegen sind es »Geschäfte«, und der Umstand, dass ich dieses Wort in Anführungszeichen setze, weist schon zu Genüge darauf hin, dass diese Geschäfte für die Menschen außerhalb dieser Welt anrüchig sind. Hier jedoch verstoßen sie nicht gegen die in der Gruppe allgemein gebilligten Voraussetzungen und verletzen nicht ihre Sozialregeln, sondern akzeptieren und bestärken sie (Becker 1997, S. 3). Unter den »corner-boys« werden diese Geschäfte daher nicht als abweichende Handlungen gedeutet, sondern drücken Erfolg und Wertschätzung aus.

An diese Gruppe ist der »corner-boy« durch ein Netz gegenseitiger Verpflichtung gebunden, aus dem er sich nicht lösen kann. Whyte schreibt weiter:

»Warum können diese Leute nicht aufhören, Italiener zu sein, und Amerikaner werden wie wir alle?‹ Die Antwort ist, daß sie in zweierlei Hinsicht daran gehindert werden: durch die Organisation ihrer eigenen Gesellschaft und durch die Welt außerhalb. Die Leute von Cornerville wollen gute amerikanische Bürger sein. Ich habe nirgendwo die Leute so bewegend der Liebe zu ihrem Land Ausdruck verleihen hören wie in Cornerville. Aber ein spezifisch organisierter Lebenszusammenhang läßt sich nicht über Nacht verändern. Wie die Beobachtung der corner gangs zeigt, werden die Menschen abhängig von gewissen Verhaltensgewohnheiten. Wenn sie sich abrupt von solchen Gewohnheiten lösen würden, würden sie sich als Verräter fühlen und wären hilflos und ohne Halt. Und selbst wenn ein Mann vergessen will, daß er Italiener ist – die Gesellschaft um ihn herum läßt ihn das nicht vergessen. Er ist als minderwertig gebrandmarkt – wie alle anderen Italiener« (ebd., S. 287).

Zu einer derartigen Lebensweise muss daher auch gehören, sich in Aktivitäten verwickeln zu lassen, die andernorts als »kriminell« gelten. Nur so kann der eigene sozialen Status aufrechterhalten und der Rückhalt der Gruppe dauerhaft gesichert werden, denn ein anderer gesellschaftlicher Rückhalt existiert nicht. Daher müssen alle in diesen Gruppen auftretenden Konflikte ohne die Einschaltung von Polizist*innen, Staatsanwält*innen oder Gerichten gelöst werden.

So verwundert es überhaupt nicht, dass viele Menschen darauf verzichten, die Polizei einzuschalten, und zwar selbst dann, wenn sie in Konflikte verwickelt sind, die sie überfordern und bei denen sie auf Hilfe angewiesen sind. Sie verzichten nicht etwa nur aus Trägheit, aus Unsicherheit oder aus Angst, sondern auch, weil sie annehmen, dass die Polizei sowieso nicht effektiv arbeitet oder nicht ihre Interessen vertreten kann. Auch befürchten sie nachteilige Auswirkungen durch eine Strafanzeige für sich selbst oder glauben, dass die Aggressivität des Konflikts dadurch noch erhöht wird. Sie können auch ihren sozialen Status in ihrer Bezugsgruppe verlieren, wenn die zum Hörer greifen und die Polizeiwache informieren. Und schließlich geht es nicht immer um strafrechtlich relevantes Verhalten, sondern ein Großteil der Konflikte sind privatrechtlicher Art. Daher ist die Strafanzeige nur eine von vielen Reaktionen.

Aus allen diesen Gründen ist die Barriere sehr hoch, den Staat anzurufen. Polizei, Staatsanwaltschaften und Gerichte machen keine niedrigschwelligen Angebote, wie wir sie aus der Sozialen Arbeit kennen. Niemand kann von der Polizei eine unverbindliche Beratung in freundlichen, ohne Anmeldung zugänglichen Räumen bekommen – es sei denn, es geht etwa um die Beratung zur Sicherung des Eigenheims oder um Verkehrsunterricht für Kinder, um nur zwei Beispiele aus der Präventionsarbeit der Polizei zu geben. Das ist auch richtig so, denn die Polizei ist im Blick auf strafrechtlich relevante Handlungen keine Beratungsinstanz, sondern ein Repressionsapparat.[37] Das klingt sehr martialisch und abwertend. »Repression« ist jedoch ein feststehender juristischen Begriff. Er macht klar, dass es sich um eine repressive (Straftaten unterdrückende) Tätigkeit handelt, denn die Polizei ist im Rahmen der Strafverfolgung als Hilfsbeamtin der Staatanwaltschaft tätig.

> »Die Polizei ist zwar organisatorisch und ressortmäßig keine Justizbehörde wie die Staatsanwaltschaft, wird aber durch die Strafprozeßordnung ›der Strafjustiz dienstbar gemacht‹. Die Behörden und Beamten des Polizeidienstes und insbesondere die Hilfsbeamten der Staatsanwaltschaft sind der Staatsanwaltschaft, die treffend als ›Kopf ohne Hände‹ bezeichnet wurde, zur Unterstützung der Strafverfolgung zur Verfügung gestellt [...] Die Behörden und Beamten des Polizeidienstes sind als ›verlängerter Arm der Staatsanwaltschaft‹ nicht nur bei Ausführung einer Weisung dieser Behörde tätig, sondern auch dann, wenn sie nach § 163 Abs. 1 StPO von sich aus handeln« (BVerwG, Urteil vom 03.12.1974 – I C 11.73).

So sperrig formuliert es das Bundesverwaltungsgericht. Die Staatsanwaltschaft ist die Strafverfolgungsbehörde. Darum unterliegt ihr Handeln, im Gegensatz zu den beiden genannten Beispielen aus der Präventionsarbeit, den Regelungen der Strafprozessordnung, denn

> »Behörden und Beamte des Polizeidienstes haben Straftaten zu erforschen und alle keinen Aufschub gestattenden Anordnungen zu treffen, um die Verdunke-

---

37 Selbstverständlich ist sie nicht nur das. Sie wird auch sehr häufig als »unspezifische Abhilfeinstanz« gerufen, um in Konflikten zu beruhigen, die Kontrahent*innen zu trennen, gestohlene Gegenstände wieder aufzufinden, vermisste Menschen zu suchen, Verkehrssituationen zu entschärfen und vieles mehr. Doch bei allem Tun muss sie immer bedenken, ob ein strafbares Handeln vorliegen könnte.

lung der Sache zu verhüten. Zu diesem Zweck sind sie befugt, alle Behörden um Auskunft zu ersuchen, bei Gefahr im Verzug auch, die Auskunft zu verlangen, sowie Ermittlungen jeder Art vorzunehmen, soweit nicht andere gesetzliche Vorschriften ihre Befugnisse besonders regeln.«

So steht es in § 163 der Strafprozessordnung (StPO). Und das gibt der Polizei kaum einen Beratungsspielraum. Sie muss, wenn sie von einer Sache hört, entscheiden: Handelt es sich mutmaßlich um eine Straftat oder nicht? Wenn ja, muss sie sich einschalten.

> Das alles bedeutet selbstverständlich nicht, dass es möglich und sinnvoll wäre, auf Polizei und Gerichte zu verzichten. Das Unterlassen einer Anzeige ist jedoch eine normale Reaktion, so wie das Aufgeben einer Anzeige bei der Polizei oder gar der Staatsanwaltschaft ein aufreibender Vorgang sein kann. Nur wenn wir davon ausgehen können, dass unser Problem damit nicht verschärft wird, lohnt es sich, diese hohe Schwelle zu überwinden. Selbstverständlich gibt es auch gute Gründe, auf die Polizei und eine Anzeige zurückzugreifen, etwa um Schutz vor körperlichen Bedrohungen zu erbitten oder weil die Versicherung ohne Anzeige den Verlust bzw. entstandenen Schaden nicht ersetzt. Aber das »Herbeiholen staatlicher Hilfe [ist] nur eines der Mittel solchen ›Konflikt-Managements‹«, wie Klimke (2017, S. 301) aus der Studie von Hanak et al. zitiert.

7.2 Konfliktregelung im Schatten des Staates

Wir kommen nun zu einem Verfahren, von dem sich mit einigem guten Willen sagen lässt, dass es unterhalb einer harten strafrechtlichen Erledigung liegt. Das Strafrecht und seine Sanktionsmöglichkeiten werfen aber doch einen deutlichen Schatten auf diesen Weg. »Mit einigem guten Willen« wurde von mir deshalb formuliert, weil die Verfahren der sogenannten »Restorative Justice«, auch »Ausgleichsverfahren« oder »Tatausgleich« genannt, in aller Regel vor einer möglichen gerichtlichen Verurteilung, aber im justiziellen Rahmen stattfinden. Daher wird die häufig benutzte Bezeichnung »außergerichtlicher Tatausgleich« zunehmend kritisiert, weil es eben ein – wenn auch niedrigschwelliges – Verfahren innerhalb eines formalen gerichtlichen Verfahrens ist (Trenczek 2022, S. 192). In der Fachwelt herrschen ganz divergierende Perspektiven auf diese Ausgleichsverfahren im gerichtlichen Kontext: Handelt es sich erstens um den Versuch, die Bearbeitung strafrechtlich relevanter Konflikte zu ergänzen, sie also zusätzlich anzuwenden, oder zweitens darum, die harten strafrechtlichen Sanktionen zu minimieren, oder, drittens, sie ganz beiseitezudrängen?[38]

Die Forschung der vergangenen Jahrzehnte hat gezeigt, dass diese Verfahren zumeist als ein funktionales Äquivalent zur Strafe genutzt werden und häufig sogar als eine erzieherische Draufgabe (zusammenfassend ebd.). Mit anderen Worten, auch diese Verfahren können sich von dem langen Arm des Strafrechts nicht befreien. Staatsanwaltschaften und Gerichte nutzen diesen Weg sehr häufig für Erledigungen im Bagatellbereich (Cornel 2021a, S. 159). Die »Restorative Gerechtigkeit« ist selbst im Jugendstrafrecht über ein Nischendasein – mit der Ausnahme von Arbeitsauflagen – nicht hinausgekommen (Trenczek & Goldberg 2016, S. 470). Es ist derzeit in der Bundesrepublik kaum vorstellbar, dass ihre Verfahren auch bei schwereren Delikten zur Anwendung kommen, etwa bei sexuellem Missbrauch oder gar Tötungsdelikten. Dabei wäre es gerade hier neben

---

[38] Spittler (1983, S. 6f.) verdeutlicht die Unterschiede zwischen hoch formellen und informelleren Verfahren der Streitregelung. Gerichte arbeiten formalisiert und verfügen über die Macht, ihre Urteile (Befehle) zu erzwingen, während informellere Verfahren keine Zwangsgewalt besitzen und daher die Zustimmung aller Parteien benötigen. Gerichte sind funktional spezialisiert, differenziert und bürokratisch, informellere Verfahren sind dagegen relativ unspezialisiert, undifferenziert und unbürokratisch. Bei Gericht sind die Parteien relativ passiv und sprechen nur, wenn sie gefragt werden, bei den informelleren Verfahren sind sie viel aktiver, denn diese Verfahren leben von ihren Stimmen. Vor Gericht geht es vor allem darum, die Vergangenheit zu beurteilen; die informelleren Verfahren zielen auch auf die Zukunft und damit darauf, die Beziehungen zwischen den Parteien aufrechtzuerhalten.

der strafrechtlichen Ahndung in dem einen oder anderen Fall sicher hilfreich für alle Betroffenen, Versöhnung und Verstehen anzustreben.

»Restorative Gerechtigkeit« vs. Strafrecht

Genau das war aber bei den ersten Überlegungen ursprünglich geplant, denn die Grundidee der »restorativen Gerechtigkeit« unterscheidet sich ganz wesentlich von jener des Strafrechts. Wird im Strafrecht gefragt, welche Gesetze gebrochen wurden, so wird hier gefragt, wer verletzt wurde. Während das Strafrecht erforscht, wer es getan hat, wird hier nach den Bedürfnissen gefragt, und während das Strafrecht zu klären hat, was die Täter*innen als Strafe verdienen, wird hier nach ihren aus dem Konflikt resultierenden Verpflichtungen gefragt (Lutz 2018, S. 603).

Jedenfalls funktionieren diese Ausgleichsverfahren nicht ohne staatliche Akteure. Hier sind es vor allem Fachkräfte in der Sozialen Arbeit, die ein genuin sozialpädagogisches Arbeitsfeld vorfinden und entsprechende Zusatzausbildungen und Fortbildungen im Kontext ihres professionellen Selbstverständnisses mitbringen (Cornel 2021a, S. 150).

> »Eine solche Sichtweise auf die realen Personen und ihre Lebenswelt und nicht zuallererst auf einen angeblichen Strafanspruch des Staates entspricht der Haltung der Sozialen Arbeit, wobei die Garantie eines rechtsstaatlichen Verfahrens und des Rechtsschutzes durch den Staat nicht geringgeschätzt werden sollen« (ebd., S. 159).

Die enge Anbindung der Ausgleichsverfahren an das justizielle Denken zeigt ein Blick auf die Verfahrensschritte. Auch hier ist es die Polizei, die eine Straftat oder ein strafrechtlich relevantes Vergehen erfasst und dies nach ihren Ermittlungen an die Staatsanwaltschaft weiterleitet. Die Staatsanwaltschaft kann dann entscheiden, ob Bedingungen vorliegen, die es ermöglichen, den Fall an eine Ausgleichstelle weiterzuleiten – oder Anklage zu erheben. Auch Gerichte können ein Ausgleichsverfahren beschließen, wenn es im Rahmen des laufenden Strafverfahrens zu einem Ergebnis führen kann.

7.2 Konfliktregelung im Schatten des Staates

Wenn Staatsanwaltschaft oder Gericht einen Fall für das Ausgleichsverfahren freigegeben, werden in der Regel die beschuldigten Personen zuerst gefragt, um ihre Bereitschaft zur Mitwirkung sicherzustellen. Erst dann wird mit den Geschädigten gesprochen. Die Zustimmung beider Seiten führt zu einem Erstgespräch, in dem es in der Regel noch nicht um die Tat bzw. den Tatvorwurf geht, sondern in dem die Vor- und Nachteile bzw. die rechtlichen Grundlagen dieses Verfahrens und die Rollen aller beteiligten Personen geklärt werden. Meist finden diese Erstgespräche getrennt mit Beschuldigten und Geschädigten statt. Dann wird ein gemeinsames Ausgleichsgespräch anberaumt. Kommen beide Seiten zu einer Übereinkunft, werden die getroffenen Vereinbarungen schriftlich festgehalten. Das Ergebnis wird der Staatsanwaltschaft oder dem Gericht übermittelt. Sie entscheiden dann, ob das Verfahren nach Erfüllung der Vereinbarungen eingestellt werden kann – oder nicht. Hier zeigt sich der eingangs erwähnte Schatten der formellen Justiz erneut und besonders deutlich. Tabelle 2 (▶ Tab. 2) gibt unter 1. und 2. einen Überblick über die eben beschriebenen Möglichkeiten der Konfliktregelung abseits formeller Gerichtsverfahren (3).

Tab. 2: Möglichkeiten der Konfliktregelung

Bezeichnung	1 Konfliktregelung im sozialen Nahraum ohne Einschaltung bzw. Umgehung formeller staatlicher Instanzen	2 Unterbrechung des formellen Ermittlungs- und Gerichtsverfahrens unter Aufsicht von Staatsanwaltschaft und Gericht	3 Formelles Gerichtsverfahren
Beteiligte	Privatleute	Staatliche Akteure und Privatleute	Staatliche Akteure
Art der Erledigung	Erledigung unter den unmittelbar Betroffenen	»Außergerichtliche« Erledigung (Tatausgleich)	Staatsanwaltliche bzw. gerichtliche Erledigung
Privat/Öffentlich	Den Strafverfolgungsbehörden unbekannt (private Konfliktregelung)	Den Strafverfolgungsbehörden bekannt (öffentlich)	Den Strafverfolgungsbehörden bekannt (öffentlich)

7 Konfliktregelung abseits und im Schatten des Staates

Kurzum: Mit sehr großer Wahrscheinlichkeit werden bis heute die meisten Konflikte ohne die Einschaltung staatlicher Instanzen gelöst. Das geschieht allerdings in der Regel in ihrem Schatten, denn im Fall eines Falles kann auf den Staat zurückgriffen werden – und muss.

In vormodernen, vorstaatlichen Zeiten mussten Menschen sich auf die Selbstregulation verlassen, um ihre Konflikte zu lösen. Am Beispiel der Inuit wurde zuvor gezeigt (▶ Kap. 2.1.1), dass die Familie, die Verwandtschaft und die Nahgruppe als ausreichendes Ordnungsprinzip funktionierten. Sigrist hat für diese Gesellschaften, die sich aus kleinen, in sich mehr oder weniger abgeschlossenen Gruppen zusammensetzten, den Begriff der »Regulierten Anarchie« (Sigrist 1994) gewählt, weil sie, trotz fehlender staatlicher Oberaufsicht, nicht zerbrachen und im Chaos versanken, sondern über Jahrtausende bestehen konnten. Für die heutige Zeit habe ich dafür in der obigen Tabelle die Benennung »Konfliktregelung im sozialen Nahraum ohne Einschaltung bzw. Umgehung formeller staatlicher Instanzen« gewählt. Im Unterschied zu früheren Zeiten, etwa bei den Inuit, finden diese Reglungen heute unter Privatleuten statt. Das ist allerdings eine Bezeichnung, die für die Inuit sinnlos gewesen wäre. Eine Unterscheidung zwischen Privatheit und Öffentlichkeit in unserem heutigen Sinne bestand nicht. Was die Gruppe und ihr weiteres Funktionieren betraf, musste immer alle angehen und war daher öffentlich.

Die von Whyte untersuchten »corner-boys« müssen sich dagegen dafür entscheiden (▶ Kap: 7.1), den Staat bewusst herauszuhalten. Sie haben ihre eigenen Regeln. Sie werden strikt eingehalten, denn wer sich diesen Regeln nicht unterwirft, wird aus der Gruppe ausgeschlossen. Die Bewohner*innen von Cornerville denken in ganz anderen Standards als die Polizei. Ihre Standards sind gegenläufig. Dadurch leben und denken sie in einer Organisationsform, die nur durch dauernde Gesetzesübertretungen aufrechterhalten werden kann. Sie haben sich vom staatlichen Gesetz freigemacht, verfolgen aber ihre eigenen Gesetze streng und aufrichtig. Sie haben ihre eigene Gruppenmoral (Gusfield 2016, S. 75). Loyalität ist das oberste Gebot. Aus Sicht der Mehrheitsgesellschaft gehören sie damit zu den Aufsässigen und Gauner*innen.

»Zwar gibt es zur Bändigung der Aufsässigen und Gaunern die berühmte ›öffentliche Macht‹, vor der ein jeder Ehrfurcht hegt – die Regierungsgewalt, der

Arm des Gesetzes, großzügig mit einem Monopol zu legitimer Gewaltanwendung ausgestattet –, doch wie so viele, die außerhalb des Gesetzes leben, rufen auch Drogenhändler und Zuhälter kaum je den Leviathan per Notruf zu Hilfe; sie erledigen ihre Streitigkeiten lieber allein« (McEwan 2005, S. 125).

Das ergibt durchaus Sinn, denn wenn keine Möglichkeit eines sozialen Aufstiegs außerhalb von Cornerville besteht, ist das der einzig verbleibende Weg.

»Um an den Aktivitäten seiner Gruppe teilzunehmen, muß der corner boy sein Geld mit anderen teilen. Wenn er Geld hat und sein Freund hat keines, wird von ihm erwartet, daß er für beide bezahlt. Es ist zwar möglich, sich sparsam zu verhalten und trotzdem ein corner boy zu sein, aber es ist nicht möglich, sparsam zu sein und trotzdem eine ranghohe Position in einer Straßeneckengang zu besetzen. Prestige und Einfluss hängen teilweise vom großzügigen Umgang mit Geld ab. In der Regel gibt der corner boy Geld nicht bewußt aus, um Einfluß auf seine Kameraden zu gewinnen. Er paßt sich an die Regeln seiner Gruppe an, und sein Verhalten führt dazu, daß sein Einfluß wächst« (Whyte 2016, S. 283 f.).

Aber auch hier legt sich der Staat wie ein Schatten auf ihre Regeln, denn die Polizei versucht ständig, die mit der Einhaltung der Gruppenmoral verbundenen Gesetzesübertretungen herauszufinden und einer Bestrafung zuzuführen. Es handelt sich um eine regulierte Anarchie im Schatten des Leviathan.

Bei der in der Tabelle 2 unter 2. gezeigten »Unterbrechung des formellen Ermittlungs- und Gerichtsverfahrens unter Aufsicht von Staatsanwaltschaft und Gericht« ist das staatliche Handeln dagegen zentral (▶ Tab. 2), denn es sind gerade die formellen Instanzen, die den Mechanismus der Konfliktregelung in Gang bringen und mit staatlichem Personal steuern. Jurist*innen entscheiden und die Fachkräfte Sozialer Arbeit setzen um. Sie berichten der Staatsanwaltschaft oder den Gerichten, ob der von ihnen gewünschte Effekt eingetreten ist. Allerdings sind hier die Betroffenen – Geschädigte und Schädiger*innen – gezwungen bzw. müssen ihrer Bereitschaft mitbringen, sich an diesem Verfahren zu beteiligen. Daher stehen die Privatleute nicht vor Gericht und müssen sich dort erklären und Schuld auf sich nehmen, sondern sie sitzen mit staatlichen Akteuren gemeinsam an einem Tisch und ringen im Idealfall um Verstehen, Verständigung, Verantwortung und – als wesentliches Element – um Verzeihung und Versöhnung. Allerdings ist es kaum vorstellbar, dass einer der »corner-boys« daran teilnehmen könnte. Er würde sich damit illoyal gegenüber seiner Gruppe verhalten, deren wichtige Regel lautet: Strikte Trennung der eigenen Normen von jenen der Polizei, der Staatsanwaltschaften und der Gerichte.

8 Die kleinen Diebe hängt man – und die Großen lässt man laufen?

»Dass der stärkste Druck zum Abweichen
doch auf den niedrigeren Schichten liegt«
(Merton 1986/1938, S. 296)

> **Was Sie im achten Kapitel erwarten können**
>
> Im achten Kapitel wird zunächst gezeigt, dass tatsächlich eher jene Menschen der Strafverfolgung unterliegen, die sich in schlechteren sozialen Lagen befinden. Sie verfügen über einen geringeren Bildungsstand, verdienen entsprechend weniger und auch ihre Wohnsituation ist häufig ausgesprochen prekär. Das stellt das Fachpersonal der Sozialen Arbeit vor besondere Herausforderungen. Sie müssen sich mit diesen Widersprüchen der Sozialen Welt befassen und um Ressourcen für ihr Klientel kämpfen. Anderseits kann auch davon gesprochen werden, dass es sich bei der Strafverfolgung um die »Bekämpfung der Armen« handelt. Und weil ökonomische Bedingungen in alle gesellschaftliche Sphären hineinwirken, so abschließend in diesem Kapitel, dürfte das auch für den Strafvollzug zutreffen.

Die Überschrift dieses Kapitels ist eine Redewendung, die sehr häufig gebraucht wird. Vermutlich wird niemand diesen Satz bezweifeln oder sich darüber wundern. Wir gehen davon aus, dass Verfahrenseinstellungen und Geldbußen bei prominenten Wirtschaftsstraftäter*innen oft vorkommen, dass unter den von der Polizei aufgegriffenen Tatverdächtigen die Unterschichtangehörigen weit überrepräsentiert sind und dass Angeklagte aus der Unterschicht seltener freigesprochen oder ihre Verfahren weniger häufig eingestellt werden als Angeklagte wegen vergleichbarer Delikte aus der Mittelschicht.

Zwar liegen hierzu nicht sehr viele Forschungsergebnisse vor, doch es ist empirisch und nicht nur gemäß des allgemeinen Menschenverstandes gesichert, dass in den deutschen Gefängnissen besonders viele Menschen einsitzen, die sozial, ökonomisch und kulturell benachteiligt sind. Hier besteht ein großer Selektionseffekt, wie Kury bereits 1979 (zit. nach Kury 2013) herausgearbeitet hat. In Haft landen vor allem Menschen mit erheblichen sogenannten »Sozialisationsschäden« und mit langen kriminellen Karrieren. Sie blicken auf umfangreiche Sanktionserfahrungen zurück und haben ungünstige Zukunftsperspektiven vor sich. Entorf, Möbert und Meyer (2008)[39] haben zur Frage der Lebenslagen Inhaftierter von 2003 bis 2004 Erhebungen durchgeführt. Sie untersuchten 1.773 Inhaftierte, die sie mit einer Kontrollgruppe Nichtinhaftierter von 1.081 Personen verglichen. Hier die zentralen Ergebnisse (vgl. auch Kawamura-Reindl 2022, S. 166–169; Meyer 2007):

Bei den Schulabschlüssen waren die Unterschiede unerwartet mäßig, möglicherweise auch deshalb, weil sich an dieser Untersuchung die aktiveren, gebildeteren Inhaftierten überproportional beteiligt haben. Allerdings: 14,2 % der Straffälligen verfügten gegenüber 7,4 % der gesamtdeutschen Bevölkerung über keinen Schulabschluss, und insgesamt war die Höhe der erreichten Abschlüsse bei den Inhaftierten sehr viel niedriger. Dieses wissenschaftliche Ergebnis ist deckungsgleich mit der Alltagserfahrung in der Praxis. Im Strafvollzug ist unter den Bediensteten jedes Mal das Erstaunen groß, wenn sich herausstellt, dass der eingelieferte Gefangene ein Abiturient ist. Ihm wird mehr Aufmerksamkeit zuteil, aber auch eine nachdrückliche Vorsicht, denn er könnte wegen seiner sprachlichen und schriftlichen Ausdrucksfähigkeit über eine besondere Beschwerdemacht verfügen.

Diese Aufmerksamkeit kann nicht verwundern, denn in aller Regel kommen Menschen, die strafrechtlich in Erscheinung treten, aus einer ganz anderen Lebenswelt als jene, die gegen sie ermitteln, sie anklagen und sie verurteilen. Ermittelnde, anklagende und richtende Menschen können

---

39 Ich verdanke diesen Hinweis Gabriele Kawamura-Reindl, die mir hier angesichts der knappen Forschungslage aus der Patsche geholfen hat.

sich zwar auf sie ›einstellen‹, aber das ist eine Einstellung gegenüber einer ihnen fremden und unzugänglichen Welt. So schreibt ein Jugendrichter über seine Erfahrungen in Hauptverhandlungen: »Ich verstehe mittlerweile die Sprache der Jugendlichen, kann mit ihrem Gehabe umgehen, bemühe mich um Empathie und kann deshalb auch mal eine klare Ansage machen« (Thome 2022, S. 206). Er benutzt den Begriff des »Gehabes«. Für diesen Ausdruck hat sich bereits Foucault interessiert, weil darin Machtverhältnisse zum Ausdruck kommen, etwa in der »Tatsache, dass der Arzt ›schreibt‹, während der Kranke, wenn er zum Stift greift, nichts als ein ›Gehabe des Schreibens‹ an den Tag legen kann« (Foucault 1976, S. 133). Auch ein für die Verhältnisse im Strafvollzug überdurchschnittlich gebildeter Mensch kann damit rechnen, wenn er von seinen Möglichkeiten häufiger als andere Gebrauch macht und zum Stift greift, um viele »Vormelder« zu schreiben. Vormelder sind Vordrucke, mit denen er seine Anliegen wie Arztbesuche, Gespräche oder auch das Ausleihen von Büchern schriftlich zu beantragen hat. Er kann dann als »Querulant« bezeichnet werden. Von ihm kann gesagt werden, dass er sich ohne besonderen Anlass im Unrecht fühlt und penetrant und unnötig häufig auf seinen Rechten beharrt und damit den Betrieb stört. Es kann auch sein, dass vermutet wird, er bestelle vor allem deshalb besonders viele Bücher, weil er die Strafvollstreckungskammer beindrucken möchte, wenn es zur Anhörung wegen seiner eventuellen vorzeitigen Entlassung kommt.

Doch ist ein hoher Bildungsstand nicht die Regel. Bei Personen ab 25 Jahren (in diesem Alter ist davon auszugehen, dass die Möglichkeit einer beruflichen Ausbildungszeit bestanden hat) waren 28,9 % der Straffälligen ohne berufliche Ausbildung, während das in der Gesamtbevölkerung im März 2004 nur auf 10,1 % der Männer und 16,3 % der Frauen über 24 Jahre zutraf. 29,9 % der Verurteilten hatten eine Ausbildung abgebrochen, bei den Nichtstraffälligen waren dies lediglich 1,3 %.

83,1 % der befragten Nichtstraffälligen waren bis zu ihrem 15. Lebensjahr bei ihren Eltern aufgewachsen, aber lediglich 57,1 % der Straffälligen. Das fand später seine Entsprechung im eigenen Familienstand. Es waren bedeutend weniger Straffällige selbst verheiratet (19,9 %) als Nichtstraffällige (60,8 %). Dass abschließende Datum aus dieser Untersuchung scheint mir besonders bedeutsam: 22,1 % der Straffälligen hatten Angehörige, etwa Väter oder Brüder, die während ihrer Jugendzeit verurteilt wurden. Bei den Nichtstraffälligen traf das lediglich auf 3,3 % zu. Hier zeigt sich immer noch, was der US-amerikanische Kriminologe und Soziologe Merton bereits 1938 formulierte, nämlich »dass der stärkste Druck zum Abweichen doch auf den niedrigeren Schichten liegt« (Merton 1986/1938, S 269).

Roggenthin und Ackermann (2019) führten 2018 eine bundesweite Befragung bei den Beschäftigten der freien Straffälligenhilfe durch, um Informationen über die Lebenslagen ihres Klientel zu bekommen. Einbezogen waren damit Inhaftierte, von Haft Bedrohte oder aus der Haft Entlassene und zu einem sehr geringen Teil (ca. 3 %) Angehörige. Bei einer Rücklaufquote von knapp 40 % wurden ca. 600 Fragebögen ausgewertet. 36,5 % der Befragten wiesen einen Migrationshintergrund auf. Lediglich 13,9 % verfügten über ein Einkommen aus eigener Erwerbsarbeit. 53,3 % bezogen Leistungen nach SGB II. 56,8 % aller Klient*innen waren alleinstehend. Nur ca. 37 % lebten in einer gesicherten Wohnung, ein weiteres Drittel musste sich mit Wohnunterkünften und vergleichbaren Einrichtungen zufriedengeben. Entsprechend wurde die prekäre Wohnsituation als das größte Problem genannt. Und auch in jenen Fällen, in denen familiäre Beziehungen bestanden, ist durch die Inhaftierung die seelische und körperliche Belastung so groß, »dass vor dem Hintergrund des Auftretens psychosomatischer Beschwerden und enormer Verhaltensauffälligkeiten etwa bei einem Großteil der Kinder mit bleibenden Auffälligkeiten bzw. Verhaltensstörungen gerechnet werden muss« (Kury & Kern 2003, S. 108). So kann der eben genannte Befund erklärt werden, dass überdurchschnittlich viele Inhaftierte Verwandte haben, die ebenfalls im Knast sitzen mussten. Auch dieser Befund ist deckungsgleich mit der Alltagserfahrung in der Praxis der Straffälligenhilfe. Langjährige Bewährungshelfer*innen berichten immer wieder, »dass sie es schon mit dem Vater zu tun hatten.«

Die weiter oben genannten offiziellen Statistiken, etwa der Tatverdächtigen, der Abgeurteilten und der Verurteilten weisen derartige soziale Merkmale allerdings nicht auf. Hier wird die Häufigkeit der Straftaten, der Aburteilungen und der Verurteilungen gemessen und dann vor allem nach Geschlecht, nach Alter und nach Nationalität unterschieden. Besondere Merkmale sind eben nicht die sozialen Lagen, etwa Arbeits- oder Wohnungslosigkeit zum Zeitpunkt der Verurteilung, sondern zum Beispiel

Alkohol- und Drogenabhängigkeit oder Fragen des sexuellen Missbrauchs, um nur einige Beispiele zu geben. Diese zeigen, dass in diesen Statistiken primär strafrechtlich relevante Merkmale erhoben werden.[40] Arbeits- und Wohnungslosigkeit sind nun einmal nicht strafbar – sie können aber den Weg in die Strafbarkeit begünstigen. Um Zusammenhänge zwischen sozialer Herkunft und sozialer Struktur herzustellen, etwa über die Verkettung von besonders belasteten Wohngebieten und der Häufigkeit von Straffälligkeit oder eben zur Frage, ob besonders belastete Menschen häufiger verurteilt werden und in Haft müssen als weniger belastete Personen, bedarf es stets aufwändiger Sonderauswertungen, von denen hier einige vorgestellt wurden.

Anhorn (2008, S. 45, vgl. auch Anhorn 2022) beleuchtet allerdings die für die Soziale Arbeit auch mögliche dunkle Seite dieser Lebenslagen-Forschungen, die fachlich bedacht werden sollte. Sie tritt immer dann auf, wenn es nicht um Unterstützung geht, sondern darum, Kenntnisse über die »Überflüssigen« am Rande der Gesellschaft zu sammeln;

> »schließlich geht mit dem Begriff der ›Überflüssigen‹ die Gefahr einher, nicht gesellschaftliche Prozesse und Strukturen, die Ausschließung erzeugen und befördern, sondern die Ausgeschlossenen, die ›Überflüssigen‹ selbst, ihre Mentalitäten, ihre Dispositionen etc., zum bevorzugten Gegenstand einer individualisieren ›Diagnose‹ zu machen. Analyse- und Forschungsstrategien (subjektorientierte eingeschlossen), die sich darauf konzentrieren, en détail ein Wissen *über* die Armen, Arbeitslosen, Behinderten, Migranten, ihre definitorische Ab- und Eingrenzung, ihre Lebensformen, ihren Alltag, ihre Einstellungen und Bewältigungsstrategien zu erzeugen, sind nicht davor gefeit, einen ›hierarchischen‹ Blick zugrunde zu legen. […] Vor diesem Hintergrund ist es die besondere Verantwortung einer kritischen Sozialen Arbeit, die soziale Ausschließung ins Zentrum ihrer Analyse und Handlungsorientierung rückt, die von ihr übernommenen oder selbst erzeugten Wissensbestände systematisch im Hinblick auf mögliche, nicht-intendierte Ausschließungseffekte zu untersuchen« (ebd., Hervorhebungen im Original).

Wir können hier von einer rechten und einer linken Hand staatlichen Handelns sprechen, die miteinander verbunden sind. Die linke Hand ist für die sozialen Aufgaben zuständig und verantwortet Bildungsprozesse,

---

40 Allerdings: Auch Geschlecht, Alter und Migrationshintergrund sind keine strafrechtlich relevanten Merkmale im engeren Sinn, werden jedoch erhoben.

Gesundheit, Wohnen, Wohlfahrt und Arbeitsrechte, um nur einiges zu nennen. Hierzu können wir auch die Jugendhilfe zählen, wenngleich hier nicht nur helfende, sondern auch kontrollierende Aspekte eine bedeutende Rolle spielen, wie u. a. die lang andauernde Diskussion über das Für und Wider von Zwangskontexten zeigt (Lindenberg & Lutz 2021). Die Übergänge sind stets fließend. Gleichwohl handelt es sich bei der Jugendhilfe um Anspruchsrechte, zu deren Erbringung sich der Staat verpflichtet hat. Daher sind die Soziallagen der Anspruchsberechtigten notwendige Grundlage für alle Entscheidungen.

Die rechte Hand ist dagegen für die ökonomische Regulierung, die Steuerpolitik und die Durchsetzung staatlicher Macht zuständig. Sie bedient sich dazu nicht nur der Wirtschafts- und Finanzministerien, sondern auch der Polizei, der Gerichte und der Gefängnisse (Wacquant 2011, S. 82). Die linke soziale und die rechte strafende und kontrollierende Hand stehen in einem steten Wechselverhältnis. Ihr Verhältnis ist abhängig von politischen Schwerpunktsetzungen. Und so ist in der Kriminologie die Frage, ob es sich bei Freiheitsstrafen und Gefängnissen um Mittel zur Bestrafung der Armen handelt, ein sehr altes Thema (Albrecht 2011, S. 113). Diese Frage reicht tief in die Soziale Arbeit hinein, die sich stets über die Lebenslagen ihrer Adressat*innen Rechenschaft zu geben hat. Die Fachkräfte in der Sozialen Arbeit stehen nach Auftrag und Selbstverständnis für die linke Hand des Staates und befinden sich daher in einem immerwährenden Konflikt mit dem Personal der rechten Hand.

Idealtypen

Zugegeben: diese Unterscheidung ist sehr idealtypisch. Max Weber hat den Begriff der »Idealtypen« eingeführt und damit Begriffsbildungen gemeint, um die Wirklichkeit analytisch trennscharf erfassen zu können. Idealtypen können immer nur bestimmte Aspekte erfassen, die sie herausheben und zuspitzen, niemals alles. Vieles bleibt im Dunkeln. Idealtypen zeichnen sich nach Weber (1972, S. 10) dadurch aus, dass sie in ihrer absoluten reinen Form nicht in der Realität auftreten, denn in der Lebenswirklichkeit sind immer Übergänge und Schnittstellen zu finden. So fühlen sich viele Polizist*innen, vielleicht besonders jene, die in Jugenddezernaten arbeiten, eher der Sozialen Arbeit als der Strafverfolgung verpflichtet, so wie auch Sozialarbeiter*innen dazu neigen können, die Aufgaben der Strafverfolgung höher zu bewerten als jene der Unterstützung und Hilfe.

Bourdieu (1992/2003, S. 89) hat die Lage des Personals der linken sozialen Hand so ausgedrückt:

> »Bei unserer Untersuchung über das Leiden an der Gesellschaft treffen wir auf viele Menschen, die [...] den Widersprüchen der gesellschaftlichen Welt ausgesetzt sind, die sie als persönliche Dramen erleben. Ich könnte [...] den Projektleiter zitieren, der mit der Koordination aller Maßnahmen in einem ›schwierigen Viertel‹ einer nord-französischen Kleinstadt beauftragt ist. Er ist mit Widersprüchen konfrontiert, die das Extrem derer darstellen, denen momentan all diejenigen ausgesetzt sind, die man als ›Sozialarbeiter‹ bezeichnet: Familienhelfer, Erzieher, kleine Beamte und auch, in steigendem Maße, die Lehrer der verschiedenen Schultypen. Sie stellen das dar, was ich als die linke Hand des Staates bezeichne, die Gesamtheit der Bediensteten der sogenannten kostenverursachenden Ministerien [...]. Sie stehen in Opposition zum Staat der rechten Hand, zu den Absolventen der Kaderschulen im Finanzministerium, in den öffentlichen oder privaten Banken und den ministeriellen Kabinetten.«

Für die Fachkräfte in der Sozialen Arbeit ist es zwar klar und entspricht ihrem Auftrag, Leistungen und Hilfestellungen zu geben, und das gilt daher auch für alles fachliche Handeln in der Arbeit mit straffällig gewordenen Menschen. Aber wir können uns niemals von der Frage befreien, auf welcher Seite wir stehen, ob wir unser Klient*innen als unterstützungswürdig betrachten oder als überflüssig, als Menschen, denen geholfen werden muss, oder als Täter*innen und Abweichler*innen, vor denen die Gesellschaft zu schützen ist. Die folgenden beiden und miteinander in Kontrast stehenden Aussagen zweier US-amerikanischen Justiz-Sozialarbeiterinnen verdeutlicht diesen Konflikt:

> »You have to remember that your role is the social worker within the criminal justice setting and so you have to be cognizant that treatment is not first, that safety comes first and that my client is not my client. My client is the court. The court is my client and if I forget that and I treat the participant as my client, then I'm doing something wrong because the court's client is the community and so that's where safety comes in first. And so before my client's needs, I have to look at the court's needs and the need to protect community safety before I get to my

client. So the participant who would be the typical social worker's client is farther down the list« (Young 2015, S. 106).

Während diese Befragte ihre Aufgabe vor allem darin sieht, die Gesellschaft vor ihren Klient*innen zu schützen, drückt die folgende Justiz-Sozialarbeiterin den Gedanken aus, dass es auch unter den schwierigen Bedingungen der Arbeit im Kriminaljustizsystem gelingen muss, den Klient*innen an die erste Stelle zu setzen – was leicht gesagt ist, aber schwer getan, denn dazu müssen viele interne Widerstände überwunden werden:

> »The big thing is you hold onto social work standards and ethics and practice and fight – I mean, internally, fight every step of the way to keep clients first. And to just do everything so that your own stuff doesn't harm treatment. And to just do whatever you can to put the crap aside so that you're present. And that's an internal battle« (ebd.).

Damit drücken diese beiden den Dauerkonflikt aller Sozialarbeiter*innen im Kriminaljustizsystem aus. Wenn ein*e Sozialarbeiter*in häufig zu den Gefangenen in die Zelle geht, ihnen kleine Gefälligkeiten erweist und womöglich besonders oft Kaffee mit ihnen trinkt, werden die Beamt*innen des mittleren Dienstes das sehr genau beobachten und womöglich kritisieren. Sie darf daher nicht zu viel Nähe herstellen, sonst kann sie nicht mehr mit ihrer dringend benötigten Unterstützung rechnen. Besonders Berufsanfänger*innen und Praktikant*innen können in diese prekäre Situation geraten und müssen lernen, das richtige Maß zu finden, wenn sie im Strafvollzug weiterarbeiten wollen.

Grundlinie der Sozialen Arbeit

Aber die Grundlinie sollte dabei immer sein, Menschen dabei zu unterstützen, handlungsfähig zu werden und handlungsfähig zu bleiben. Das ist das Proprium Sozialer Arbeit, die sich auf alle Seiten des menschlichen Daseins und auf alle menschlichen Bedürfnisse bezieht, wie Alice Salomon bereits 1929 formulierte. Sie hat es »mit der wechselseitigen Anpassung von Menschen und Lebensumständen zu tun. Sie hat entweder Individuen zu fördern oder zu beeinflussen, damit sie sich in ihrer Umwelt bewähren, oder sie hat die Lebensumstände, die Umwelt der Menschen so zu gestalten, dass sie dadurch geeigneter für die

Verfolgung ihrer Lebenszwecke werden,« wie Kleve (2003, S. 17f.) Salomon als die zentrale Gründungsfigur der Sozialen Arbeit in Deutschland zitiert. Vorhandene Kräfte sollen die Fachkräfte Sozialer Arbeit »nach Möglichkeit fördern und entwickeln«, auch »erhalten und schützen«; geschädigte Kräfte »nach Möglichkeit wiederherstellen, die Schäden heilen oder ausgleichen« (ebd.).

Fast scheint es so, als ob die Richter des Bundesverfassungsgerichtes 1973 in ihrem »Lebach- Urteil« diesem Gedanken gefolgt sind, als sie die Resozialisierung als ein Sozialstaatsgebot formulierten und »staatliche Vor- und Fürsorge für Gruppen der Gesellschaft« forderten, »die auf Grund persönlicher Schwäche oder Schuld, Unfähigkeit oder gesellschaftlicher Benachteiligung in ihrer persönlichen oder sozialen Entfaltung behindert sind« (BVerfGE 1973). Dazu wurden seinerzeit ausdrücklich auch Inhaftierte gezählt. »Deshalb sind Akteure des Strafvollzugs grundsätzlich den Sozialen Professionen zuzuordnen. Sie unterliegen damit auch deren professionsmoralischen Verbindlichkeiten« (Lob-Hüdepohl 2015, S. 6).

Wegweisend für die Diskussion der Frage, warum es sich bei der Gefängnispopulation ganz überwiegend um schlechter ausgebildete, sehr häufig von Armut betroffene Menschen handelt, war in den 1930er Jahren des vorigen Jahrhunderts die von Rusche und Kirchheimer (1939/1973) veröffentlichte Arbeit über »Sozialstruktur und Strafvollzug«. Sie knüpften damit an das Wissen an, dass die ersten Asyle und Einsperrungsorte für Bettler*innen, Nichtsesshafte und Vagabund*innen bereits in der frühen Neuzeit entstanden sind. Damals wurden die Begriffe »Zuchthaus« und »Arbeitshaus« synonym verwendet. Das Zucht- und Arbeitshaus ist die »Kernsituation frühbürgerlicher Sozialpolitik« (Marzahn 1984) und blieb es durch die Jahrhunderte. Noch 1924 konnte es bei Jugendlichen in Deutschland dazu kommen, dass ihre Hilfe »bei beharrlicher Ablehnung zumutbarer Arbeit« auf »›Anstaltspflege‹ in einem Arbeitshaus beschränkt« wurde (Scheiwe 2017, S. 8). Erst die Strafrechtsreform 1969 schaffte das Arbeitshaus ab (Heinz 2014, S. 23).

Auch international wird diese These vom »Bestrafen der Armen« (Wacquant 2004/2009; 2013) diskutiert. »Regulating the poor« von Piven und Cloward (1993) oder auch »The Jail: Managing the Underclass« (1986)

von John Irvin sind nur zwei Titel, die in der Kriminologie immer wieder zitiert werden und auf die lange internationale Tradition dieser Forschung verdeutlichen.

Die genannten Wissenschaftler Georg Rusche und Otto Kirchheimer veröffentlichten ihre Studie nach ihrer Emigration aus Deutschland in den USA. Sie wurde schon 1933 von dem nach England vertriebenen Rusche in ihren Grundzügen vorbereitet und in der Zeitschrift des Frankfurter Instituts für Sozialforschung publiziert (Rusche 1933). Kirchheimer hat sie in den USA zur Veröffentlichung mit entsprechenden Belegen vorbereitet (Rusche & Kirchheimer 1938/1973). Die Autoren fragen nach dem Zusammenhang zwischen Wirtschaftsform und Formen der Sozialen Kontrolle (Cremer- Schäfer & Steinert 1986), zu denen sie auch den Strafvollzug zählen. Dieser Zusammenhang ist in den 1970er in der deutschsprachigen Kriminologie breit diskutiert worden, dann jedoch wieder in Vergessenheit geraten. Das mag auch damit zusammenhängen, dass sich die beiden Autoren nach Ansicht vieler Kritiker*innen zu sehr an ökonomischen Fragen orientierten. Jedenfalls haben sie den auch für mich leitenden Gedanken herausgearbeitet, dass die häufig vertretene Ansicht, die Entwicklung des Strafvollzugs, namentlich seine Humanisierung, sei die Leistung »großer Männer«, wie etwa des Gefängnisreformers Johann Hinrich Wichern in Deutschland oder John Howard in England (Schumann 1981), viel zu kurz greift. Auch auf den Strafvollzug, wie sollte es anders sein, wirken wirtschaftliche Kräfte. Sie betonen den Gesichtspunkt, dass jede Gesellschaft ein seinen Produktionsverhältnissen entsprechendes System des Strafvollzuges herausbildet. Die kapitalistische Entwicklung beispielsweise führte zu einer Rationalisierung in der Strafverfolgung. Das schlägt sich dann in der zunehmenden Bedeutung der Geldstrafe nieder, wie bereits gezeigt wurde. Außerdem könnten die Gefangenen eingesetzt werden, um Lücken auf dem Arbeitsmarkt zu schließen, wenn das erforderlich werden sollte. Zudem würden die Haftbedingungen von illegalen Tätigkeiten abschrecken und eine Existenz als Lohnarbeitende erstrebenswert machen. Diesen Zusammenhang haben sie mit ihrer »Verschlechterungsthese«[41] gefasst: Die Verhältnisse im Gefängnis müssen stets

---

41 Rusche (1933, S. 67) bezieht sich dabei auf einen Satz von George Bernhard Shaw (Übersetzung M. L.): »Das Gefängnis muss den Slum an menschlichem

8 Die kleinen Diebe hängt man – und die Großen lässt man laufen?

unter den schlechtesten Bedingungen für die Lohnarbeit außerhalb des Gefängnisses liegen. Ergänzend kann das Gefängnis dazu dienen, jene Arbeitskräfte zu absorbieren, die auf dem Arbeitsmarkt chancenlos sind. Wie nicht anders zu erwarten, kann jedoch empirisch kein Zusammenhang zwischen der Arbeitslosenquote und der Inhaftiertenquote nachgewiesen werden. Es ist auch kaum nachzuweisen, wie und ob die Gefängnisse Einfluss auf die Arbeitsmoral der Bevölkerung nehmen (Cremer-Schäfer & Steinert 1986).

Für meine Darlegungen bleiben die Autoren trotzdem interessant. Sie räumen mit der auch in der Sozialen Arbeit weit verbreiteten Vorstellung auf, dass es so etwas wie eine Konstanz der sozialen Struktur gebe und daher immer und zu allen Zeiten gleichermaßen mit Kriminalität umgegangen wird: Ein Verbrechen ist ein Verbrechen und bleibt ein Verbrechen, ganz egal, wo und wann es passiert. Das ist nun allerdings nicht zutreffend, wie ich zu zeigen versucht habe (▶ Kap. 2.2.2). In ganz unterschiedlichen Gesellschaften wird mit abweichendem Verhalten ganz unterschiedlich umgegangen (▶ Kap. 2.2.1). Wer diese Unterschiede nicht mitdenkt, »impliziert eine Konstanz der sozialen Struktur, wie sie in der Wirklichkeit nicht vorhanden ist, und verabsolutiert unbewußt die dem Beobachter gegenwärtigen sozialen Zustände« (Rusche 1933, S. 64). Anders gesprochen, so jemand nimmt seinen kurzen historischen und kleinen sozialen Ausschnitt für das Ganze. Aber, wie wir gesehen haben, lassen sich die »corner-boys« von ganz anderen Vorstellungen darüber leiten, was sie für abweichend und angemessen halten als die Mittelschichtangehörigen weißer Stadtteile in den USA (▶ Kap. 7.1). Und wenn selbst innerhalb einer Zeit und eines Kulturkreises Unterschiede herrschen, wie wird das dann in verschiedenen Gesellschaften sein? Wenn in der einen Gesellschaft für Frauen in der Öffentlichkeit strikter Kopftuchzwang herrscht, in einer anderen das aber missbilligt und bei der Ausübung öffentlicher Ämter sogar verboten ist, so ist das zwangsläufig eine Aussage über die Regeln und die Moral in der jeweiligen Gesellschaft. Das muss entsprechende Auswirkungen auf die Entscheidungen darüber haben, was als kriminell gilt

> Elend und menschlicher Not überbieten, sonst wird sich das Gefängnis füllen und der Slum leeren.«

und was nicht. Das kann auch auf ökonomische Ursachen zurückgeführt werden. Wirtschaftliche Interessen wirken sich stets auf den Alltag aus, also warum sollten sie vor dem Strafen halt machen? Allerdings kann das niemals die einzige Erklärung sein. Dieser Ansicht waren übrigens auch Rusche und Kirchheimer. Sie haben selbst darauf hingewiesen, dass die von ihnen vorgelegte ökonomisch und historisch begründete Deutung nicht ausreichend sein kann, »denn es sind in der Ausgestaltung des Strafwesens so mannigfaltige außerökonomische Kräfte wirksam, etwa sakraler und sexueller Natur, wie das Ritual des Strafverfahrens zu allen Zeiten ergibt, daß die Untersuchung in dieser Richtung einer Ergänzung dringend bedarf« (ebd., S. 65).

Eine derartige Betrachtung, die neben den mannigfaltigen außerökonomischen Kräften auch die ökonomischen Wirkmächte bedenkt, kann allerdings bedeutende Auswirkungen auf das Denken in der Sozialen Arbeit haben. Wenn es überwiegend die ›armen Teufel‹ sind, die sich im Strafapparat verfangen, sind sie dann noch allein und ausschließlich selbst dafür verantwortlich zu machen? Das Gesetz bejaht diese Frage, muss sie bejahen, denn ohne Verantwortung keine Schuld und ohne Schuld kein Schuldspruch.

Nun mag bei den Leser*innen der Gedanke aufkommen, dass ich mit Rusche und Kirchheimer zeigen will, dass ›die Gesellschaft‹ schuld sei und der Straffällige nicht. Ich höre diese einander ausschließende Gegenüberstellung gelegentlich. Aber das ist mitnichten gemeint. Wenn auch, wie Rusche (1933, S. 66) formuliert, »sich das Strafrecht fast ausschließlich gegen diejenigen richtet, die ihre Abkunft, wirtschaftliche Not, vernachlässigte Erziehung oder sittliche Verwahrlosung zum Verbrechen trieb,« so ist er doch klar darin,

> »dass auf der anderen Seite auch unter stärkstem sozialem Druck nicht jedermann notwendig zum Verbrecher [wird]. Es besteht also die Möglichkeit, sich auf der Skala: unschuldige Menschen, elendes Milieu bis zum anderen Ende: ideales Milieu, aber absolute Verbrecher, in beliebigen Theorien sich zu ergehen« (ebd.).

Wie ich eingangs dieses Kapitels gezeigt habe, sind im Strafvollzug jedoch tatsächlich jene Menschen in besonders hoher Zahl vertreten, die über keine gute Schulbildung verfügen, sehr häufig keine berufliche Ausbildung haben, vielfach ohne Partner*innen durch ihr Leben gehen müssen, deren Verwandte auffällig oft selbst im Knast gewesen sind und die wiederkehrend mit Obdachlosigkeit und mindestens schlechten Wohnbedingungen zu kämpfen haben. Das ist weder ein neuer noch ein alter Befund. Das ist, mit Durkheim gesprochen, eine soziale Tatsache. Diese soziale Tatsache ist der Dreh- und Angelpunkt des Versuchs von Rusche und Kirchheimer, neben den mannigfaltigen außerökonomischen Kräften die Ökonomie selbst in die Betrachtung mit einzubeziehen. Das kann ein Schlüssel für die Erfahrung sein, die uns lehrt, »daß die meisten Verbrechen von Angehörigen solcher Schichten begangen werden, auf denen ein starker sozialer Druck lastet, die also ohnehin in der Befriedigung ihrer Interessen gegenüber anderen Schichten benachteiligt sind« (ebd., S. 64).

Und so schließt sich der Kreis zu der Frage, ob es sich bei dem Strafwesen eben nicht nur um den Versuch handelt, unter Beteiligung Sozialer Arbeit Gerechtigkeit zu garantieren und den sozialen Frieden zu wahren, was ja durchaus unstrittig ist, sondern eben auch darum, »Armut zu managen.« In der Kriminologie jedenfalls wird diese Frage seit vielen Jahrzehnten diskutiert.

9 Wege aus und in die Kriminalität

> »Keine fachliche Profession [ist] so
> mit der Resozialisierung verbunden [...]
> wie die Soziale Arbeit« (Cornel 2021a, S. 28)

Was Sie im neunten Kapitel erwarten können

Im ersten Schritt wird ein interaktionistisches Modell zur Entstehung von Kriminalität vorgestellt (▶ Kap. 9.1). Diesem Modell zufolge wird der Ausgangspunkt der Kriminalität zwar durch das Handeln der jeweiligen Person bestimmt, jedoch nehmen die staatlichen Reaktionen einen maßgeblichen Einfluss auf die weitere Entwicklung. Sie können sogar das Selbstbild der Betroffenen als »Kriminelle« beeinflussen. Somit widmet sich der erste Teil dem Weg in die Abweichung. Im zweiten Schritt wird der Prozess des Abstandnehmens von kriminellen Karrieren (auch »Desistance« genannt) beschrieben (▶ Kap. 9.2). Er ist durch individuelle und soziale Veränderungen geprägt und verläuft in hohem Maße individuell. Er kann durch Soziale Arbeit flankiert und begleitet werden. Im Zentrum stehen aber die Möglichkeiten und die Bereitschaft der Betroffenen selbst, diesen Ausstiegsweg zu gehen.

9.1 Wie werden Menschen kriminell?

Die bisher von mir überwiegend behandelten kriminologischen Gesichtspunkten orientierten sich an einer klassischen Formulierung von Sutherland. Danach befasst sich die Kriminologie damit, wie Gesetze gemacht und gebrochen werden und wie darauf reagiert wird (Sutherland & Cressey 1960, S. 3). Im Mittelpunkt dieser Betrachtung steht demnach die Wechselwirkung zwischen dem Normbruch und der Reaktion darauf. Diese ständige Wechselwirkung führt dazu, dass viele Normbrüche ignoriert werden, andere dagegen aufgedeckt. Von den aufgedeckten Normbrüchen werden einige verfolgt, andere nicht. Die verfolgten Normbrüche können zu Freisprüchen oder Verurteilungen führen, wie anhand des auch in dieser Arbeit gezeigten Trichtermodells zu sehen war (▶ Kap. 4). Dieser komplizierte und miteinander verwobene Prozess wird unter kriminologischen Gesichtspunkten nach den von Sutherland und Cressey genannten drei Schwerpunkten analysiert: warum gerade diese Gesetze, warum gerade diese Art der Strafverfolgung und warum erwischt es gerade diese Personen?

Ich habe versucht, mich mit diesen drei Fragen zu beschäftigen. Allerdings scheint es mir so zu sein, dass in der Öffentlichkeit und in der Politik ebenso wie in der Fachwelt besonders eine dieser drei Fragen herausgehoben wird. Das ist die Frage danach, wie Gesetze gebrochen werden. Wer so fragt, den interessieren hauptsächlich die Täter*innen und deren Wege in die Kriminalität. Sie lautet: »Wie wird man kriminell?« Ich selbst verfolge in dieser Arbeit eine interaktionistische Perspektive, wonach Kriminalität bei dem Verhalten des einzelnen Menschen anzusetzen hat (es muss ja immer eine Person geben, die sich abweichend verhält – bis hin zur Kriminalität) und der Reaktion der strafrechtlichen Instanzen auf dieses Verhalten. Schließlich steht dieses delinquente Verhalten in Wechselwirkung mit jenen Instanzen, die sich mit dieser Abweichung beruflich zu beschäftigen haben.

> **Quensels interaktionistisches Modell**
>
> Quensel (1970/2014) hat in einem klassischen Aufsatz, der immer wieder zitiert wird (etwa: Trenczek 2011), am Beispiel von Jugendkriminalität dazu drei Ausgangspunkte definiert:
>
> - Erstens, delinquentes Verhalten ist der Versuch, ein Problem zu lösen (einmal unbeschadet davon, ob diese Problemlösung angemessen oder unangemessen ist).
> - Zweitens, strafend-repressives Verhalten kann eine gelingende Sozialisation behindern und damit die Problemlösung erschweren.
> - Das führt, drittens, zu Misserfolgen, die das Selbstbild nachhaltig schädigen.
>
> Quensel hat sein Modell als ein Interaktionsmodell vorgestellt, um den wechselseitigen Aufschaukelungsprozess zwischen strafrechtlichen Reaktionen und jugendlichem abweichenden Verhalten zu verdeutlichen.

Dabei geht er (1970, S. 377 f.) von einem Jugendlichen aus, der mit einem Delikt auf sein Problem reagiert. Das kann die Suche nach Anerkennung sein, der Versuch, sich Güter zu beschaffen, die er anders nicht bekommen kann, der Druck aus seiner Bezugsgruppe, seinen Mut unter Beweis zu stellen und vieles mehr. Wenn er Glück hat, wird er nicht erwischt, und das Problem wird durch andere Personen oder Umstände gelöst, etwa durch seine Eltern, seine Freund*innen oder eine gute Schulnote. Das geschieht zumeist. Er kann aber auch Pech haben, und sein Problem wird nicht beseitigt. Dann kann er immerhin sein Delikt als Bestätigung erleben und auf diesem Gebiet weitermachen, denn bislang war er hier erfolgreich, immerhin. Damit steigt die Gefahr, dass er irgendwann dann doch erwischt wird. Wenn er Pech hat, wird er offiziell bestraft. »Bestrafung« ist hier untechnisch gemeint, denn sie kann alles umfassen, was der Junge als negativ empfindet – Nachsitzen, Auflagen, Erscheinen beim Jugendamt, Jugendarrest, gemeinnützige Arbeit, eine Leseweisung etc. Jugendgerichte verfügen wegen ihres auch erzieherischen Auftrags über sehr vielfältige Möglichkeiten.

Bis hierher ist alles noch relativ harmlos. Aber es wird für den Jugendlichen zunehmend schwerer, ›Glück‹ zu haben. Sein im positiven Falle schlechtes Gewissen wegen seiner Straftaten wird jetzt auch von seiner sozialen Umwelt bestätigt und verstärkt. Die Ablehnung ihm gegenüber wächst. Wenn er dann weiter versucht, seine Schwierigkeiten über delinquentes Verhalten zu kompensieren, steigt die Ablehnung seiner Umwelt zunehmend an. Im Resultat wird er die Menschen in seiner Umgebung – vor allem jene Offiziellen, die mit ihm beruflich befasst sind – mehr und mehr ablehnen. Irgendwann wird er dann jede richterliche Weisung, jede sozialarbeiterische Intervention als unangemessen empfinden und jede Strafe als Ungerechtigkeit. In dieser Phase werden sich die Beteiligten immer weniger darum bemühen, sich gegenseitig zu verstehen, so dass sie sich immer mehr misstrauen. Der Jugendliche sagt vielleicht: »Warum soll ich mich für die Vorschläge der Jugendgerichtshelferin interessieren, ich komme sowieso nicht aus meinem Wohnblock raus und will es auch nicht.« Die Sozialarbeiterin dagegen: »Ich sehe ihn nun schon seit zwei Jahren und habe ihm so viele Vorschläge gemacht, nichts hat geholfen.« Damit werden beide Seiten auf ihre jeweiligen Welten zurückgeworfen. Der Jugendliche sieht nun eine Richterin, die ihm in einer schwarzen Robe unnahbar gegenübertritt, seine Sozialarbeiterin wird zunehmend genervt und bietet ihm schon lange keinen Kaffee mehr an, und später sein Bewährungshelfer? Der wird irgendwann bei dem die Aufsicht führenden Gericht sowieso den Widerruf der Bewährung anregen. Die Offiziellen ziehen sich mehr und mehr auf ihre bürokratischen Spielregeln zurück – sie haben bereits alles versucht. Nun engen sie ihren anfänglich weiten Spielraum auf die juristisch notwendigen Reaktionen ein. Diese Reaktionen und die damit einhergehende zunehmende Zuschreibung und Stigmatisierung als kriminell und als Abweichler werden von dem jungen Menschen in das eigene Selbstbild übernommen und schließlich geglaubt. Er macht das Urteil der anderen zu seinem eigenen.

Das hier vorgestellte interaktionistische Modell von Quensel ist ein Versuch, den Prozess des Einstiegs in die Kriminalität zu verstehen. Damit behandelt er die herausragende, ja die klassische kriminologische Frage. Quensels Versuch ist nur einer von vielen, die unter der Überschrift »Theorien zur Entstehung von Kriminalität« besprochen werden. Diese theoretischen Zugänge zur Entstehung von Kriminalität sind durchaus unterschiedlich, vielfältig und damit verwirrend. Sie konkurrieren miteinander, denn ihnen liegen ganz unterschiedliche Menschenbilder zugrunde. Damit fordern sie dazu auf, sich für eine von ihnen zu entscheiden und die anderen zu verwerfen. Aber: So unterschiedlich diese theoretischen Zugänge zur Entstehung von Kriminalität auch sein mögen, so sehr laufen sie immer auf die Beantwortung dieser einen Frage hinaus: »Wie wird man kriminell?«

In der folgenden Tabelle (▶ Tab. 3) sind einige dieser klassischen Kriminalitätstheorien, die diese Frage beantworten wollen, für einen groben Überblick zusammengefasst. Einen sehr umfassenden Einblick in Kriminalitätstheorien bieten Kunz und Singelnstein (2021) sowie Lamnek (2021.) Die Bedeutung von Kriminalitätstheorien für die Soziale Arbeit werden von Höynck (2022) dargelegt.

Tab. 3: Theorien zur Entstehung von Kriminalität

	Theorie	Kernaussage	Wichtigste Ursache
1	Psychoanalyse	Ein Schwaches Über-Ich macht mich anfällig für abweichendes Verhalten	Im Individuum: Kindheit/Eltern-Kind-Beziehung
2	Differentielle Assoziation	Als abweichender Mensch knüpfe ich zu anderen Abweichenden soziale Bande und übernehme deren abweichenden Gruppennormen	Im Individuum: Fehlende Vorbilder und mangelnde Kontrolle in der Kindheit machen anfällig für die abweichende Gruppe
3	Strukturelle Spannung	Kulturelle Erwartungen und meine mangelnde Möglichkeit, diesen Erwartungen zu entsprechen, führen bei mir zur Abweichung. Dabei ist meine individuelle Abweichung eine Entladung dieser Spannung	In der Gesellschaft: Sie weckt Erwartungen, die nicht alle erfüllen können

Tab. 3: Theorien zur Entstehung von Kriminalität – Fortsetzung

Theorie	Kernaussage	Wichtigste Ursache
4 Theorie rationalen Handelns (Rational Choice)	Meine Abweichung ist eine rationale Option, ich wäge das Risiko der Entdeckung gegen den Nutzen des angestrebten Gutes ab	Im Individuum: Will seine Bedürfnisse befriedigen, diese Bedürfnisse sind allerdings kulturell geprägt
5 Soziale Kontrolle	Nicht ausreichende Fremdkontrolle durch mein Umfeld führt zu einer unzureichenden Selbstkontrolle bei mir; ich weiche ab	In der Gesellschaft: Die Soziale Kontrolle ist zu schwach ausgeprägt

Diese oben tabellarisch genannten Theorien werden auch »ätiologisch« genannt, das heißt, die Ursachen für die Entstehung von Kriminalität liegen kausal bei den Täter*innen bzw. ihrem sozialen Umfeld. Die von mir zuvor mit Quensel dargelegte Sichtweise geht dagegen davon aus, dass Kriminalität das Produkt einer Wechselwirkung zwischen der Person und ihrem Umfeld und den darauf reagierenden strafrechtlichen Instanzen ist.

9.2 Wie hören Menschen auf, Straftaten zu begehen?

Eben wurde danach gefragt und gezeigt, wie Menschen in die Kriminalität geraten. Doch es ist auch möglich, diese Frage umzukehren und nicht nach dem Einstieg, sondern nach dem Ausstieg zu fragen: »Wie und warum hören Menschen auf, Straftaten zu begehen?« Wenn wir über Theorien verfügen, mit denen der Einstieg in die Kriminalität gedeutet werden kann, warum sollten uns dann nicht auch solche beschäftigen, die uns etwas über den Ausstieg sagen?

Es kann nun sein, dass erfahrene Fachleute über diese Frage schmunzeln. Wer viele Jahre mit straffällig gewordenen Menschen gearbeitet hat, kennt die Ausstiegsfaktoren bestens und muss sich daher nicht mit Ausstiegstheorien befassen. Praktiker*innen können ihre Erfahrungen mit Ausstiegsprozessen gut beschreiben. Sie benutzen häufig diese Sätze: »Seine Freundin ist seine beste Bewährungshelferin«, oder: »Ohne diese Lehrstelle wäre sie sofort wieder abgerutscht«, oder: »Er hat es gerade noch rechtzeitig geschafft, sich von seinen kriminellen Kollegen zu lösen«, oder: »Das war seine kriminelle Phase als junger Mann, die hat er überwunden, seitdem er Vater geworden ist«, oder auch: »Die Heirat war ein großer Segen für ihn, er kommt nicht nur mit seiner Frau, sondern auch mit seinen Schwiegereltern gut zurecht.«

Vielleicht geht es diesen Fachleuten wie dem von mir bereits genannten US-amerikanischen Bürgerrechtler, Soziologen und Kriminologen Saul Alinsky (▶ Kap. 6), der über die Wissenschaftler im Elfenbeinturm spottete, »zum Beispiel über die soziologische Fakultät der University of Chicago, die für eine Untersuchung, wo es in der Stadt Prostitution gebe, 100.000 Dollar auf den Kopf haue, während jeder Taxifahrer einem dies erzählen könne und keinen Cent für solche Auskünfte verlange« (Alinsky 1999, S. 15). Das kann so gesehen werden, aber vermutlich wollte Alinsky damit wissenschaftliche Erkenntnis nicht ganz und gar verdammen, sondern lediglich darauf hinweisen, dass ein Zusammengehen von theoretischem Schauen und praktischem Handeln vernünftig ist, um zu verstehen. Karl Marx hat formuliert, dass alle Wissenschaft überflüssig sei, »wenn die Erscheinungsformen und das Wesen der Dinge unmittelbar zusammenfielen« (Marx 1962, S. 825). Und er fährt fort, dass die »Verhältnisse umso selbstverständlicher erscheinen, je mehr der innere Zusammenhang an ihnen verborgen ist, sie aber der ordinären Vorstellung geläufig sind« (ebd.). Dieses Zitat ist vielleicht ein harter Brocken, aber anhand des Beispiels des von Alinsky erwähnten Taxifahrers kann der von Marx gemachte Unterschied zwischen Erscheinung und Wesen benannt werden. Der Taxifahrer kann uns erzählen, was er über Prostitution weiß und welche Orte er kennt. Er kann uns genau sagen, was er gesehen hat. Jedoch wird er kaum Auskunft darüber geben können, warum die Prostitution gerade hier stattfindet, welches Ausmaß sie hat, welche ökonomischen Prozesse ihr in gerade diesem Stadtteil zugrunde liegen und vieles mehr. Er wird uns

9.2 Wie hören Menschen auf, Straftaten zu begehen?

über die Erscheinungen viel sagen können, denn beinahe täglich hat er es mit Kunden und Prostituierten zu tun. Über das Wesen der Prostitution in Chicago wird er dagegen wenig aussagen können.

Das heißt nicht, dass er darüber nichts weiß. Er wird es aber kaum ausdrücken, sondern eher die Erscheinungen beschreiben. Dieses Wissen kann er explizieren, also in Worte fassen. Sein implizit vorhandenes Wissen bleibt dagegen verborgen. Es ist Polanyi, auf den ich mich bei dieser Unterscheidung von implizitem und explizitem Wissen beziehe. Polanyi betrachtet das menschliche Erkennen von dem Standpunkt aus, »daß wir mehr wissen, als wir zu sagen wissen« (Polanyi 1985, S. 14). Dieser Umstand, der uns allen klar und selbstverständlich ist und den wir doch nur selten in Worte fassen, verdeutlicht sich etwa daran, dass wir ein bestimmtes Gesicht einer Person – die uns noch nicht einmal besonders nahestehen muss – unter allen anderen Gesichtern dieser Welt wiedererkennen würden. Nach den besonderen Merkmalen dieses Gesichtes befragt, würden wir indessen nur sehr undeutliche und vage Angaben machen können. Diese Angaben würden niemals ausreichen, einen anderen zu befähigen, dieses Gesicht unter auch nur einer kleinen Anzahl von Gesichtern herauszufinden. Sogar Personen, die sich noch nie gesehen haben und sich am Telefon in einem Restaurant verabreden – in dem nach aller Erfahrung stets nur eine überschaubare Anzahl von Personen sitzt –, verabreden sich mit der Beschreibung eines besonderen Kleidungsstückes oder eines auffälligen Gegenstandes, den sie deutlich sichtbar vor sich auf den Tisch legen.

Diese Unterscheidung zwischen explizitem und implizitem Wissen findet sich bei Platon wieder, der zwischen »Idee« und »Erscheinung« trennt. So kommt er zu der Aussage, dass wir die »wichtigsten Dinge« nicht wissen können, jedenfalls nicht in einer ausdrücklichen Satzform. In unserem praktischen Umgangswissen jedoch verstehen wir uns darauf. Griechisch »episteme« umfasst beides: Wir wissen praktisch immer schon mehr, als wir theoretisch bestimmen können. Wir müssen uns in der »anamnesis«, der Wiedererinnerung, nur darauf besinnen.

> **Desistance**
>
> Hier nun kommt die Ausstiegstheorie als eine fachliche Form der anamnesis ins Spiel. Für sie hat sich in der Praxis der Arbeit mit straffällig gewordenen Menschen der Begriff »Desistance« (von to desist: unterlassen) durchgesetzt. »Desistance bezeichnet einen Prozess des Abstandnehmens von kriminellen Karrieren, der durch individuelle und soziale Veränderungen geprägt ist sowie in hohem Maße individuell verläuft« (AK HochschullehrerInnen Kriminologie/Straffälligenhilfe in der Sozialen Arbeit 2022, S. 339). Vielleicht ist es ein bisschen hoch gehängt, von Theorie zu sprechen. Vielleicht ist es angemessener zu sagen, dass die Desistance-Forschung die Alltagserfahrungen der Praktiker*innen systematisiert, also ihr implizites Wissen expliziert und in einen geordneten Zusammenhang stellt. Damit ist es eine Theorie mittlerer Reichweite. Wie auch immer, sie kann den Fachkräften der Sozialen Arbeit bei ihrer brennenden Frage weiterhelfen, wie sie ihr Klientel dabei unterstützen können, sich von Kriminalität zu befreien. Aus fachlicher Sicht ist das dann nicht nur die Frage, warum Menschen aufhören, Straftaten zu begehen, sondern auch, welche Bedingungen dafür nötig sind und vor allem, wie und ob die Fachkräfte dabei helfen können.

Daher ist es gut zu wissen, dass der Forschung zufolge sogenannte »Desister« eine »kognitive Transformation« (Giordano, Cernkovich und Rudolph 2002) durchlaufen, also eine innere Einstellungsänderung. Desister bemühen sich um ein verantwortungsvolles Leben, sind daran interessiert, die Fehler ihrer Vergangenheit nicht zu wiederholen und sehen optimistisch in die Zukunft. Viele von ihnen wollen anderen Menschen helfen, damit ihnen nicht das zustößt, was sie selbst erlebt haben.

Nicht-Desister dagegen haben Gefühle von Kontrollverlust und Hilflosigkeit, sie fühlen sich stigmatisiert und sind perspektivlos (Maruna 2001), weil sie keine Möglichkeiten sehen, ihr Leben zum Besseren zu wenden. Ihr Arbeitsplatz ist für sie unbefriedigend oder gar nicht vorhanden, sie bekommen keine Unterstützung durch Freund*innen oder Familie, sie fühlen sich stigmatisiert und erleben insgesamt keine Anerkennung. So sind sie in einem schmerzhaften und einsamen Prozess gefangen, den »pains of desistance« (Nugent & Schinkel 2016, S. 568), der erneut in die Straffälligkeit führen kann. Die Verabschiedung von ihrem bisherigen Lebensstil scheint ihnen nicht machbar, aber ohne diese Trennung ist kein anderes Leben möglich. »Knifing off the past from the present« (Laub & Sampson 2003, S. 148) lautet der Begriff dafür.

Wie eben anhand von einigen Beispielen geschildet, verfügen Praktiker*innen über das notwendige Erfahrungswissen und kennen daher die Gelingensbedingungen, um sich von einer kriminellen Vergangenheit zu verabschieden. Sie wissen, dass eine neue Partnerschaft oder Ehe Wunder bewirken kann, aber nicht muss. Skardhamar et al. (2015, S. 385) haben 58 Veröffentlichungen zu diesem Thema untersucht und kamen zu dem Ergebnis, dass besonders bei straffälligen Männern dieser Effekt besteht, es aber weder ausgeschlossen noch nachgewiesen werden kann, dass die Heirat dafür ursächlich gewesen ist. Auch ein Wohnortwechsel kann sehr hilfreich sein kann, ein Arbeitswechsel ein neues Blickfeld eröffnen und finanzielle Sicherheit bieten, und die Trennung von alten Freund*innen ist oft schmerzhaft, kann aber notwendig werden.

So seltsam es klingen mag bei Überlegungen darüber, wie der Ausstieg aus der Kriminalität gelingen kann: Der Ausstieg selbst kann nicht das alleinige Kriterium sein. Stellen wir uns einen alleinstehenden Mann von mittleren Jahren vor, der einen Großteil seiner Jugend in kriminellen Milieus verbracht hat. Davon hat er sich gelöst. Doch nun lebt er einsam, ohne Verwandte und die alten Freund*innen völlig isoliert in einer kleinen Zwei-Zimmer-Wohnung in einer Großbausiedlung. Einen Beruf hat er nicht gelernt, eine Arbeit nicht gefunden, von seinen Schulden konnte er sich nicht befreien und eine Partnerin wird er in dieser Lebensphase kaum noch finden können. Ein von mir als Bewährungshelfer erlebtes Beispiel: eine fast 70-jährige Frau, die ihr Berufsleben als Sexarbeiterin verbracht hat. Wegen ihres Alters hat sie kaum noch Erwerbschancen in ihrem Beruf. Nun lebt sie allein in einem Plattenbau und erhält staatliche Unterstützung. Ihr wenn auch geringes Einkommen ist damit gesichert. Und doch fährt sie fast täglich nach Hamburg, um hier und da auf illegalem Weg noch einen Kunden zu bekommen – was allerdings ihre Fahrtkosten nicht deckt, sondern ein Verlustgeschäft ist.

So weist die Desistance-Forschung immer wieder darauf hin, dass der mögliche Ausstieg aus der Kriminalität eine Zick-Zack-Reise ist (Phillips 2017, S. 98). Diesen Ausstieg können die Fachleute nicht steuern, aber sehr wohl begleiten. Übrigens sind die meisten von uns ohnehin »Desister«, denn wir sind fast alle in unserer Jugend in der einen oder anderen Weise mit dem Gesetz in Konflikt gekommen und haben es geschafft, davon wieder Abstand zu nehmen. Der Desistance-Forschung zufolge ist das sogar bei hoher Risikobelastung in der Jugend der Regelfall. Daher unterscheiden sich straffällig gebliebene Personen nicht vorhersehbar von den Ausgestiegenen (Laub & Sampson 2003, S. 111).

> **Bedingungen eines Ausstiegs**
>
> Entscheidend für den Ausstieg aus Kriminalität ist eine innere Haltungsänderung, aus der eine innere Kraft (»human agency«, Sampson & Laub 2003) entsteht. Sie kann von außen gefördert und insbesondere durch soziale Einbindung und sogenannte Ankerpunkte (»hooks for change«) gefestigt werden. Dabei sind die von dem Straffälligen selbst geäußerten Wünsche und Bedürfnisse zentral für den Veränderungsprozess. Jedenfalls bleibt der Ausstieg ein teilweise schwieriger und langer Prozess, in dem es auch Rückschläge bis hin zum strafrechtlichen Rückfall geben kann (Giordano et al. 2002). Die Ergebnisse der Desistance-Forschung zeigen, dass die meisten Menschen aus eigenem Vermögen in Wechselwirkung mit ihrem sozialen Umfeld ohne institutionalisiertes Eingreifen durch Professionelle aus der Kriminalität herausfinden.

Hofinger (2013, S. 322 f.) fast die Ergebnisse prägnant zusammen:
Irgendwann beenden alle Straftäter ihre Straffälligkeit. Daher ist es wenig hilfreich, Desistern und weiterhin Straffälligen (sogenannten »Persistern«) unterschiedliche biologische oder sonstige Merkmale zuzuschreiben. Insgesamt ist der Grad der sozialen Integration maßgeblich. Die informelle Sozialkontrolle durch Familie, Partner*in, Kolleg*in oder Freund*in ist entscheidend. Generelle Programme der offiziellen Instanzen sind kaum hilfreich. Sie können Prozesse lediglich anregen und hilf-

reich begleiten, aber nur dann, wenn das wertschätzend mit dem Fokus auf den Stärken und nicht auf den Schwächen der Menschen geschieht. Zudem muss zur Kenntnis genommen werden, dass die von der Forschung herausgearbeiteten Wendepunkte, wie die Geburt eines Kindes oder Heirat, nicht unbedingt zu Straffreiheit führen. Entscheidend ist vielmehr, dass der Mensch selbst an sich glaubt und seine Biographie neu bewerten kann. Eine gute, tragfähige Beziehung zwischen Helfer*in und Klient*in kann das unterstützen, muss dabei jedoch unbedingt auf Bevormundung verzichten. Wenn möglich, sollte sich die Unterstützung nicht nur auf die*den einzelnen Klient*in konzentrieren, sondern auch sein*ihr soziales Umfeld einbeziehen. Diese Konzentration auf die Stärken hat auch motivierende Auswirkungen auf die Fachkräfte, denn es macht mehr Spaß und ist erfüllender, wenn der fachliche Einsatz zu einem Erfolg führt.

> **Desistance-Unterstützung in der sozialarbeiterischen Praxis**
>
> Die Botschaft der Desistance-Forschung lautet daher, die Fachleute darin zu bestärken, straffällig gewordene Menschen nicht lediglich als problematische Mangelwesen zu behandeln, sondern sie trotz ihrer Straffälligkeit als Menschen anzuerkennen, die aus eigenem Vermögen ihr Leben verändern können (Graebsch 2021). Das bedeutet dann, die fachliche Arbeit nicht eindimensional an Rückfallprävention und Fokussierung auf das Individuum auszurichten. Mit dieser Ausrichtung wird der Mensch darauf verengt, lediglich ein Merkmalsbündel von Defiziten und Risikofaktoren zu sein.

Der Unterschied ist bedeutsam, aber er zeigt sich in Kleinigkeiten. Nehmen wir an, unser Klient Mirco hat keine Wohnung. Die eine Fachkraft wird sagen: »Um auf die Beine zu kommen, braucht er eine Wohnung, die er wie jeder andere Mensch verdient hat. Für diese Selbstverständlichkeit muss er keine Gegenleistung bringen, ich werde ihn daher unterstützen.« Jemand anders mag sagen: »Er hat keine Wohnung, und damit besteht für ihn ein hohes Risiko, Drogen zu nehmen und erneut straffällig zu werden. Darum werde ich mich um das Problem kümmern, ich muss die Gesellschaft vor ihm schützen.« Beide Personen verrichten ihre Arbeit, aber unter ganz unterschiedlichen Vorzeichen. Es geht um dieselbe Sache, aber die Haltung macht den Unterschied. Eine im Desistance-Denken geschulte Fachkraft wird vermutlich die erste Aussage treffen. Orientiert sich die Sozialarbeiterin dagegen eher an den Risikofaktoren, wird sie der zweiten Aussage zuneigen. Graebsch (2017) hat dies als den Unterschied zwischen »Beachten« und »Beobachten« charakterisiert. Im Beobachten kommt eine »tiefsitzende Hermeneutik des Verdachts« zum Ausdruck, »die die Zukunft des Straftäters nur unter dem Gesichtspunkt des Restrisikos eines Rückfalles beziehungsweise eines Wiederholungstäters veranschlagt« (Lob-Hüdepohl 2015, S. 10).

> Dem Desistance-Ansatz zufolge können Fachkräfte nur dann »Aufhänger für Veränderung« sein, wenn sie ein vertrauensvolles Arbeitsbündnis zwischen Professionellen und Adressat*innen befördern, wenn sie eine optimistische und wertschätzende Grundhaltung einnehmen, und wenn sie einen zu starken Fokus auf Auftragsabwicklung und Arbeitsweisen vermeiden, die darauf ausgerichtet sind, Verhalten zu überwachen und zu kontrollieren. Außerdem sollten sie die subjektiven Deutungsmuster und Lösungsansätze ihrer Klient*innen ernst nehmen.

Wie immer und überall wird auch hier nicht mit Kritik an diesem Ansatz gespart. In der Desistance-Orientierung kommen zwei Haltungen zum Ausdruck, die sich zum Teil überschneiden, aber auch die Widersprüchlichkeit dieses Ansatzes verdeutlichen. Einerseits liegt die Verpflichtung für das Absehen von Kriminalität dann doch wieder ausschließlich bei den einzelnen Menschen. Ihnen wird neben ihrer Schuld, an der sie ohnehin zu tragen haben, auch die alleinige Verantwortung zugerechnet, sich von dieser Schuld eigenständig zu befreien. Auf der anderen Seite wird stets betont, dass es sich um einen relationalen Prozess handelt, der nicht durch professionelle Verhaltens- oder Therapieprogramme in Gang kommt, sondern »bestenfalls durch die Veränderung äußerer Bedingungen, Stärkung des Sozialkapitals und durch soziale Beziehungen angestoßen werden kann« (Ghanem & Graebsch 2021, S. 133).

Eine daran anschließende Kritik lautet, dass das Desistance-Denken begrüßenswert ist, weil es ein systematisiertes Alltagswissen von Einzel-

9.2 Wie hören Menschen auf, Straftaten zu begehen?

fällen bereithält, denn die Fachleute müssen nun einmal die Probleme einzelner Menschen bearbeiten. Aber nicht thematisiert wird die Selektivität der Strafrechtsnormen. Auf der einen Ebene nimmt Desistance Kriminalität als objektiv gegebene, unhintergehbare und immer gültige Wirklichkeit, die von den einzelnen Menschen überwunden werden muss (Peters 2018). Auf einer anderen Ebene ist Desistance gegenüber den Ausschließungs- und Filterprozessen des Strafapparats blind. Diese beiden Ebenen gehören jedoch zusammen, um vollständig verstehen zu können, warum es gerade bei diesem Menschen dazu gekommen ist, dass er mit dem Strafrecht in Konflikt geriet (Burgard et al. 2022, S. 255).

Anderseits stimmt die Wertebasis der Sozialen Arbeit in großen Teilen mit einer Desistance-orientierten Praxis überein und kann ihr Handeln gut begründen, soweit sie sich nicht am Risiko, sondern an einer an den Menschen ausgerichteten Fachlichkeit orientiert. Insgesamt verdeutlicht diese Forschung die Rolle der Fachkräfte für die Motivation der Straffälligen. Dabei liegt nach meinem Dafürhalten der bedeutsamste Aspekt und der für die Soziale Arbeit höchste Gewinn der Desistance-Forschung in dem anerkennenden Menschenbild. Dieses Menschenbild

> »spricht den Adressatinnen die Fähigkeit zu, Veränderungsprozesse aus eigenen Kräften zu vollziehen. Die Fachkräfte sehen ihre Rolle darin, diese Veränderungsprozesse aktiv zu begleiten und zu fördern sowie entwicklungshemmende Bedingungen zu überwinden. Die zugrundeliegenden personalen und sozialstrukturellen Mechanismen der Veränderung müssen im Rahmen eines vertrauensvollen und partizipativen Arbeitsbündnisses und einer subjektorientierten Haltung fallspezifisch erkannt werden, um die dafür notwendigen Ressourcen zu identifizieren und zu mobilisieren« (Ghanem & Stadler 2022, S. 184 f.).

Desistance als methodische Handreichung kann bei der Umsetzung dieses Wissens hilfreich sein. Desistance ist auch in einem kriminalpolitischen Zusammenhang bedeutsam. Zwar ist dieser Ansatz gegenüber den Ausschließungs- und Filterprozessen blind. Aber er steht doch gegen individualisierende Risikoansätze, die die Verantwortung für Kriminalität ausschließlich bei den straffälligen Menschen sehen. Desistance-Ansätze sind daran orientiert, nicht in die Falle der Trennung von Individuum und Gesellschaft zu laufen. Daher scheinen mir die Desistance-Überlegungen ein historischer Kompromiss zu sein, ähnlich wie die Lebensweltorientierung in der Sozialen Arbeit vor etwa dreißig Jahren. Seinerzeit standen sich materialistisch orientierte Gesellschaftskritik und psychologisch-individualisierende Blickwinkel gegenüber. Die Lebensweltorientierung vermittelte zwischen diesen Sichtweisen. Das war tragfähig. Es stellt sich nun die Frage, ob auch die Desistance-Perspektive das Potential hat, einen historischen Kompromiss für die Arbeit mit straffällig gewordenen Menschen einzuleiten (Burgard et al. 2022, S. 254).

In den Desistance-Ansätzen schlummert eine bescheidene Grundhaltung für die Soziale Arbeit mit straffällig gewordenen Menschen. Im Kriminaljustizsystem bedeutet Professionalität in besonderer Weise, ein gesellschaftliches Mandat zu haben, das die Erlaubnis erteilt, für andere Menschen »gefährliche Dinge zu tun« und in ihr Leben in für sie unliebsame Weise einzugreifen. »Erlaubnisse all dieser Arten mögen die Wurzel jenes Anflugs aggressiven Misstrauens sein, welches die meisten Laien gegenüber dem Berufstätigen (›professional‹) hegen«, wie Schütze (1992, S. 141) Everett Hughes (1971) zitiert. Dabei schließt der

> »Berufsexperte mit dem ihm anbefohlenen Klienten einen stets prekären, immer wieder gefährdeten Vertrauenskontrakt, der sich auf die Beförderung des – vom Berufsexperten so verstandenen (und stets mißdeutbaren) – Wohls des Klienten durch den Vollzug der professionellen Arbeit ausrichtet« (Schütze 1992, S. 136).

Das in der Desistance-Forschung enthaltene Menschenbild berücksichtigt dieses prekäre und immer wieder neu auszugleichende Verhältnis zwischen den »Anbefohlenen«, wie Schütze sie nennt, und den mit großer Macht und besseren Deutungschancen ausgestattetem Personal auf allen Stufen des Kriminaljustizsystems. Eben darum geht die Desistance-Forschung davon aus, dass »man nicht (durch ein Programm oder eine bestimmte Therapie) reformiert wird, sondern dass man sich selbst ändert. Das bedeutet, dass die Praxis der Straffälligenhilfe lediglich Prozesse anregen, unterstützen und begleiten kann« (Trenczek & Goldberg 2016, S. 118). Und diese Haltung kann die Praxis nur annehmen, wenn sie die Stärken und Ressourcen und eben nicht die Defizite und Risiken in den Mittelpunkt stellt.

10 Soziale Arbeit mit straffällig gewordenen Menschen

> **Was Sie im zehnten Kapitel erwarten können**
>
> Der Begriff der »Hilfe« ist in der Fachwelt Sozialer Arbeit umstritten und gilt vielfach als veraltet. Das folgende Kapitel kreist dennoch um dieses Wort, denn in der Sozialen Arbeit mit straffällig geworden Menschen war er schon immer und ist weiterhin üblich. Die Begriffe Bewährungshilfe, Gerichtshilfe oder Straffälligenhilfe zeigen das. Auch in Gesetzestexten wird er mit der Formel »helfend und betreuend« abgebildet. Ausgehend vom Wort »Hilfe« werden die darin zum Ausdruck kommenden fachlichen Haltungen unter Zuhilfenahme verwandter Begriffe gegeneinander abgewogen. Ziel ist es, das grundlegende Spannungsverhältnis von Hilfe und Kontrolle zu beleuchten.

10.1 Hilfe und Kontrolle, Nähe und Distanz: Schlüsselbegriffe Sozialer Arbeit

»Warum studierst Du Soziale Arbeit?« Das ist die in den Einführungstagen des Studiums sehr häufig gestellte Frage. In aller Regel äußern Studierende in den ersten Monaten ihres Studiums, dass sie helfen wollen. Sie lernen dann sehr bald, dass der Begriff des Helfens – möglicherweise zu ihrem Erstaunen – in der Sozialen Arbeit keineswegs positiv besetzt ist, sondern sich vielerlei Kritik gefallen lassen muss. Eine davon lautet, dass Helfen paternalistisch ist, also bevormundend und damit Hilfe und Kontrolle zugleich.

> **Paternalistische Hilfe**
>
> Paternalistische Hilfe ist der Versuch, mit dem Spannungsfeld von Hilfe und Kontrolle einigermaßen gekonnt umzugehen. Dieses Spannungsfeld ist in der Arbeit mit straffällig gewordenen Menschen besonders ausgeprägt.

Es wäre sicher sehr angenehm, wenn es möglich wäre, sich geradlinig an dem Ethikcode der International Federation of Social Workers (IFSW) und der International Association of Schools of Social Work (IASSW) zu orientieren. Noch im Jahr 2004 haben die Generalversammlungen der beiden Organisationen in Australien einen Text verabschiedet[42], wonach sich die Profession Sozialer Arbeit für

> »sozialen Wandel, die Lösung von Problemen in menschlichen Beziehungen sowie die Befähigung und Befreiung von Menschen mit dem Ziel [einsetzen soll], das Wohlergehen zu fördern. Gestützt auf Theorien menschlichen Verhaltens und sozialer Systeme interveniert Soziale Arbeit an den Stellen, wo Menschen mit ihrer Umwelt in Wechselwirkung stehen. Grundlage Sozialer Arbeit sind die Prinzipien der Menschenrechte und der sozialen Gerechtigkeit.«

Die Worte »Hilfe« und »Kontrolle« kommen hier allerdings nicht vor. Stattdessen ist von »intervenieren« die Rede.[43] Und intervenieren meint

---

42 https://www.ethikdiskurs.de/fileadmin/user_upload/ethikdiskurs/Themen/Berufsethik/Soziale_Arbeit/IASW_Kodex_Englisch_Deutsch2004.pdf (Aufruf 25.02.2023).

43 2014 ist diese Grundlegung allerdings modifiziert und neu verabschiedet worden – dieses Mal ohne »intervenieren«, aber auch ohne die Erwähnung von »Hilfe« und »Kontrolle«: »Soziale Arbeit fördert als praxisorientierte Profession und wissenschaftliche Disziplin gesellschaftliche Veränderungen, soziale Entwicklungen und den sozialen Zusammenhalt sowie die Stärkung der Autonomie und Selbstbestimmung von Menschen. Die Prinzipien sozialer Gerechtigkeit, die Menschenrechte, die gemeinsame Verantwortung und die Achtung der Vielfalt bilden die Grundlage der Sozialen Arbeit. Dabei stützt sie sich auf Theorien der Sozialen Arbeit, der Human- und Sozialwissenschaften und auf

10.1 Hilfe und Kontrolle, Nähe und Distanz: Schlüsselbegriffe Sozialer Arbeit

nun einmal dazwischentreten, einschreiten, einmischen. Das ist der berufliche Auftrag. Hilfe und Kontrolle liegen eng beisammen. In der Arbeit mit straffällig gewordenen Menschen liegt die Kontrolle sogar ganz vorn, sie ist der Ausgangspunkt. Dieses Verhältnis muss dauernd austariert werden. In dem folgenden Zitat über die Arbeitsweise in der Bewährungshilfe wird das verdeutlicht.

»§ 16 (2) Die Fachkräfte der Bewährungshilfe beaufsichtigen und leiten die ihnen unterstellten Personen mit dem Ziel, diese zu befähigen, ein Leben ohne Straftaten zu führen. Dieses Ziel wird insbesondere dadurch erreicht, dass die Fachkräfte der Bewährungshilfe den Probandinnen und den Probanden helfend und betreuend zur Seite stehen und im Einvernehmen mit dem Gericht oder der Gnadenbehörde die Erfüllung von Auflagen und Weisungen sowie der Anerbieten und Zusagen überwachen. Die Fachkräfte der Bewährungshilfe berichten dem Gericht oder der Gnadenbehörde insbesondere auch über die Lebensführung und das Verhalten der Probandinnen und Probanden« (Gesetz zur ambulanten Resozialisierung und zum Opferschutz in Schleswig-Holstein 2021).

Im ersten Satz wird definiert, dass sie beaufsichtigen und leiten. Der zweite Satz vermittelt dann in relativierender Form durch das Wort »insbesondere«, dass dies helfend und betreuend geschehen soll. Doch dann schließt dieser Satz unmissverständlich mit dem Wort »überwachen«:

Die eben gezeigte gesetzliche Definition der Aufgaben der Bewährungshilfe ist eindeutig paternalistisch. Paternalismus wird gesehen als eine Unterform Sozialer Kontrolle. Wenn wir unser Kind ermahnen, in der Schulpause nicht zum Kiosk zu gehen und Süßigkeiten zu kaufen, sondern das gesunde Pausenbrot zu essen, so ist das im wohlverstandenem Interesse des Kindes gemeint – das dazu eine ganz andere Meinung haben wird. Denkt man dies jedoch konsequent zu Ende und nimmt die Zurückweisung paternalistischer Praktiken radikal ernst, »reduziert man die Soziale Arbeit darauf, die Erwartungen ihrer Kunden – d.h. der Stellen, die die Soziale Arbeit finanzieren einerseits und der leistungsberechtigten NutzerInnen anderseits – zu befriedigen« (Ziegler 2014, S. 255). Um bei dem Beispiel zu bleiben: Das Kind kann nun essen, was es will. Es liegt un-

---

indigenes Wissen. Soziale Arbeit befähigt und ermutigt Menschen so, dass sie die Herausforderungen des Lebens bewältigen und das Wohlergehen verbessern, dabei bindet sie Strukturen ein« (DBSH 2016; IFSW 2014).

mittelbar auf der Hand, dass es eine derartige Orientierung ausschließlich an den Erwartungen der Menschen weder in der Kindererziehung noch in der Sozialen Arbeit geben kann. Soziale Arbeit orientiert sich nicht allein an den Willensbekundungen ihrer Nutzer*innen, sondern handelt in deren wohlverstandenem Interesse auch gegen deren Bekundungen (Lindenberg & Lutz 2021, S. 74).

In der Arbeit mit straffällig gewordenen Menschen gilt das ganz besonders, denn hier sind Eingriffe in das Leben der Unterstellten – denn unterstellt sind sie, und so lautet auch der Fachbegriff in den richterlichen Beschlüssen – ganz und gar unvermeidbar. Die helfenden Eingriffe müssen daher sehr häufig paternalistisch sein. Damit ist gemeint, dass diese Eingriffe zwar das Wohl des Menschen zum Ziel haben sollten, doch auch gegen seinen Willen erfolgen. Weil das immer wieder geschieht und unvermeidlich ist, müssen sich Sozialarbeiter*innen damit auseinandersetzen, wie sie diese helfenden Eingriffe gestalten, mit denen sie sich über die Autonomie der ihnen unterstellten Menschen hinwegsetzen – paradoxerweise mit eben dem Ziel, deren Autonomie zu stärken. Die damit einhergehenden Einschränkungen können von den Betroffenen als Sanktion erlebt werden, auch wenn darin Hilfe angelegt ist (Cornel et al. 2022, S. 95). Sehr bald hören die Studierenden daher den etwas angestaubten Satz, es gehe dabei um »Hilfe zur Selbsthilfe«. Aber die Hilfe zur Selbsthilfe setzt eben den paternalistischen Eingriff voraus. Daher muss sich die »Begründung paternalistischer Eingriffe [...] die Prüfung gefallen lassen, ob diese die Autonomie und Würde der Person tatsächlich besser schützt und gewährleistet als eine dezidiert ›anti-paternalistische‹ Position« (Ziegler 2014, S. 271).

Prüfung paternalistischer Hilfe

Diese Prüfung kann sich an folgenden Aspekten orientieren:

1. *Machtaspekt:* Eingreifendes Handeln (Machtgebrauch) ist unvermeidlich und kann notwendig werden. Daher muss es sich an strengen Kriterien messen lassen.

10.1 Hilfe und Kontrolle, Nähe und Distanz: Schlüsselbegriffe Sozialer Arbeit

> 2. *Selbstbestimmung:* Die Eingriffe dürfen das vorhandene Potential der Selbstbestimmung nicht zerstören. Deshalb sind erniedrigende Eingriffe nicht zulässig, zumal mit diesen Eingriffen gegen die Würde der straffällig gewordenen Menschen keine Besserung zu erwarten ist.
> 3. *Minimaler Eingriff:* Soweit ein eingreifendes Handeln unvermeidlich ist, steht dieses Handeln unter dem Vorbehalt, den Eingriffsteil der Intervention so klein wie möglich zu halten und den Anteil an Mitwirkung (Koproduktion) nach Kräften zu erweitern.
> 4. *Unterscheidung zwischen Veränderungen und Wünschen:* Sinnvoll ist eine Unterscheidung zwischen den Eingriffen, die Situationen ändern sollen, von jenen Eingriffen, die auf das Verhalten und die Wünsche der straffällig gewordenen Menschen zielen. Mit dieser Unterscheidung können Unklarheiten und Uneinigkeiten eingegrenzt werden (Lindenberg 2018, S. 234).

Wenn auch zu Recht kritisiert und häufig sogar geschmäht: Helfen ist ein zentraler Begriff des Faches, zumal in der Arbeit mit straffällig gewordenen Menschen. Dazu müssen wir uns nur die gebräuchlichen Begriffe ansehen, die alle dieses Wort beinhalten: Bewährungshilfe, Straffälligenhilfe, freie Straffälligenhilfe, Gerichtshilfe und, immer noch im Gebrauch, wenn auch veraltet, Jugendgerichtshilfe. Die Formel »helfen und betreuen« hat sogar Eingang in die Gesetzestexte gefunden. Doch nun dauert es nicht lange, bis eine weitere und an die Hilfe und das Vermögen zur Hilfe anknüpfende Frage aufgeworfen wird: Wie viel Nähe und wie viel Distanz brauche ich, um zu helfen? Nachdem ich auf den Seiten zuvor einige Überlegungen dazu angestellt habe, dass in der Arbeit mit straffällig gewordenen Menschen nicht nur geholfen, sondern auch kontrolliert wird, stellt sich diese Frage nach dem Verhältnis von Nähe und Distanz in besonderer Schärfe. Wer ausschließlich hilft, kann Nähe zulassen, ja muss sie sogar zulassen, wenn es nicht gerade nur darum geht, jemandem über die Straße zu helfen. Wer allerdings weit darüber hinaus gehende Aufgaben zu erfüllen hat, etwa die Überwachung der Einhaltung der Weisungen des Gerichts, wird sich darüber Gedanken machen müssen, wie viel Nähe gestattet ist.

Ob ich in meiner beruflichen Arbeit zu meinem Gegenüber das rechte Verhältnis von Distanz und Nähe habe, ist schwer zu bestimmen, ob ich das rechte Verhältnis zu ihm bekommen werde, ist schwer zu planen, ob ich das rechte Verhältnis zu ihm auf Dauer habe, ist nicht abzusehen, genauso wenig, ob es gerade in diesem Augenblick stimmt. Die Frage nach dem rechten Verhältnis zwischen Professionellen und Klient*innen bezeichnen wir mit den Chiffren: »Distanz und Nähe« oder »professionelle Distanz«. Ich will in meinem Impuls zu diesem Verhältnis allerdings den Begriff der »professionellen Nähe« (Scherwarth & Friedrich 2022) stärken.

Zu viel Nähe führt zu eingeengtem Verstehen der Wirklichkeit und einengenden und einschränkenden Beziehungen. Wir verlieren den Überblick. Eine ausschließliche Orientierung auf Nähe kann zu Übergriffen, Machtmissbrauch und Abhängigkeiten führen. Zu viel Distanz führt dagegen zu oberflächlichen, unverbindlichen Kontakten, zu Entfremdung und fehlender Verankerung im Alltag. Die ausschließliche Orientierung auf Distanz kann darin enden, dass die Fachkraft ihre Rolle rigide und machtvoll nutzt, was nicht zu Hilfe, sondern zu Unterdrückung und Gewalt führen kann.

> **Verhältnis von Nähe und Distanz in der Sozialen Arbeit**
>
> Für die Gestaltung des rechten Verhältnisses von Nähe und Distanz in der Sozialen Arbeit sind zwei miteinander verknüpfte Ebenen zu berücksichtigen (Deutscher Ethikrat 2018, S. 55 f.). Zunächst einmal müssen die persönlichen Voraussetzungen gegeben sein, um in schwierigen Situationen (und die Situationen in der Arbeit mit straffällig geworden Menschen sind in der Regel schwierig, denn es stehen sich ungleich mit Macht ausgestattete Personen gegenüber) auf der Grundlage des fachlichen Wissens in der Situation die richtige Handlungsentscheidung zu treffen. Diese Entscheidung kann nicht aus allgemeinen Handlungsprinzipien abgeleitet werden, sondern es bedarf in jeder und immer wieder neuen Situation einer besonderen Urteilskraft, genau jetzt angemessen einzuschätzen, ob »eine bestimmte Handlungssituation in den Geltungsbereich einer generellen Handlungsregel fällt oder nicht« (ebd., S. 55).

10.1 Hilfe und Kontrolle, Nähe und Distanz: Schlüsselbegriffe Sozialer Arbeit

Nehmen wir ein Beispiel. In der Bewährungshilfe ist es eine selbstverständliche Handlungsregel, das die Aufsicht führende Gericht zu informieren, wenn eine neue Straftat bekannt geworden ist. Aber wann ist sie bekannt geworden? Wenn ein Mitbewohner aus dem Wohnheim in der Sprechstunde davon erzählt? Wenn ein Anruf von der Polizei eingeht, weil die bewährungspflichtige Person als tatverdächtig gilt? Wenn eine Ermittlungsakte bei der Staatsanwaltschaft vorliegt? Das hängt in starkem Maß davon ab, was die Bewährungshelferin für angemessen hält. Es kann sein, dass sie gleich eingreifen will, weil sie sowieso eine Ahnung hatte, dass hier einiges schiefläuft. Es kann aber auch sein, dass sie nichts unternimmt, weil es gerade ›gut läuft‹, die Lehrstelle angetreten wurde und auch ansonsten alles in Ordnung ist. Dann wird sie sich sagen: »So lange nichts offiziell ist, halte ich meine Informationen zurück – wenn auch mit Bedenken.« Sie muss es selbst entscheiden, denn leider kann sie sich nicht auf einen Algorithmus oder ein Standardvorgehen verlassen, nach dem Motto: »Wenn jenes passiert, tue ich stets dieses.« Sie braucht ihre eigene Urteilsfähigkeit. »Reife Urteilsfähigkeit ist eine Tugend, die den ganzen Menschen herausfordert und auf einen prinzipiell unabschließbaren Lernprozess verweist« (ebd., S. 56).

Für die Entwicklung dieser Urteilskraft braucht sie nicht nur Erfahrungswissen (»ich habe das schon gelegentlich riskiert und gute Erfahrungen damit gemacht, ich kenne meine Klient*innen«), sondern auch, zweitens, eine darauf aufbauende moralische Urteilskraft. Fachkräfte müssen sich, so der Ethikrat,

> »angesichts der Tragweite der von [ihnen] zu treffenden Entscheidungen immer wieder selbstkritisch fragen, ob und inwieweit sie ihrer Sorgfaltspflicht bei der Vorbereitung und Durchführung gerade solcher Handlungen nachgekommen sind, die eine mögliche Schädigung der [ihnen] anvertrauten Menschen implizieren« (ebd.).

Beichtväter, Psychotherapeut*innen oder Psychoanalytiker*innen können die Vertrauten intimster Geheimnisse werden und wissen daher um die Verletzbarkeit ihrer Klient*innen. »Aber sie spielen diese Rolle gerade dann und dadurch auf glaubwürdige Weise, dass sie sich von deren Alltag streng fernhalten und keinerlei direkten Einfluss und Macht darüber ausüben« (Müller 2012, S. 147). Das allerdings ist in der Sozialen Arbeit ganz anders.

Sozialarbeiter*innen halten sich gewiss – und hoffentlich – nicht vom Alltag ihrer Klient*innen fern, im Gegenteil, sie sind darauf orientiert und üben damit direkten Einfluss und auch Macht aus. »Vor allem, wer die Macht hat, ist in der Gefahr, das Maß zu verlieren. [...] Das feine Gefühl für das richtige Maß nennen wir den Takt« (Nohl 1967b, S. 99). Die große Frage, wie dieser Takt ausgebildet ist, und damit ganz wesentlich, wie professionelle Nähe gestaltet wird, ist daher ausgesprochen bedeutsam. Herman Nohl hat dies für die Erziehung des Kindes ausgedrückt, und seine Überlegungen zum Takt können auch für die Arbeit mit straffällig gewordenen Menschen gelten:

> »Takt steht zwischen Theorie und Praxis als das entscheidende Mittelglied, als das kluge Gefühl für das Richtige des Augenblicks, für die fremde Lebendigkeit und dass ihr gemäße. Er transformiert die erzieherischen Absichten unter dem Eindruck der Persönlichkeit des Kindes, seines augenblicklichen Zustandes mit allen Unwägbarkeiten, und ist der eigentliche Ort der Produktivität des Erziehers. Der gute Erzieher weiß ohne viel zu überlegen, was zu tun ist und wie es zu tun ist. Wie solche Taktbildung des Erziehers erreicht werden kann, ist ein Problem für sich. In der Theorie der Pädagogik wird der Takt meist vergessen« (Nohl 1967a, S. 84).[44]

In der Sozialen Arbeit haben wir für den Takt das Wortpaar »Nähe und Distanz« gewählt. Dieses Wortpaar drückt ein immer neu auszutarierendes Spannungsfeld aus. Wir brauchen eine relative Distanz zu unserem Gegenüber, weil wir nicht machtvoll auf ihn einwirken sollten, denn das würde nur Widerstand hervorrufen. Vielmehr sollte gemeinsam der Möglichkeitsraum ausgelotet werden, der den Klient*innen zur Verfügung steht. Nur wenn diese relative Distanz gewahrt wird, können Menschen überhaupt dazu angestiftet werden, sich in der Auseinandersetzung einzubringen. Wir benötigten aber auch die relative Nähe, um uns selbst mit unseren Handeln und Sprechen einbringen zu können, um uns Gehör zu verschaffen (Weber 2003, S. 308). Das sind Fragen des Taktes.

---

44 Es könnte sein, dass Martin Buber darauf eine Antwort versucht, wenn er sagt: »Der Erzieher, den ich meine, lebt in einer Welt der Individuen, von der ein bestimmter Teil jeweils seiner Hut anvertraut ist. Jedes dieser Individuen erkennt er als darauf angelegt, eine einmalige, einzige Person und damit der Träger eines besonderen, durch sie und durch sie allein erfüllbaren Seins-Auftrags zu werden« (Buber 1965, S. 288 f.).

Viele professionelle Helfer*innen sind in den Anfangsirrtum hineingetappt zu glauben, sie könnten die Situation besser einschätzen als ihre Klient*innen. Sie glauben zu wissen, was nun zu tun sei, und das allein auf der Grundlage ihrer glänzenden Ideen – um sich dann zu wundern, dass an diese Ideen nur sehr zögernd oder gar nicht angeknüpft wird. Helfen bedeutet dagegen taktvolles Anknüpfen an die Möglichkeiten der Klient*innen.

10.2 Entschuldigung – kann ich Ihnen helfen?

10.2.1 Organisierte Hilfe

Nach dem eben Gesagten meint professionelle Nähe taktvolle Hilfe. So wahrt sie Distanz, denn sie kann und will nicht Teil der Lebenswelt der Klient*innen sein. Leider ist es weder mir noch anderen möglich, Regeln des guten Taktes aufzustellen. Was taktvoll ist und was nicht, bleibt unabgeschlossen, denn es geht ja nicht darum, ob wir das Essen unserer Gastgeber schmähen (das wäre taktlos) oder die Anschaffung des spritfressenden Fahrzeuges unseres Kollegen begrüßen (das wäre taktvoll, aber vielleicht nicht unsere Ansicht).

Das Problem der Organisation mit taktvoller Hilfe

Taktvolles Handeln in der Sozialen Arbeit ist auch deshalb eine große Herausforderung, weil alle ihre Hilfe in Organisationen stattfindet und Organisationen wegen ihrer Zweckorientierung in der Verfolgung ihrer Ziele prinzipiell *taktunfähig* sind. Damit ist gemeint, dass es in ihnen schwerfällt, die Selbstdarstellung eines Menschen angemessen zu verstehen und zu unterstützen, weil die Routinen und Verfahren der Organisation mit den Mitteilungen der einzelnen Menschen nicht kom-

> patibel sind. Aus Sicht der Organisation sind viele dieser Mitteilungen unnütz, ausufernd und nicht zur Sache gehörig.

Nehmen wir das Beispiel der Sozialarbeiterin eines freien Trägers. Sie soll darüber entscheiden, ob ihr Besucher, der vor wenigen Tagen aus der Strafhaft entlassen wurde, in die begleitete Wohneinrichtung aufgenommen werden kann. Dazu muss sie vor allem wissen, ob er noch Drogen nimmt, ob er schon über ein geregeltes Einkommen verfügt oder ordentlich arbeitsuchend gemeldet ist, ob noch weitere Straftaten anhängig sind – kurz, sie sucht nach harten Fakten, um ihre Entscheidung so treffen zu können, dass er in das von ihr vertretene Organisationsschema passt. Diese harten Fakten werden aber von einem unüberschaubaren Mitteilungsberg verdeckt. Das ist kein Wunder, denn dieser Mensch muss sich erst einmal aussprechen. Es ist nun eine Frage ihres Taktes – und selbstverständlich auch ihrer Zeit – wie sie darauf eingeht. Dabei ist das Maß ihres Taktes auch von ihren eigenen Interessen abhängig. Wenn sie ihn aufnimmt, wird sie mit ihm häufig zu tun haben. Taktvolles Verhalten macht daher für sie viel mehr Sinn als etwa für den Kassierer an einer Kasse. Für ihn ist es kaum möglich und auch nicht sinnvoll, taktvoll den privaten Äußerungen eines Kunden zu lauschen, der damit den reibungslosen Ablauf aufhält und nur Unmut erzeugt.

Wer sich helfen lassen muss, wie dieser aus der Strafhaft entlassene Mensch, der auf den Wohnraum angewiesen ist, zeigt damit an, dass ihm etwas fehlt, was er sich nicht aus eigenem Vermögen beschaffen kann. Er bedarf der staatlichen Lenkung, er bedarf der Hilfe durch Professionelle, die in einer Organisation arbeiten und dafür bezahlt werden. Der Soziologe Niklas Luhmann hat die dort geleistete Hilfe bezeichnet als einen »Beitrag zur Befriedigung der Bedürfnisse eines anderen Menschen [und] wird demnach durch Strukturen wechselseitigen Erwartens definiert und gesteuert« (Luhmann 1973a, S. 21). Mit anderen Worten, wer eine bestimmte Hilfe möchte, muss eine dafür bestimmte Organisation aufsuchen, und nur diese. Dort darf er diese Hilfe erwarten, und wer sie gibt, kann sie nur in dem Rahmen geben, den diese Organisation vorgibt. Wer eine Beratungsstelle für Eheprobleme aufsucht, sollte nicht erwarten, dort einen Antrag auf ALG I ausfüllen zu müssen. Wer zur Bundesagentur für

10.2 Entschuldigung – kann ich Ihnen helfen?

Arbeit geht, sollte nicht darauf hoffen, mit den Sachbearbeiter*innen über sein eheliches Sexualleben sprechen zu können. Hilfe ist eine Sache von Spezialist*innen. Für die Soziale Arbeit bedeutet dies, dass Bedürfnisse und Rechtsansprüche der Adressat*innen auseinanderdividiert werden. »Bearbeitet wird nicht jede Bedürfnisäußerung, sondern nur, was als Aufgabe der Sozialen Arbeit ausgehandelt und gesetzlich verankert ist« (Spiegel 2021, S. 26).

Alle professionelle Hilfe wird heute durch eigenständige Organisationen erfüllt, so wie die Deutsche Bahn eine Organisation für den Transport, die Lebensmittelindustrie eine Organisation für die Ernährung und die Schulen und Universitäten Organisationen für Bildung sind. So helfen die Hilfespezialist*innen, weil sie müssen, denn so steht es in ihrer Arbeitsplatzbeschreibung. In den Worten von Luhmann: »Die helfende Aktivität wird nicht mehr durch den Anblick der Not, sondern durch einen Vergleich von Tatbestand und Programm ausgelöst und kann in dieser Form generell und zuverlässig stabilisiert werden« (Luhmann 1973b, S. 34).

Die folgende Abbildung zeigt (▶ Abb. 9), wie dies heute in modernen Gesellschaften funktioniert im Unterschied zu früheren Zeiten, die zu Beginn dieses Buches thematisiert wurden. Die Hilfe ist nun erwartbar und zuverlässig, soweit die richtige Organisation angesprochen und ein Hilfeanspruch nach Prüfung bejaht wird. Die Zustimmung zur Hilfegewährung orientiert sich in der Organisation am jeweiligen Programm. Die Frage lautet daher nicht mehr: »Benötigt dieser Mensch Hilfe?«, sondern: »Kann seinem Hilfewunsch mit unserem Programm entsprochen werden?«

10.2.2 Helfen – eine Angelegenheit zwischen zwei Menschen?

Ich bin ziemlich sicher, dass diese kühle Betrachtung der Hilfe als eine gesellschaftliche Funktion – es wird nicht geholfen, weil ein Mensch in Not ist, sondern weil die von ihm aufgesuchte Organisation dafür zuständig ist und mit ihren Mitteln lediglich ihren Zweck erfüllt, nicht auf volle Zustimmung trifft. Helfen, das ist doch mehr als eine Dienstleistung, wie sie etwa der Lokführer erbringt. Ganz recht, mit dieser Beschreibung

10 Soziale Arbeit mit straffällig gewordenen Menschen

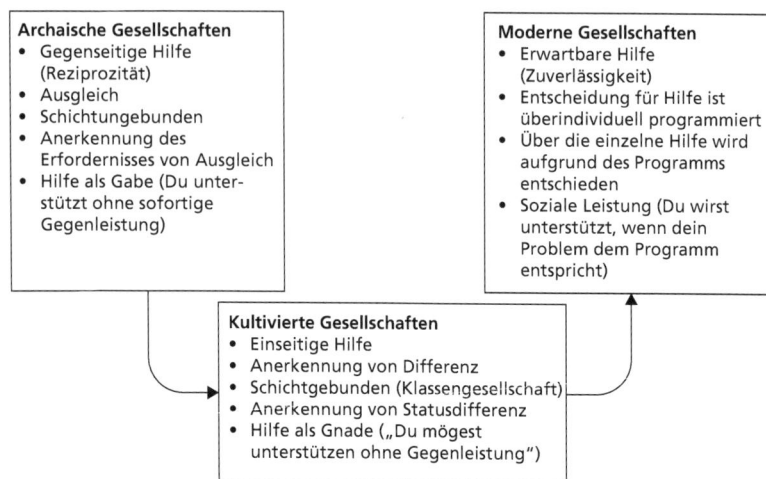

Abb. 9: Formen des Helfens im Wandel gesellschaftlicher Bedingungen (nach Luhmann 1973)

kann das Wesen auch in jenen Organisationen, in denen Profis mit straffällig gewordenen Menschen arbeiten, nicht abschließend bestimmt werden. Es kann nicht genügen, Soziale Arbeit als »korrekte Überprüfung und fachgerechte Bedienung gesetzlich geregelter Leistungsansprüche zu begreifen« (Müller 2008, S. 427). Helfen heißt doch, dass etwas zwischen zwei Menschen entsteht, ein besonderer Zwischenraum, der sich nicht nüchtern und funktionalistisch abbilden lässt. »In seinem hilfsbedürftigen Gegenüber erkennt der Helfer sich selbst, sei es, dass er schon in gleicher Lage war bzw. ist oder dass er vorstellungsmäßig eine ähnliche Situation für sich antizipiert« (Buchkremer 1996, S. 281).

In jeder professionellen Hilfe steckt stets ein Moment von Selbstbetroffenheit, denn das Problem des Hilfebedürftigen geht mich unmittelbar an. Darin kommt aber auch ein humanitäres Handlungsprinzip zum Ausdruck, das sich seit der Aufklärung durchgesetzt hat und dann, allerdings, zu einer staatlichen Pflichtleistung geworden ist, weil die Interessen der Hilfebedürftigen zunehmend gesetzlich verankert wurden. Für viele, sehr viele Probleme gibt es einen Paragrafen mit Personal, das ihn umsetzen soll. Aber in der Umsetzung selbst entsteht mehr, als mit diesem Paragrafen ausgedrückt werden kann. Und umgekehrt: Wenn es keinen

10.2 Entschuldigung – kann ich Ihnen helfen?

Paragrafen gibt, kann ich kein Problem geltend machen, weil ich kein Hilfepersonal finde, das auf dieses Problem hin anspringt. Was geschieht im Akt der Hilfe, was steht außerhalb der Paragrafenwelt? In ihrer heute wahrlich altertümlichen, aber immer noch gültigen Sprache hat die Stammmutter der deutschen Sozialen Arbeit, Alice Salomon, dies so ausgedrückt:

> »Wahre Hilfe kann der Mensch dem Menschen nur bringen, wenn fremde Not, wenn fremdes Leid für ihn zum eignen wird, wenn es ihm im Herzen brennt. Die bessere Technik, die durchdachte Methode ist nur Werkzeug [...]. Aber recht handhaben kann es nur der Mensch, dessen Tun aus einem wachen Gewissen quillt; aus dem lebendigen Glauben an eine Brüderlichkeit, der Taten wirken muß« (Salomon 2007, S. 96).

Das ist unabdingbar in einem Handlungsfeld wie der Sozialen Arbeit, »in dem berufliche Handlungen als einmalige, nicht standardisierbare bzw. reproduzierbare Schöpfungsakte erscheinen« (Spiegel 2021, S. 76). Dazu bedarf es allerdings des sichernden Rahmens, wie ihn Organisationen bieten. Zwar begrenzen sie den Hilfeanspruch – es kann nur für etwas Bestimmtes geholfen werden – doch sie bestimmen damit zugleich den für das professionelle Handeln maßgeblichen und zur Verfügung stehenden Interpretations- und Entscheidungsraum. Wie und was im Einzelnen geschieht, muss dann jedoch die Fachkraft selbst bestimmen. Sie selbst ist die »Steuerungsinstanz für die Ausbalancierung der widersprüchlichen beruflichen Anforderungen« (ebd., S. 74). Dabei hilft der Fachkraft ihr organisatorischer Rahmen. In ihm kann sie nicht alles, aber vieles machen. Was geht, und was nicht geht, kann und muss besprochen werden, um Vertrauen aufzubauen. Vertrauen wird zuerst und vor allem jenen Menschen geschenkt, die man als »Persönlichkeit nimmt, als ordnendes und nicht willkürliches Zentrum eines Systems von Handlungen, mit dem man sich verständigen kann« (Luhmann 1973a, S. 40).

Die Fachkräfte zeigen ihr Ausbalancieren von Hilfe und Kontrolle, ihren Umgang mit paternalistischem Handeln, ihren Weg der professionellen Nähe etwa dadurch, dass sie im Erstgespräch und dann weiter fortlaufend genau umreißen, was sie leisten können, und was nicht.

Hilfe und Kontrolle in der Bewährungshilfe

Stelzer (2021, S. 193) hat dazu in einer Untersuchung der Bewährungshilfe vier Punkte herausgearbeitet:

- Erstens, Bewährungshelfer*innen weisen in der einen oder anderen Form auf die Etikettierung oder die andauernde Vorverurteilung ihrer Klient*innen hin, wonach diese als gefährliche und gewaltbereite Menschen gesehen werden können. Dabei machen sie deutlich, dass sie wegen ihrer beruflichen Erfahrung diese Ansicht nicht notwendig teilen.
- Zweitens geben sie zu verstehen, dass ihnen die damit verbundene Risikoperspektive »verordnet« wurde und sie dies als auferlegte Vorgabe empfinden.
- Drittens vermitteln sie ihren Klient*innen, dass ein möglicher Rückfall auch für sie als Fachkraft ein ständig zu kalkulierendes Risiko in ihrer täglichen Arbeit bleibt.
- Viertens machen sie deutlich, dass die Wahrscheinlichkeit eines Rückfalls auch daran hängt, wie offen ihre Klienten mit ihnen kommunizieren.

Um diese Kommunikation weitestgehend zu ermöglichen, werden Bewährungshelfer*innen darüber informieren, was sie den Gerichten mitzuteilen haben, wie häufig die Kontakte sein müssen, welche Einsicht sie in die finanziellen Verhältnisse nehmen werden oder ob sie beabsichtigen, ihren Klient*innen zu Hause aufzusuchen. Sozialarbeiter*innen im Justizvollzug werden ebenfalls auf ihre Berichtspflicht hinweisen und die damit verbundene Aktenführung sowie auf die Bedeutung ihres Votums bei der Beantragung einer verkürzten Haftstrafe (»$^2/_3$-Entscheidung«). Die Sozialarbeiter*innen in einer Wohneinrichtung werden mit Nachdruck darauf bestehen, dass eine wöchentliche Pflicht zur Teilnahme an regelmäßigen Hausversammlungen besteht, und dass bei Drogenkonsum die fristlose Kündigung unabdingbar ist (unabhängig davon, ob diese generelle Regel von ihnen gutgeheißen wird).

10.2 Entschuldigung – kann ich Ihnen helfen?

Nur dann sind die Voraussetzungen zur Entstehung eines echten Gesprächs gegeben, von dem Martin Buber (1965, S. 283) sagt,

»dass jeder seinen Partner als diesen, als eben diesen Menschen meint. Ich werde seiner inne, werde dessen inne, dass er anders, wesenhaft anders ist als ich, in dieser bestimmten ihm eigentümlichen einmaligen Weise wesenhaft anders als ich, und ich nehme den Menschen an, den ich wahrgenommen habe, so dass ich mein Wort in allem Ernst an ihn, eben an ihn, richten kann.«

Und er ergänzt, um klarzumachen, dass es bei diesem Innewerden des Anderen nicht um bedingungslose Zustimmung geht: »Vielleicht muss ich seiner Ansicht über den Gegenstand unseres Gesprächs die meine Mal um Mal in aller Strenge entgegenhalten, um eine Auflockerung der Überzeugungen geht es ganz und gar nicht« (ebd.).

10.2.3 Hilfe – als Güte?

Wie gezeigt, ist der Begriff der »Hilfe« aus fachlicher Sicht umstritten, aber in Grenzen akzeptiert. In der Sozialen Arbeit mit straffällig gewordenen Menschen ist er jedenfalls üblich. Müller bezeichnet ihn als brauchbar und notwendig nur dann, wenn damit die Grenzen und Abhängigkeiten des Berufes benannt werden (Müller 2008, S. 428). Das habe ich eben versucht. Menschliche Güte an sozialarbeiterisches Handeln zu koppeln steht dagegen nicht zur Debatte, und es ist auch ein Wagnis, dieses Wort hier einzuführen. In der Sozialen Arbeit benutzten wir dafür in der Regel den Begriff der Haltung, oft auch jenen der Grundhaltung.

»Unter Grundhaltungen verstehen wir Einstellungen gegenüber Menschen, Situationen und Arbeitsprozessen, die für das weitere Vorgehen ebenso handlungsleitend sind wie theoretische Vorannahmen. Sie bilden den Rahmen für die Verwendung der (sozialpädagogischen) Methoden, die ohne diese zu bloßen ›Techniken‹ mutierten« (Glaum et. al 2018, S. 6).

Im Mittelhochdeutschen war die Bedeutung von »Halten« hüten, schützen und bewahren. Menschen halten Hühner, Bienen, Schafe. Menschen unterhalten Gärten. Halten gebrauchen wir im Sinne von stützen, ergreifen, festhalten, in die Hand nehmen.

Zusammenhang von Haltung und Handeln

Auch in der Arbeit mit straffällig gewordenen Menschen hängen Haltung und Handeln eng zusammen. Alle Fachkräfte müssen in ihrer Arbeit eine Haltung entwickeln, also eine geistige Einstellung und innere Gesinnung. Diese innere Gesinnung ist der Kompass, mit dem wir unsere Handlungen moralisch beurteilen. Sie färbt damit unser fachliches Tun – hinter jeder Handlung steht eine Haltung (Spiegel 2021, S. 249). Diese Haltung kann als Handlungsimperativ gemeint sein: »Fertige nach jedem Gespräch einen Vermerk an, aber unterlasse es, subjektive Deutungen in diesen Vermerk einzufügen.« Sie kann als Regel formuliert werden: »Wenn ein Gefangener dich bittet, für ihn Drogen in den Knast zu schmuggeln, dann sage immer und stets ›Nein!‹«. Sie kann ein Motto sein: »In unserer Wohngruppe arbeiten wir partizipativ, die Bewohner*innen sollen mitentscheiden, was es zu essen gibt.« Sie kann eine Aussage über Kollegialität sein: »Alle Konzepte werden innerhalb des Teams entwickelt.«

Es steht Ihnen als Leser*innen selbstverständlich frei, im Folgenden statt »Güte« den Begriff »Haltung« zu lesen und zu denken. Für viele mag das nahe liegen, denn der Begriff der »Güte« wird den Makel der Distanzlosigkeit nicht wirklich los. Er klingt nach zu viel Empathie, nach zu viel Nähe, nach zu viel Verstrickung. Das mag sein, und eben wegen dieses Vorbehaltes habe ich einen Abschnitt über Distanz und Nähe vorangestellt. Außerdem gebe ich zu bedenken, dass die Frage nach der Haltung in der Sozialen Arbeit ebenfalls nicht abschließend geklärt werden kann. Wie und was wir von etwas halten, wie wir es halten, und warum wir es gerade so halten, bleibt vielfach im Dunkeln. Daher scheint mir der Begriff der Haltung ebenfalls sehr schillernd und schwer zu umgrenzen, und obwohl Haltungen durchgängig und meist umfassender als sorgsam ausgearbeitete Konzepte wirken, werden sie von den Fachkräften häufig gar nicht als Wirkfaktoren ihrer Arbeit ernst genommen (ebd., S. 250).

> **Güte**
>
> Jedenfalls ist Güte ein schillerndes und schwer zu umgrenzendes Wort, und es ist unmittelbar einsichtig, dass das Maß der Güte eine Frage der Haltung sein muss. Daher lässt sich auch Güte nicht einfach definieren. Es kann großherzige Gesinnung meinen, Selbstlosigkeit, Nachsicht, Freundlichkeit, Fairness, Gefälligkeit oder einfach nur Hilfsbereitschaft. Wegen dieser großen Bedeutungsbreite ist der Begriff als eine beschreibende, gar analytische Kategorie kaum brauchbar. Aber da Fachkräfte keine trivialen Maschinen sind und wie ein Waschmaschinenprogramm funktionieren (ebd., S. 33), kann der schillernde Begriff der Güte vielleicht doch weiterhelfen. Es kann sein, dass in dem Akt des Helfens doch eine gewisse Güte zum Ausdruck kommen kann, dass auch im beruflichem Vollzug Güte nicht fehl am Platz ist und dass wir über die Güte über uns selbst und unseren Auftrag hinauswachsen.

»Ist Dein auch alle Erdenpracht/Und alle Weisheitsblüte/Das, was Dich erst zum Menschen macht,/Ist doch allein die Güte.«[45] In der Güte scheint eine Hoffnung und eine Zuversicht auf, die uns zu Menschen werden lässt. »Nicht bemitleiden, nicht auslachen, nicht verabscheuen, sondern verstehen«, wie (Bourdieu 1989, S. 13) zusammenfassend aus Spinozas »Ethik« zitiert. Das wird einem gütigen Menschen zugetraut. Gütige Menschen sind in der Lage, von sich selbst und ihren Interessen abzusehen und die Anderen zu verstehen. Der gütige Mensch folgt seinem Wunsch danach, jemand anderen zu verstehen – dieses anderen Menschen inne zu werden – mit ihm ernsthaft zu sprechen und darüber zu sich selbst zu kommen. Der gütige Mensch hilft damit sich selbst, ohne auf sich selbst zu zielen, ohne dass es seine Absicht ist, und sogar, ohne es selbst zu wissen, so die überraschende Schlussfolgerung:

> »Ein halbes Jahrhundert lang beneideten die Bürgerinnen von Pont-lÉveque Madam Aubain und ihre Magd Félicité. Für 100 Francs im Jahr besorgte sie Küche und Haushalt, nähte, wusch, plättete, konnte ein Pferd anschirren, das

---

[45] Karl Emil Franzos 1848–1904, Grabinschrift von Franzos, von ihm selbst verfasst, https://www.bk-luebeck.eu/zitate-franzos.html (Aufruf 23.02.2023)

Geflügel mästen, Butter machen, und blieb ihrer Herrin treu – die indessen keine angenehme Person war« (Flaubert 1877/1979, S. 9).

»Ein schlichtes Herz«, so hat Flaubert seine Erzählung über die Magd Félicité genannt, und das waren die Anfangssätze. Was die Magd tat, schien ihr nichts Besonderes zu sein. Helfende Menschen werden von fachfremden Personen häufig als gütige Menschen gesehen, die aber unangenehme Dinge tun müssen. »Ich könnte das nicht«, ist ein oft gehörter Satz. Aber kann das sein? Professionell helfende Menschen verrichten ein Amtsgeschäft im Auftrag der Öffentlichkeit. Helfende Menschen wollen völlig zu Recht dafür anerkannt werden. Ihr Beruf ist ganz maßgeblich davon bestimmt, andere Menschen anzuerkennen, und sie haben ein Recht darauf, auch selbst anerkannt zu werden[46]. Helfende Menschen fällen eine bewusste Entscheidung, in der einen oder anderen Weise zu helfen. Eine bewusste Entscheidung zur Güte können wir indessen nicht fällen. Wir treffen unsere Entscheidung zur Hilfe, indem wir eine entsprechende Ausbildung beginnen, es nebenberuflich tun oder nach einem Arbeitsleben damit Sinn in unsere späteren Lebensjahre bringen. Wir sprechen darüber, andere

---

46 Um mit dem Begriff der Anerkennung genau zu sein: Axel Honneth (1992) unterscheidet drei Formen: affektive Anerkennung in der Familie, kognitiv formelle Anerkennung im Recht sowie soziale Anerkennung und Solidarität in der Wirtschaft. Die von mir gemeinte Anerkennung kann auf allen drei Ebenen in der Sozialen Arbeit von Bedeutung sein: affektive Anerkennung etwa im Gespräch, formelle Anerkennung durch Stärkung und Wahrung der Rechte der Klient*innen, soziale Anerkennung durch Akzeptanz des sozialen Status, wie immer dieser auch beschaffen sein mag. Ich gehe so weit zu sagen, dass diese Anerkennung ein bewusster fachlicher Standard sein sollte. In der Regel gehen wir davon aus, dass Anerkennung symmetrisch zwischen autonomen Menschen stattfindet. Diese Wechselseitigkeit ist hier jedoch außer Kraft gesetzt, denn eine der beiden Seiten ist nicht in der Lage, die gleichen Rechte und die gleichen Pflichten auszuüben. Die Sozialarbeiterin im Strafvollzug kann jederzeit die Zelle des Gefangenen aufsuchen, dieser jedoch ihr Büro erst nach schriftlicher Anmeldung. Der Bewährungshelfer kann seinen Klienten zu Hause besuchen; auf diese Idee würde sein Klient niemals kommen. Die Sozialarbeiterin in einer Wohneinrichtung verfügt über einen Zweitschlüssel, mit dem sie jedes Bewohnerzimmer öffnen kann, während der Zugang zu ihrem Büro während ihrer Abwesenheit für die Bewohner tabu ist.

interessieren sich dafür. Die Öffentlichkeit weiß darum und billigt es. Während die Güte im Verborgenen geschieht, ist tätige Soziale Arbeit, sei sie nun ehrenamtlich oder hauptamtlich, ein öffentliches Werk mit anderen. Und »sobald ein öffentliches Werk bekannt geworden ist, verliert es natürlich seinen spezifischen Charakter der Güte« (Arendt 2008/1958, S. 91).

Warum ist das so? Schließlich wohl nur deshalb, weil es Güte nicht vertragen kann, gesehen und bemerkt zu werden, weder von anderen noch von jenen, die selbst Gütiges tun. Freundlichkeit und Nachsichtigkeit sind uns selbst verborgene Haltungen. »Wer sich dessen bewusst ist, ein gutes Werk zu tun, ist nicht mehr gut; er ist ein nützliches Glied der Gesellschaft geworden oder ein auf seine Pflichten bedachtes Mitglied der Kirche« (ebd.). Die großherzige Gesinnung verliert ihre Großherzigkeit, sobald ich über meine Großherzigkeit spreche, ihre Selbstlosigkeit wird zum Selbstbezug, aus der edlen Gesinnung wird ein alltägliches Tun oder gar Prahlerei. Wenn Güte als gut gelten will, wird sie zu Ungutem. So betätigt sich tätige Güte in der Welt und darf doch nie in ihr in Erscheinung treten. »Güte aber, die, ihrer Verborgenheit überdrüssig, sich anmaßt, eine öffentliche Rolle zu spielen, ist nicht nur nicht mehr eigentlich gut, sie ist ausgesprochen korrupt« (ebd., S. 95), denn nun bindet sie ihre Freigiebigkeit unter der Maske der Güte an einen Selbstzweck. Und dauerhaft gütig sein können wir ohnehin nicht. Das kann, theologisch gesprochen, nur Gott, weil er ewig ist: »Danket dem Herrn; denn er ist freundlich, und seine Güte währet ewiglich«, so Psalm 106,1.

> »Um Zweifel an der Selbstlosigkeit und Reinheit unserer Hilfsbereitschaft zu entwickeln, brauchen wir uns nur zu fragen, ob wir dabei nicht doch Hintergedanken haben. Einzahlung auf mein himmlisches Sparkonto? Um zu imponieren? Bewundert zu werden? Um den anderen zur Dankbarkeit mir gegenüber zu zwingen? Ganz einfach, um meinen seelischen Katzenjammer zu kurieren?« (Watzlawick 1983, S. 106).

Daher ist es fehlgeleitet, Soziale Arbeit als tätige Güte zu bezeichnen, und daher ist es auch ganz und gar unsinnig, für die Werke der tätigen Güte eine konkrete Gegenleistung zu erwarten, gewissermaßen eine ›Gegengüte‹. Güte kann nicht getauscht, sie kann nur getan werden.

> **Was bedeutet das für die Soziale Arbeit?**
>
> Das hat vor mehr als 100 Jahren Alice Salomon als Gründerin der ersten Frauenfachschule für Soziale Arbeit klar ausgedrückt und 1908 die Volkswirtschaftslehre als nüchtern rechnende Wissenschaft an die erste Stelle ihres Ausbildungsprogramms für Soziale Arbeit gerückt, »weil sie die wesentlichste Voraussetzung für alles soziale Denken ist; für ein gerechtes Handeln gegen die Menschen, mit denen das Leben uns in Beziehung bringt« (1997/1908, S. 382). Von Güte kein Wort. Für Alice Salomon ist Soziale Arbeit eine moderne Arbeit eigener Art, die an Stelle der mehr instinktartigen Regungen des guten Herzens (also der Güte) ein planmäßiges und systematisches Vorgehen setzt, denn grundlegend bedeutsam für alle Arbeit am Sozialen ist, dass die Ursachen für die Not von Menschen »gesetzmäßige Erscheinungen zeigen, die sich aus den wirtschaftlichen, rechtlichen und sozialen Verhältnissen zur Zeit ergeben müssen, nicht aber ein Naturgesetz darstellen, das keinem Wandel unterliegen kann« (zit. nach Labonté-Roset 2000, S. 31).

Und anders kann es auch gar nicht funktionieren. In der Einführungswoche zum Studium der Sozialen Arbeit sitzen gewiss viele gütige Menschen im Raum. Aber sie werden kaum Güte erlernen wollen, noch werden sie Güte erlernen können. Ihnen kommt es darauf an, ihre instinktartigen Regungen, ihre spontanen Impulse zur Hilfeleistung an den gesetzmäßigen Erscheinungen der Not zu orientieren, um sich mit einem planmäßigen und systematischen Vorgehen im Umgang mit dieser Not vertraut zu machen.

10.2.4 Helfen – als Hebammenkunst

Kommen wir zu einem weiteren Fallstrick, der unsere Hilfe zum Absturzen bringen kann. Ich meine die Selbstüberhebung über das uns Menschen eigene Maß hinaus. Einfach gesprochen: Wir trauen uns mehr zu, als wir leisten können. Das ist jenes Denken und Handeln, das die Griechen »Hybris« genannt haben. Menschen, die sich ihrer Hybris unterworfen

10.2 Entschuldigung – kann ich Ihnen helfen?

haben, werden in der griechischen Mythologie mit schlimmen Strafen belegt.

»Auch den Sisyphus sah ich, den vergebliche Pein abquälte: er war bemüht, ein großes Felsenstück einen Berg emporzuschieben; angestemmt, mit Händen und Füßen arbeitete er sich ab und wälzte den Stein die Berghöhe hinauf. Sooft er aber schon glaubte, ihn auf dem Gipfel droben zu haben, glitt ihm das Felsstück aus den Händen und rollte schändlicherweise den Berg hinunter. Da begann denn seine Anstrengung von neuem: der Angstschweiß floss ihm von den Gliedern, und das Haupt hüllte eine Wolke von Staub ein« (Schwab 2011, S. 446).

Wer hilft, muss sich vor der Selbstüberhebung in Acht nehmen. Das ist schwer, denn sicher ist, dass jemand, der helfen will, auf einen anderen Menschen einwirken möchte. Einwirken ist dabei noch ein schwaches Wort. Der Wunsch zur Hilfe kann in den Willen zur Erziehung umschlagen. Alles Erziehen ist in irgendeinem Sinn Hilfe. Helfende sind daher stets auch Pädagog*innen. Es gibt unterschiedliche Bilder von Pädagog*innen. Helfende Pädagogen können wir uns auch als Architekt*innen, Hirt*innen, Gärtner*innen oder Hebammen vorstellen (Dörpinhaus & Uphoff 2015). In allen diesen Bildern kommt zum Ausdruck, dass durch die pädagogische Arbeit mit den Hilfebedürftigen eine Veränderung in dem Menschen entstehen soll, dem geholfen wird. Architekt*innen konstruieren aus bestehenden Materialien etwas Neues. Sie sind der aktive Part im Umgang mit den toten, aber formbaren Materialien, die wir der Natur entrissen haben, um sie uns dienstbar zu machen. Hirt*innen beschützen die Herde vor Gefahren. Sie wollen sie aber nicht zur Mündigkeit führen. Ihre Schäfchen stehen als Schutzbefohlene in dauerhafter und unverrückbarer Abhängigkeit. Gärtner*innen bringen Form in den ansonsten drohenden Wildwuchs. Doch schon während ihrer Arbeit wächst die beschnittene Hecke unmerklich weiter.

Wenn unter diesen Berufen und Aufgaben ausgewählt werden sollte, so wäre es die Hebammenkunst jene, die der Arbeit mit straffällig gewordenen Menschen nahekommt.

Pädagogische Hebammenkunst

Hebammen unterstützen und begleiten einen ohnehin ablaufenden Prozess und bereiten Wege, die die Menschen dann selbst gehen müssen. »Pädagogische Hebammenkunst bedeutet dann nicht Förderung absoluter Wahrheit, sondern Förderung von Initiativität. Kein Mensch kann Initiativität bei einem anderen Menschen hervorrufen, dennoch können wir in einem pädagogischen Verhältnis Initiativität pädagogisch fördern, indem wir dem Vorgang spontaner Bezüge in spezifischer Weise beistehen« (Weber 2003, S. 295).

Um diesen Satz an einem Beispiel zu verdeutlichen: Ein Sozialarbeiter im Jugendvollzug hat eine Gesprächsgruppe gegründet. Nach einigen Sitzungen wird von den Teilnehmern immer wieder gesagt, dass das Vertrauen fehle. Sie wollen die Gruppe daher verlassen. Der Sozialarbeiter, gerade eben noch im Studium, schlägt eine Vertrauensübung vor. Das sei nun allerdings eine Angelegenheit für den Kindergarten, wird ihm entgegengehalten. Das Ziel der Gruppe sei es doch, auf die Entlassung vorzubereiten, und das muss mit dem nötigen Ernst geschehen, und nicht mit so einer Kinderübung. Der Unmut hält an, bis ein Teilnehmer das Wort »Vertrauensübung« durch den Begriff »Rollenspiel« ersetzt. Damit ist die Mehrheit einverstanden, und es wird geplant, eine Gerichtsverhandlung nachzustellen. Nun hat die Gruppe ein Projekt. Damit kennt sie sich aus, denn jeder hat das schon erlebt. Sie beginnt sofort mit der Planung. Die Vertrauensfrage ist aus dem Raum. Weil der Sozialarbeiter die Initiative zu einer Vertrauensübung ergriffen, aber nicht auf ihr bestanden hat, konnte die Gruppe ihre Initiative zum Rollenspiel entdecken, die er dann lediglich zu verstärken hatte.

Weber schlägt vor, Hebammenkunst auch als »anknüpfende Beistandschaft« zu bezeichnen, denn »das Gebären von Handlungsalternativen geschieht nicht in der Einsamkeit der Wüste, sondern unter den Bedingungen der Anwesenheit von anderen, die ebenso mit Spontaneität begabt sind« (Weber 2005, S. 87) wie die jungen Männer, die das Vertrauensthema in das Projekt einer Gerichtsverhandlung umgewandelt haben.

10.2 Entschuldigung – kann ich Ihnen helfen?

Wenn ich auch den Vergleich der professionell Helfenden mit der Hebamme bevorzuge, so mögen doch alle anderen Vergleiche ihre Berechtigung haben. Manchmal müssen wir direkt eingreifen, manchmal beschützten, manchmal schneiden. Wir werden mal mehr Architekt*in, Hirt*in, Gärtner*in oder Hebamme sein. Helfen ist anknüpfen an die Freiheit der anderen, denn das Vermögen, frei zu handeln, kann nicht ganz und gar verloren gehen.

»Nur dann ist ein Eingreifen ohne oder gegen den Willen eines Menschen berechtigt, wenn er bewiesen hat, daß er unfähig ist, allgemein als wesentlich anerkannte Aufgaben zu erfüllen; wenn er seine Kinder vernachlässigt oder gefährdet, wenn er Leben und Gesundheit anderer bedroht. Abgesehen von solchen Fällen ist jeder Versuch zu helfen, der nicht auf eine Bereitschaft des Hilfsbedürftigen stößt, zum Scheitern verurteilt« (Salomon 2007/1926, S. 85).

Hiltrud von Spiegel (2021) fasst dies mit dem Begriff der »Koproduktion« als notwendiges Charakteristikum und Voraussetzung aller Sozialen Arbeit.

So scheint mir der Begriff der Hilfe für die Arbeit mit straffällig gewordenen Menschen bedingt brauchbar zu sein, doch stößt er an Grenzen. Ein Bewährungswiderruf wird kaum als Hilfe empfunden, die Vorladung zu einer polizeilichen Vernehmung ebenfalls nicht und alle Fachkräfte wissen ein Lied davon zu singen, dass viele ihrer Klient*innen unzuverlässig sind und die mit ihnen verabredeten Termine sehr oft nicht einhalten. Dabei ist allgemein bekannt, dass wichtige, also hilfreiche und notwendige Verabredungen in der Regel nicht vergessen werden. Die Antwort, warum es so oft zum Vergessen kommt, ist recht einfach: Die Termine, die Verabredungen und die angebotenen Unterstützungsleistungen werden nicht immer als Hilfe verstanden und sie sind auch nicht immer so gemeint. Damit umzugehen ist und bleibt eine besondere Herausforderung.

10.2.5 Strafen, Helfen oder beides? Arbeit mit straffällig gewordenen Menschen im Zwangskontext

In der Regel wird die Hilfe im Zwangskontext erbracht. Die Angebote werden nicht freiwillig in Anspruch genommen. Auf die Soziale Arbeit in der Arbeit mit straffällig gewordenen Menschen trifft das ganz besonders zu. Insgesamt schwanken die Schätzungen zur Relevanz von Zwangskontexten bzw. nicht freiwilligen Kontaktaufnahmen zwischen zwei Dritteln und 90 % (Zobrist & Kähler 2017, S. 19).

> **Zwangskontext**
>
> Mit Zwangskontext meine ich den »Zugang zu Sozialer Arbeit, also die mehr oder minder freiwillige Inanspruchnahme (weiter Zwang) oder die erzwungene Inanspruchnahme (enger Zwang)« (Lindenberg & Lutz 2021, S. 36).

Eine mehr oder minder freiwillige Inanspruchnahme liegt etwa dann vor, wenn sich die Mutter eines tatverdächtigen Jugendlichen dazu entschließt, bei dem Gespräch mit der Sozialarbeiterin im Jugendgerichtsverfahren dabei zu sein, obwohl sie nicht vorgeladen wurde. Aber sie hat selbstverständlich gute Gründe, sich diesem weiten Zwang zu unterwerfen, will sie doch ihr Kind beschützen. Wenn dagegen jemand bedingt aus der Strafhaft entlassen und ihm ein Bewährungshelfer beigeordnet wurde, kann von freiwilliger Inanspruchnahme nicht die Rede sein. Selbstverständlich kann es sein, dass im Zuge häufiger Treffen aus der ursprünglich erzwungenen Inanspruchnahme eine mehr oder minder freiwillige Inanspruchnahme wird, weil die Kontakte als hilfreich erlebt werden, Sympathien entstehen und zwischenmenschliche Begegnungen, die das Verhältnis Schritt für Schritt auflockern.

Den aufmerksamen Leser*innen ist es sicher nicht entgangen, dass die Befassung mit der beruflich gegebenen Hilfe und deren Fallstricken eng mit dem doppelten Auftrag Sozialer Arbeit zusammenhängt.

10.2 Entschuldigung – kann ich Ihnen helfen?

Doppelter Auftrag und doppeltes Mandat Sozialer Arbeit

Ihr erster Auftrag und damit Ausgangspunkt ist der einzelne Mensch. Seine Bedürfnisse, seine Schwierigkeiten, aber auch seine Ressourcen stehen im Zentrum der Aufmerksamkeit. Das kann jedoch nicht verstanden und bearbeitet werden, ohne die politischen Voraussetzungen, die gesellschaftlichen Zuschreibungen und die Diskurse über Straffälligkeit einzubeziehen. Dies ist der zweite Auftrag (Kawamura-Reindl & Schneider 2015, S. 71). Professionelles berufliches Handeln meint daher eine doppelte Bezugnahme auf Individuum und Gesellschaft.

Dieser doppelte Auftrag ist jedoch von dem unterscheiden, was Studierende bereits in den ersten Wochen lernen. Gemeint ist das sogenannte Doppelte Mandat.[47] Um daran auch hier kurz zu erinnern: Die Einschränkungen der Handlungsfreiheit wie die Durchsetzung des eigenen Willens gegen den Willen einer anderen Person werden in Praxis und Fachliteratur regelhaft als Doppeltes Mandat und als Spannungsfeld von Hilfe und Kontrolle (Böhnisch & Lösch 1973) beschrieben. Auch der Begriff des Zwangskontexts ist geläufig. Im Zentrum stehen dabei die Bedingungen des Handelns, unter denen Soziale Arbeit stattfindet, und die Frage nach der Bewältigung dieser Bedingungen. Und bewältigt werden müssen sie, denn die Handlungsaufträge von Seiten des Staates bzw. der Gesellschaft unterscheiden sich regelmäßig (wenn auch nicht immer) von den Interessen der straffällig gewordenen Menschen.

Wer aus der Strafhaft entlassen wurde, weil seine Reststrafe zur Bewährung ausgesetzt wurde, wird kein besonders großes Interesse daran haben, dass

---

47 Mit dem Rettungsversuch des sog. Tripelmandats aus diesem unauflösbaren Dilemma befasse ich mich zwar nicht, aber er muss unbedingt erwähnt werden. Mit diesem dreifachen Mandat, das neben der Hilfe und der Kontrolle auch die eigene Fachlichkeit als Menschenrechtsprofession zu wahren hat, wird versucht, das fachliche Handeln in eine größere Unabhängigkeit und Eigenständigkeit zu führen, weil die Entscheidungen unabhängig vom herrschenden Zeitgeist, vom Druck des Trägers oder der Adressat*innen auf der Grundlage eines Berufskodex getroffen werden (Staub-Bernasconi 2007, S. 200).

das darüber wachende aufsichtsführende Gericht detailliert über seine Lebensführung informiert wird. Er wird sich mehr dafür interessieren, endlich eine eigene Wohnung zu beziehen. Seine Sozialarbeiterin aber muss beides in den Blick nehmen: die regelmäßigen Berichte an das Gericht und die Unterstützung bei der Wohnungssuche. Sie muss damit umgehen, dass ihre Soziale Arbeit nicht freiwillig in Anspruch genommen wurde. Wenn sie dies nicht beachtet, läuft sie Gefahr, dass sie ihre Praxen des Zwangs bzw. die Zwangsmittel, die sie konzeptionell und geplant oder auch spontan einsetzt, als ungeliebte Nebeneffekte nach Möglichkeit ausblendet, weil sie ihr professionelles Selbstbild gefährden, denn sie will zum selbstständigen, freien Handeln anleiten. Sie will ermöglichen und ermächtigen und nicht überwachen und strafen. Doch steht ihre Arbeit nun einmal in einem Zwangszusammenhang, der alle ihre Handlungen »in einen besonderen, weil gerichtlich angeordneten Rahmen setzt und ein breites Sanktionsspektrum enthält, auf das im Falle fehlender Bereitschaft zur Mitarbeit zurückgegriffen werden muss« (Kawamura-Reindl & Schneider 2015, S. 72). Es hilft also nichts: Sie muss ihren Klienten als risikobehaftete und als unterstützungswürdige Person zugleich sehen. »Wer Hilfe sagt, muss auch Kontrolle sagen« (Huber & Schierz 2013, S. 103). Für ihr Klientel ist es genauso. Es muss die professionellen Helfer*innen ebenfalls als mögliches Risiko für sich selbst ansehen und zugleich als Personen betrachten, die sie unterstützen können. Beide Seiten werden daher sehr sorgsam abwägen, was sie einander mitteilen. Sie müssen ihre Äußerungen genau kalkulieren. Sie können nicht frei miteinander sprechen. Das Doppelte Mandat ist für beide Seiten Last und Qual.

Damit muss ein Umgang gefunden werden. Wie könnte jemand denken, der eher die Risikoperspektive einnimmt und daher seine Arbeit als überwiegende Kontrolle definiert? Vielleicht so:

> »Wir können die Probleme nicht dadurch lösen, dass wir versuchen, die Probanden zu ändern. Sie sind nicht zugänglich für Überzeugungsarbeit, Behandlung, Beratung, Resozialisierung. Wir müssen sie daher so nehmen, wie sie sind, ihre Umweltbedingungen verändern und, wenn das zu nichts führt, mit den Folgen ihrer Unlenkbarkeit umgehen'« (Cohen 1985, S. 150, Übersetzung M. L.).

10.2 Entschuldigung – kann ich Ihnen helfen?

Und das erfordert nun einmal Kontrolle und Aufsicht. So steht es im Gesetz.

Wie mag darauf jemand antworten, der sich eher als Sozialarbeiter versteht, dem die Kontrollfunktionen unangenehm sind und der daher sein Hilfemandat verteidigt? Vielleicht so:

> »Wir können die Probleme tatsächlich nicht dadurch lösen, dass wir den Menschen ändern wollen. Das geht sowieso nicht. Wir können ihn nur begleiten und unterstützen, indem wir uns mit unseren Überzeugungen selbst einbringen, denn wir wissen doch, dass jede Änderung von der Person selbst ausgehen muss.«

Mit dieser Last des Doppelten Mandats beschäftigen sich Fachkräfte in der Sozialen Arbeit laufend und in der Arbeit mit straffällig gewordenen Menschen ganz besonders. Unbedingt gerne thematisiert wird das nicht, doch so ist es: Der Ursprung jedes beruflichen Kontakts beruht entweder auf einem bereits getroffenen Urteil, einem Beschluss, einer verfügten Maßnahme oder kommt in der Erwartung einer möglichen staatlichen Maßnahme zustande. Das ist weder zu beklagen noch gutzuheißen. Das ist eine Grundlage und daher im alltäglichen Kontakt zu bedenken – auch, wenn es nicht unbedingt leichtfällt und sich viele wünschen würden, dass es anders wäre. Es gilt jedoch, diesen Zwang einzuordnen und sich bewusst zu sein, dass er unumgänglich ist. Wie Abbildung 10 zeigt, sind wir ohnehin immer von Zwängen umgeben. Aber das ist nicht gemeint. Niemand aus Deutschland wird sich gegen den weiten Zwang des Rechtsverkehrs sträuben, aber ihn auch nicht durchsetzen wollen, wenn er sich mit seinem Fahrzeug in Dover ausschifft. Es gilt jedoch, die situativen und die strukturellen Zwangselemente in der Arbeit zu erkennen und zu berücksichtigen (▶ Abb. 10).

Albert Camus (2005/1957) erzählt in »Der Gast« eine dramatische Geschichte. Zur Zeit des Algerienkrieges lebt der Lehrer Daru beschaulich und zurückgezogen in den Bergen. Er kümmert sich um die Schüler und deren Familien. Er ist zufrieden. Politik interessiert ihn nicht. Eines Morgens sieht er zwei Männer den Berg zu seiner Wohnung hinaufsteigen. Es ist ein Gendarm mit seinem Gefangenen. Der Gendarm soll den Mann über die Berge in die nächste Kleinstadt in die Untersuchungshaft führen. Der Mann ist angeklagt, einen Verwandten ermordet zu haben. Der Gendarm lässt den Tatverdächtigen gegen den ausdrücklichen Widerstand

10 Soziale Arbeit mit straffällig gewordenen Menschen

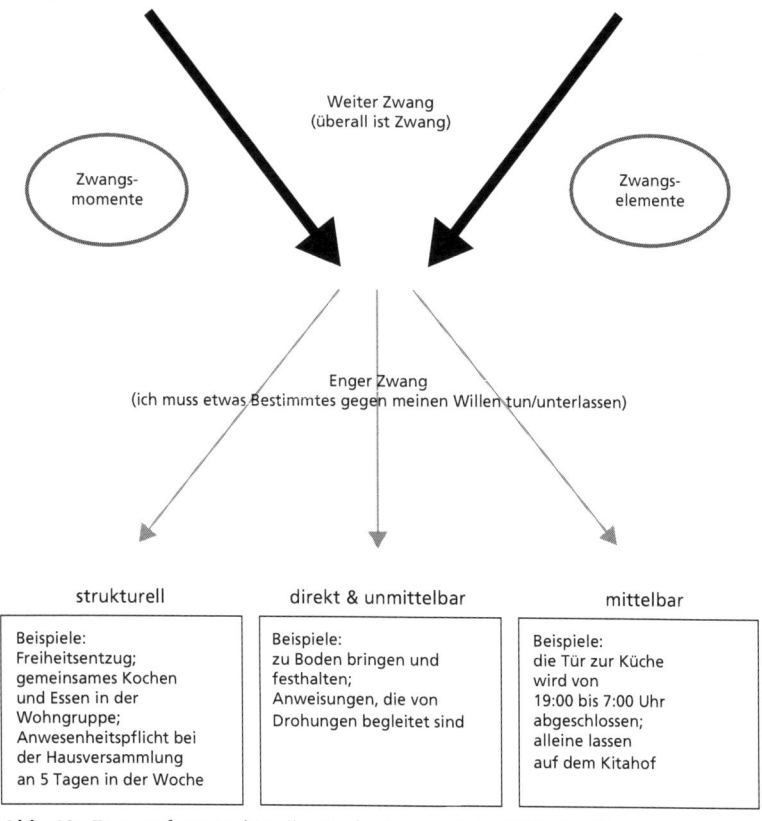

Abb. 10: Zwangsformen (Quelle: Lindenberg & Lutz 2021, S. 34)

des Lehrers zurück mit der strengen Aufforderung, dass er ihn anderntags den Berg herunter ins Gefängnis führen soll. Das Argument des Polizisten: Auch er, der Lehrer, sei Teil der Staatsmacht. Die Aufforderung sei daher nicht unbillig. Der Lehrer bereitet dem Gefangenen eine Mahlzeit und weist ihm eine Schlafstätte zu. Er behandelt ihn höflich als seinen Gast. Sie gehen zu Bett. Daru hofft, dass der ungefesselte Gefangene nachts flieht. Er hofft vergebens. Am nächsten Morgen begleitet er ihn bis in Sichtweite der Kleinstadt. »Hör zu«, wendet er sich an den Mann, »das ist die Piste, die über die Hochebene führt. In einem Tagesmarsch kommst du zu den Weiden und den ersten Nomaden. Sie werden dich aufnehmen und be-

10.2 Entschuldigung – kann ich Ihnen helfen?

schützen, wie ihr Gesetz es verlangt.« Dann kehrt er ihm den Rücken zu und macht große Schritte in Richtung auf die Schule. Auf einer Anhöhe blickt er zurück. »Die Felsenfelder im Süden zeichnen sich deutlich am blauen Himmel ab, aber über die Ebene im Osten erheben sich bereits die Dunstschleier der Hitze. Und in diesem leichten Dunst entdeckt Daru mit beklommen Herzen den Araber, der langsam dahinschreitet auf dem Weg zum Gefängnis.« Als der Lehrer zurückkommt, liest er an der Wandtafel in seinem Klassenzimmer die von ungelenker Hand mit Kreide geschriebenen Worte: »Du hast unseren Bruder ausgeliefert. Das wirst du büßen.«

Den in der Abbildung 10 gezeigten situativen und strukturellen Zwängen unterliegen nicht nur die straffällig gewordenen Menschen. Auch die Fachkräfte sind davon betroffen. Gleich Daru sind sie nicht mit allem einverstanden, was sie tun müssen. Im Folgenden erzähle ich kleines Beispiel aus meiner Zeit als Praktikant im Jugendstrafvollzug. Der Onkel eines Inhaftierten war gestorben, und der junge Mann beantragte einen Ausgang für die Beerdigung. Gegen den Widerstand vieler Bediensteter setzte ich mich sehr dafür ein. Schließlich wurde der Ausgang als Begleitausgang genehmigt. Ich war die Begleitperson. Den Trauergästen konnte nicht klar sein, dass sie es maßgeblich meinem Einsatz zu verdanken hatten, dass der Neffe des Verstorbenen dabei sein konnte. Im Gegenteil, niemand sprach mit mir, es war deutlich, dass ich für diese Gruppe auf der anderen Seite stand. Alle Blicke waren feindselig. Das war während der Trauerfeier noch zu ertragen. Doch bei dem anschließenden Kaffeetrinken wurde es schwierig. Sollte ich ein Stück Kuchen und eine Tasse Kaffee nehmen oder nicht? Beide Entscheidungen wären vermutlich falsch gewesen. Keinen Kuchen und keinen Kaffee zu nehmen würde unweigerlich als Arroganz und Ablehnung interpretiert werden. Also nahm ich Kaffee und Kuchen. Die Blicke der Trauergäste sprachen aber auch hier eine deutliche Sprache: »Jetzt isst er sogar noch unseren Kuchen, der schämt sich gar nicht«. Die Rolle des Bediensteten im Strafvollzug war nicht abzustreifen. Warum sollte das auch geschehen, denn es ist sachlich richtig, dass auch ich den Zwangskontext Gefängnis mitzuverantworten hatte, der den Trauergästen den Jungen entzog, den sie nur um den Preis eines ungebetenen Gastes bei sich haben konnten.

Literatur

Abschlussbericht der Reformkommission zum Sexualstrafrecht (2017). Dem Bundesminister der Justiz und für Verbraucherschutz Heiko Maas am 19. Juli 2017 vorgelegt, https://www.rosenburg.bmj.de/SharedDocs/Downloads/DE/Service/StudienUntersuchungenFachbuecher/Abschlussbericht_Reformkommission_Sexualstrafrecht.pdf;jsessionid=7D1DE77B98282E222D42E740AC56493C.1_cid324?__blob=publicationFile&v=1 (Aufruf 09.04.2022)

Achter, V. (1951). Geburt der Strafe. Frankfurt/Main

Adorno, Th. W. (1963). Sexualtabus und Recht heute. Fritz Bauer zum Gedächtnis. In: Bauer, F.; Bürger-Prinz, H.; Giese H.; Jäger, H. (Hg.). Sexualität und Verbrechen – Beiträge zur Strafrechtsreform. Frankfurt/Main, S. 533–554

AG Soziologie (1992). Denkweisen und Grundbegriffe der Soziologie. Eine Einführung. Frankfurt/Main

AK HochschullehrerInnen Kriminologie/Straffälligenhilfe in der Sozialen Arbeit (Hg.) (2022) (2. Auflage). Kriminologie und Soziale Arbeit. Ein Lehrbuch. Weinheim, Basel

Albrecht, H. J. (2011). Bestrafung der Armen? Zu Zusammenhängen zwischen Armut, Kriminalität und Strafrechtsstaat. In: Dollinger, B.; Schmidt-Semisch, H. (Hg.). Gerechte Ausgrenzung? Wohlfahrtsproduktion und die neue Lust am Strafen. Wiesbaden, S. 111–129

Alinsky, S. D. (1973). Leidenschaft für den Nächsten. Strategien und Methoden der Gemeinwesenarbeit. Gelnhausen. Berlin

Alinsky, S. D. (1999) (2. Auflage). Anleitung zum Mächtigsein. Ausgewählte Schriften. Zusammengestellt und aus dem Englischen von Karl-Klaus Rabe. Göttingen

Anhorn, R. (2008). Zur Einleitung: Warum sozialer Ausschluss für Theorie und Praxis Sozialer Arbeit zum Thema werden muss. In: Anhorn, R;, Bettinger, F.; Stehr, J. (Hg.). Sozialer Ausschluss und Soziale Arbeit. Wiesbaden, S. 13–48

Anhorn, R. (2022). Das »Risiko« in der Sozialen Arbeit. Zur Konfliktverdeckung, Konfliktverlagerung und Transformation des Selbstverständnisses Sozialer Arbeit am Beispiel der risikoorientierten Bewährungshilfe. In: Eichinger, U.; Schäuble, B. (Hg.). Konfliktanalysen: Element einer kritischen Sozialen Arbeit. Perspekti-

ven kritischer Sozialer Arbeit. Wiesbaden, S. 137–164. https://doi.org/10.1
007/978-3-658-35857-0_8
Arend, D.; Hekele, K.; Rudolph, M. (1993) (3. Auflage). Sich am Jugendlichen orientieren. Konzeptionelle Grundlagen und Erfahrungen der MOBILEN BETREUUNG (MOB) des Verbundes Sozialtherapeutischer Einrichtungen (VSE) Celle. Frankfurt/Main
Arendt, H. (2008) (am. Original 1958). Vita activa oder Vom tätigen Leben. München, Berlin, Zürich
Babbage, C. (1832). On the Economy of Machinery and Manufactures. Cambridge. Vollständiger Abdruck: https://rybn.org/human_computers/articles/Babbage_Charles_On_the_Economy_of_Machinery_and_Manufactures.pdf (Aufruf 17.02.2032)
Bartelheimer, P. (1999). Der soziale Raum in der aktuellen soziologischen Debatte. In: Freyberg, T. v.; Schneider, J. (Hg.). Sozialraumanalyse als Lernprozess. Beiträge zur qualitativen Segregationsanalyse. Frankfurt/Main, S. 15–32.
Bartsch, T; Krieg, Y.; Schuchmann, I.; Schüttler, H.; Steinl, L.; Werner, M. Zietlow, M. (Hg.) (2022). Gender & Crime. Geschlechteraspekte in Kriminologie und Strafrechtswissenschaft. Baden-Baden
Becker, H. S. (1973). Außenseiter. Zur Soziologie abweichenden Verhaltens. Frankfurt/Main
Becker, H. S. (1967). Whose Side Are We On? In: Social Problems, 14(3), S. 239–247.
Berger, P. L. (1971). Einladung zur Soziologie. München
Birkel, C.; Church, D.; Hummelsheim-Doss, D; Leitgöb-Guzy, D.; Oberwittler, D. (Hg.) (2019). Der Deutsche Viktimisierungssurvey 2017. Opfererfahrungen, kriminalitätsbezogene Einstellungen sowie die Wahrnehmung von Unsicherheit und Kriminalität in Deutschland. Wiesbaden: Bundeskriminalamt. http://www.bka.de/SharedDocs/Downloads/DE/Publikationen/Publikationsreihen/Forschungsergebnisse/2018ersteErgebnisseDVS2017.pdf?__blob=publicationFile (Aufruf 11.07.2022)
Blumer, Herbert (1969/1986b). Social Implications of the Thought of George Herbert Mead. In: Ders. Symbolic Interactionism. Perspective and Method. Berkeley & Los Angeles, S. 61–77
Böhnisch, L.; Lösch, H. (1973). Das Handlungsverständnis des Sozialarbeiters und seine institutionelle Determination. Zur gegenwärtigen Diskussion über den politisch-sozialen Standort des Sozialarbeiters. In: Otto, H.-U.; Schneider, S. (Hg.). Gesellschaftliche Perspektiven der Sozialarbeit. Band 2. Neuwied, S. 21–40
Bourdieu, P. (1985). Sozialer Raum und »Klassen«. Zwei Vorlesungen. Übersetzt von Bernd Schwibs. Mit einer Bibliographie der Schriften Pierre Bourdieus von Yvette Delsaut. Frankfurt/Main
Bourdieu, P. (1992/2003). Die rechte und die linke Hand des Staates. Interview mit R. P. Droit und T. Ferenczi, erschienen in Le Monde am 14. Januar 1992. Aus dem Französischen von Jörg Ohnacker. In: Brüsemeister, T.; Eubel, K.-D. (2003).

Zur Modernisierung der Schule: Leitideen – Konzepte – Akteure. Ein Überblick. Bielefeld, S. 89–91. https://doi.org/10.1515/9783839401200 (Aufruf 09.02.2023)

Bourdieu, P. (1997). Das Elend der Welt. Zeugnisse und Diagnosen alltäglichen Leidens an der Gesellschaft. Konstanz

Buber, M. (1965). Elemente des Zwischenmenschlichen. In: Ders. Das Dialogische Prinzip. Heidelberg, S. 272–298

Buchkremer, H. (1996) (4. Auflage). Helfen. In: Kreft, D.; Mielenz, I. (Hg.). Wörterbuch Soziale Arbeit. Weinheim, Basel, S. 281

Bundesministerium des Innern, für Bau und Heimat Bundesministerium der Justiz und für Verbraucherschutz (2019). Dritter Periodischer Sicherheitsbericht. Berlin. Abrufbar unter bmi.bund.de, bmjv.de, bka.de und bfj.de

Burgard, A; Ghanem, C.; Graebsch, C.; Kufner, J.; Lindenberg, M.; Negal, D. (2022). Kritische Kriminologie in der Praxis? Desistance als Ansatz. Kriminologisches Journal, 54(3), S. 253–262

BVerfG (1997). Beschluss des Zweiten Senats vom 09. Juli 1997, 2 BvR 1371/96 – Rn. 1–13. http://www.bverfg.de/e/rs19970709_2bvr137196.html (Aufruf 09.04.2022)

BVerfGE (1973), Der Soldatenmord von Lebach, 35, 202, 236. https://dejure.org/dienste/vernetzung/rechtsprechung?Gericht=BVerfG&Datum=05.06.1973&Aktenzeichen=1%20BvR%20536%2F72 (Aufruf 7.03.2023)

BVerwG (1974). Urteil vom 03.12.1974 – I C 11.73 = openJur 2012, 132637 (Aufruf 7.03.2023)

Camus, A. (2005/1957). Der Gast. (Deutsch von Guido G. Meister). In: Camus, A.; Kleine Prosa, Reinbek bei Hamburg, S. 143–159

Christie, N. (1977). Conflicts as Property. British Journal of Criminology, 17(1), S. 1–15.

Christie, N. (1995/1980) (2., bearbeitete Auflage von Peter Selling). Grenzen des Leids. Münster

Cloward, R. A.; Piven, F. F. (1993) (updated Edition) Regulating the Poor. The Functions of Public Welfare. New York

Cohen, S. (1985). Visions of Social Control. Crime, Punishment and Classification. Cambridge

Conrad, J. (1987/1907). Der Geheimagent. Eine einfache Geschichte. Frankfurt/Main

Cornel, H. (2021a). Resozialisierung durch Soziale Arbeit. Ein Lehrbuch für Studium und Praxis. Stuttgart

Cornel, H. (2021b). Bewährungshilfe und Kriminalpolitik. In: Cornel, H.; Kawamura-Reindl, G. (Hg.). Bewährungshilfe. Theorie und Praxis eines Handlungsfeldes Sozialer Arbeit. Weinheim, Basel, S. 40–50

Cornel, H. (2022). Geschichte des Strafens und der Straffälligenhilfe. In: AK HochschullehrerInnen Kriminologie/Straffälligenhilfe in der Sozialen Arbeit (Hg.) (2. Auflage). Kriminologie und Soziale Arbeit. Ein Lehrbuch. Weinheim, Basel, S. 31–47

Cornel, H.; Graebsch, C.; Höynck, T.; König, A.; Lindenberg, M; Mönig, U.; Schneider, S.; Trenczek, T. (2022). Punitive Einstellungen unter Studierenden der Sozialen Arbeit. Eine kriminologische Befragung an sieben Hochschulen Deutschlands. In: AK HochschullehrerInnen Kriminologie/Straffälligenhilfe in der Sozialen Arbeit (Hg.) (2. Auflage). Kriminologie und Soziale Arbeit. Ein Lehrbuch. Weinheim, Basel, S. 93–110

Cornel, H.; Grosser, R.; Lindenberg, K; Lindenberg, M. (2018). Wissen, was wir tun. Überlegungen zur Rückbesinnung auf sozialarbeiterisches Handeln in der Arbeit mit straffällig gewordenen Menschen. Bewährungshilfe, 65(1), S. 77–90

Cornel, H.; Kawamura-Reindl, G. (2021), Bewährungshilfe in Deutschland – Entwicklung, Rechtsgrundlagen, Aufgaben und Organisation. In: Cornel, H.; Kawamura-Reindl, G. (Hg.). Bewährungshilfe. Theorie und Praxis eines Handlungsfeldes. Weinheim, Basel, S. 11–26

Cornel, H.; Trenczek, T. (2019). Strafrecht und Soziale Arbeit. Lehrbuch. Baden-Baden

Cremer-Schäfer, H, Steinert, H. (1986). Sozialstruktur und Kontrollpolitik. Einiges von dem, was wir glauben, seit Rusche und Kirchheimer dazugelernt zu haben. In: Kriminologisches Journal, 1. Beiheft: Kritische Kriminologie Heute, S. 77–118

Cremer-Schäfer, H.; Lutz, T. (2019) Über die Relevanz der Etikettierungsperspektive heute – ein Gespräch. In: Widersprüche 153, S. 29–42

Dahrendorf, R. (1990). Die zweite Stufe der Währungsunion oder die normative Ohnmacht des Faktischen. In: Oswald, H. (Hg.). Macht und Recht. Festschrift für Heinrich Popitz zum 65. Geburtstag. Opladen, S. 51–63

Deutscher Ethikrat (2018) (Hg.). Hilfe durch Zwang? Professionelle Sorgenbeziehungen im Spannungsverhältnis von Wohl und Selbstbestimmung. Stellungnahme. Berlin

Dörpinhaus; A.; Uphoff; I. K. (2015) (4. Auflage). Grundbegriffe der Pädagogik. Darmstadt

Dünkel, F. (2021). Bewährungshilfe – international vergleichende Aspekte. In: Cornel, H.; Kawamura-Reindl, G. (Hg.). Bewährungshilfe Theorie und Praxis eines Handlungsfeldes. Weinheim, Basel, S. 65–81

Dünkel, F. (2022). Abschaffung oder Reform der Ersatzfreiheitsstrafe? Neue Kriminalpolitik, S. 253–269

Dünkel, F.; Geng, B. (2013). Die Entwicklung von Gefangenenraten im nationalen und internationalen Vergleich – Indikator für Punitivität? Soziale Probleme, 24(1), S. 42–65. https://nbn-resolving.org/urn:nbn:de:0168-ssoar-441

Dünkel, F.; Geng, B.; Harrendorf, S. (2016). Gefangenenraten im internationalen und nationalen Vergleich. Bewährungshilfe, 63 (2), S. 178–200

Durkheim, E. (1992) (franz. Original 1893). Über soziale Arbeitsteilung. Studien über die Organisation höherer Gesellschaften. Frankfurt/Main

Durkheim, E. (1961) (franz. Original 1895). Die Regeln der soziologischen Methode. In neuer Übersetzung herausgegeben von René König. Neuwied

Elias, N. (1991) (16. Auflage). Über den Prozeß der Zivilisation. Soziogenetische und psychogenetische Untersuchungen. Erster Band: Wandlungen des Verhaltens in den weltlichen Oberschichten des Abendlandes. Frankfurt/Main

Engels, F. (1974/1884). Der Ursprung der Familie, des Privateigentums und des Staates. Im Anschluss an Lewis H. Morgans Forschungen. Berlin

Entorf, H.; Möbert, J.; Meyer, S. (2008). Evaluation des Justizvollzugs: Ergebnisse einer bundesweiten Feldstudie. Heidelberg

Fallada, H. (1934/1957). Wer einmal aus dem Blechnapf frisst. Reinbek bei Hamburg

Fehr, H. (1938). Die gerechte Vergeltung im Diesseits und Jenseits: In: Wirtschaft und Kultur. Festschrift zum 70. Geburtstag von Alfons Dopsch. Baden bei Wien, S. 591–603

Fischer, T. (2018). Über das Strafen. Recht und Sicherheit in demokratischen Gesellschaften. München

Flaubert, G. (1877/1979). Ein schlichtes Herz (Un coeur simple). Zürich

Foucault, M. (1976). Mikrophysik der Macht. Michel Foucault über Strafjustiz, Psychiatrie und Medizin. Berlin

Foucault, M. (1977). Überwachen und Strafen. Die Geburt des Gefängnisses. Frankfurt/Main

Frank, J. D. (1981). Die Heiler. Stuttgart

Gadamer, H.-G. (1993). Behandlung und Gespräch. In: Ders., Über die Verborgenheit der Gesundheit. Aufsätze und Vorträge. Frankfurt/Main, S. 159-175

Gesetz zur ambulanten Resozialisierung und zum Opferschutz in Schleswig-Holstein (ResOG SH) (2021). Ministerium für Justiz, Europa und Verbraucherschutz in Schleswig-Holstein

Ghanem, C.; Graebsch, C. (2021). Desistanceorientierte Soziale Arbeit in der Bewährungshilfe. In: Cornel, H.; Kawamura-Reindl, G. (Hg.). Bewährungshilfe. Theorie und Praxis eines Handlungsfeldes Sozialer Arbeit. Weinheim, Basel, S. 132-144

Ghanem, C.; Stadler, H. (2022). Desistance-orientierte Straffälligenhilfe-Forschungsergebnisse und Praxisimplikationen. In: AK HochschullehrerInnen Kriminologie/Straffälligenhilfe (Hg.) (2. Auflage). Kriminologie und Soziale Arbeit. Ein Lehrbuch. Weinheim, Basel, S. 177-189

Giddens, A. (1984). Interpretative Soziologie. Eine kritische Einführung. Frankfurt/Main

Giordano, P. C.; Cernkovich, S. A.; Rudolph, J. L. (2002). Gender, Crime and Desistance. Toward a Theory of Cognitive Transformation. American Journal of Sociology, (4), S. 990–1064

Glasersfeld, E. v. (2002) (6. Auflage). Konstruktion der Wirklichkeit und des Begriffs der Objektivität. In: Glasersfeld, E. v.; Foerster, H. v.; Watzlawick, P.; Hejl, P. M.; Schmidt, S. J. (Hg.). Einführung in den Konstruktivismus. München, S. 9–39

Glaum, J; Knichala, B.; Medelnik, C.; Opitz, S.; Rohde, G.; Schäfer, G. (2018). Alles eine Haltungsfrage? Theoretischer Hintergrund und praktische Relevanz von Haltung für die Arbeit von Jugendämtern. Ergebnisse der Arbeitsgruppe »Hal-

tung von Fachkräften in der Sozialen Arbeit« für das Niedersächsische Landesamt für Soziales, Jugend und Familie – Landesjugendamt, Hannover
Goffman, E. (1972) (am. Original 1961). Asyle. Über die soziale Situation psychiatrischer Patienten und anderer Insassen. Frankfurt/Main
Goffman, E. (1983) (am. Original 1959). Wir alle spielen Theater. Die Selbstdarstellung im Alltag. München
Goldberg, B.; Trenczek, T. (2022). Jugend und Jugenddelinquenz. In AK HochschullehrerInnen Kriminologie/Straffälligenhilfe in der Sozialen Arbeit (Hg.) (2. Auflage). Kriminologie und Soziale Arbeit. Ein Lehrbuch. Weinheim, Basel, S. 259–277
Gouldner, A. W. (1968). The Sociologist as Partisan: Sociology and the Welfare State. American Sociologist, 3, S. 103–116
Gouldner, A. W. (1974). Die westliche Soziologie in der Krise. Reinbek bei Hamburg
Gouldner, A. W. (1975) (Original 1973). For Sociology. Reneval and Critique in Sociology Today. Harmondsworth
Graebsch, C. (2017). Beobachtet, aber nicht beachtet Forum Strafvollzug. Zeitschrift für Strafvollzug und Straffälligenhilfe, (2), S. 133–138
Graebsch, C. (2021). Soziale Ausschließung durch Strafvollzug und andere kriminalitätsbezogene Einschließung. In: Anhorn, R.; Stehr, J. (Hg.). Handbuch Soziale Ausschließung und Soziale Arbeit. Wiesbaden, S. 1125–1140
Gusfield, J. R. (2016) (am. Original 1967). Moralische Passage. Der symbolische Prozess der öffentlichen Kennzeichnung von Devianz. In: Klimke, D.; Legnaro, A. (Hg.). Kriminologische Grundlagentexte. Wiesbaden, S. 67–87
Hanak, G.; Stehr, J.; Steinert, S. (1989). Ärgernisse und Lebenskatastrophen. Über den alltäglichen Umgang mit »Kriminalität«. Bielefeld
Hannover, H. (1993). Von den Bestrafungswünschen der Mächtigen. In: Böllinger, L.; Lautmann, R. (Hg.). Vom Guten, das noch stets das Böse schafft. Kriminalwissenschaftliche Essays zu Ehren von Herbert Jäger. Frankfurt/Main, S. 79f.
Hartfiel, G. (1972). Wörterbuch der Soziologie. Stuttgart
Heinz, W. (2014). Das strafrechtliche Sanktionensystem und die Sanktionierungspraxis in Deutschland. Originalpublikation im Konstanzer Inventar Sanktionsforschung 2014. http://www.ki.uni-konstanz.de/kis (Aufruf 7.03.2023)
Heinz, W. (2017). Das kriminalstatistische System in Deutschland. Notwendigkeit einer Optimierung. Kriminalistik, (7), S. 427–435
Heinz, Wolfgang (2019). Sekundäranalyse empirischer Untersuchungen zu jugendkriminalrechtlichen Maßnahmen, deren Anwendungspraxis, Ausgestaltung und Erfolg. Gutachten im Auftrag des Bundesministeriums für Justiz und Verbraucherschutz. https://krimpub.krimz.de/frontdoor/deliver/index/docId/142/file/Gutachten_JGG_Heinz_insg_01.pdf (Aufruf 11.07.2022)
Hestermann, T. (2019). Berichterstattung über Gewaltkriminalität. Wie häufig nennen Medien die Herkunft von Tatverdächtigen? Eine Expertise für den Mediendienst Integration. https://mediendienst-integration.de/fileadmin/Expertise_

Hestermann_Herkunft_von_Tatverdaechtigen_in_den_Medien.pdf (Aufruf 06.02.2023)

Hofinger, V. (2013). »Desistance from Crime« – neue Konzepte in der Rückfallforschung. In: Neue Kriminalpolitik, S. 317–324

Honneth, A. (1992). Kampf um Anerkennung. Zur moralischen Grammatik sozialer Konflikte. Frankfurt/Main

Höynck, T. (2022). Kriminalitätstheorien und Soziale Arbeit. In: AK HochschullehrerInnen Kriminologie/Straffälligenhilfe in der Sozialen Arbeit (Hg.) (2. Auflage). Kriminologie und Soziale Arbeit. Ein Lehrbuch. Weinheim, Basel, S. 48–62

Huber, S.; Schierz, S. (2013). Punitivierung Sozialer Arbeit. Anmerkungen zur gegenwärtigen Debatte. In: Rieker, P.; Huber, S.; Schnitzer, A.; Brauchli, S. (Hg.). Hilfe! Strafe! Reflexionen zu einem Spannungsverhältnis professionellen Handelns. Weinheim, Basel, S. 102–118.

Hughes, E. C. (1971). The Sociological Eye. Bd. 1: Selected Papers on Institutions and Race, S. 1–278; Bd. 2: Selected Papers on Work, Self and the Study of Society, S. 279–584. Chicago, New York

Hürtgen, S. (2017). Der Doppelcharakter der Arbeit und die Gewerkschaften. Luxemburg, Heft 2/3, S. 101–107

Irwin, J. (1986). The Jail: Managing the Underclass in American Society. Chicago, Il.

Jäger, H. (2016). Makrokriminalität. In: Klimke, D.; Legnaro, A. (Hg.). Kriminologische Grundlagentexte. Wiesbaden, S. 309–329

Jehle, J.-M. (2019) (7. Auflage). Strafrechtspflege in Deutschland. Fakten und Zahlen, herausgegeben vom Bundesministerium der Justiz und für Verbraucherschutz. Berlin

Kant, I. (1966/1787). Kritik der reinen Vernunft. Stuttgart

Kant, I. (1997/1803). Über die Erziehung. München

Kawamura-Reindl, G.; Schneider, S. (2015). Lehrbuch Soziale Arbeit mit Straffälligen. Weinheim, Basel

Kawamura-Reindl, G. (2022). Lebenslagen Straffälliger als Ausgangspunkt für professionelle Interventionen in die Soziale Arbeit. In: AK HochschullehrerInnen Kriminologie/Straffälligenhilfe in der Sozialen Arbeit (Hg.) (2. Auflage). Kriminologie und Soziale Arbeit. Ein Lehrbuch. Weinheim, Basel, S. 162–175

Kleve, H. (2003). Geschichte, Theorie, Arbeitsfelder und Organisationen sozialer Arbeit. Alice Salomon: Grundlegung für das Gesamtgebiet der Wohlfahrtspflege (1929). Berlin, S. 17 f.

Kleve, H. (2005). Der systemtheoretische Konstruktivismus: Eine postmoderne Bezugstheorie Sozialer Arbeit. In: Hollstein-Brinkmann, H; Staub- Bernasconi, S. (Hg.). Systemtheorien im Vergleich. Was leisten Systemtheorien für die Soziale Arbeit? Versuch eines Dialogs. Wiesbaden, S. 63–92

Klimke, D. (2017). Hanak, G.; Stehr, J.; Steinert, H.: Ärgernisse und Lebenskatastrophen. Über den alltäglichen Umgang mit Kriminalität. In: Schlepper, C.; Wehrheim, J. (Hg.). Schlüsselwerke der Kritischen Kriminologie. Weinheim, Basel, S. 295–305

König, R. (1961). Einleitung In: Durkheim, Emile (zuerst Paris 1895). Regeln der Soziologischen Methode. Neuwied, S. 21–82

Kunstreich, T. (1996). Straffälligkeit – eine Folge sozialpolitischer Entscheidungen? In: Hompesch, R.; Kawamura, G.; Reindl, R. (Hg.). Verarmung – Abweichung – Kriminalität. Straffälligenhilfe vor dem Hintergrund gesellschaftlicher Polarisierung. Bonn, S. 18–27

Kunstreich, T.; Langhanky, M.; Lindenberg, M.; May, M. (2004). Dialog statt Diagnose. In: Heiner, M. (Hg.). Diagnostik und Diagnosen in der Sozialen Arbeit – Ein Handbuch. Berlin

Kunz, K.-L.; Singelnstein, T. (2021) (8. Auflage). Kriminologie. Eine Grundlegung. München

Kury, H. (1979). Sozialstatistik der Zugänge im Jugendvollzug Baden-Württemberg. Freiburg/Breisgau, Max-Planck-Institut für Strafrecht. Unveröff. Forschungsbericht

Kury, H. (2013). Härtere Strafen – weniger Kriminalität? Ergebnisse internationaler Wirkungsforschung. In: Klimke, D.; Legnaro, A. (Hg.). Politische Ökonomie und Sicherheit. Weinheim, Basel, S. 159–180

Kury, H.; Kern, J. (2003). Frauen und Kinder von Inhaftierten. Kriminologisches Journal, 2, S. 97–110

Labonté-Roset, C. (2000). Ohne Nationalökonomie keine Sozialarbeit! Rolle und Bedeutung der ökonomischen Bildung im wissenschaftlichen Werk und Ausbildungskonzept Alice Salomons. In: Elsen, S.; Lange, D.; Wallimann, I. (Hg.). Soziale Arbeit und Ökonomie. Neuwied, Kriftel, S. 27–37

Lamnek, S. (1921) (11., durchgesehene Auflage). Theorien abweichenden Verhaltens. Eine Einführung für Soziologen, Psychologen, Pädagogen, Juristen, Politologen, Kommunikationswissenschaftler und Sozialarbeiter. München

Laub, J.; Sampson, R. (2003). Shared Beginnings, Divergent Lives. Delinquent Boys at Age 70. Cambridge

Lindenberg, M. (1992). Überwindung der Mauern: Das elektronische Halsband. München

Lindenberg, M. (2018). Zwischen Risikoorientierung und Politik der Würde. Haltung und Handeln im Umgang mit straffällig gewordenen jungen Menschen. Zeitschrift für Jugendkriminalrecht und Jugendhilfe (ZJJ), (3), S. 235–240

Lindenberg, M. (2022a). Kinder und Jugendliche als Opfer sexueller Gewalt. Ein Zwischenruf aus Sicht Sozialer Arbeit zum Gesetz zur Bekämpfung sexualisierter Gewalt gegen Kinder und den wesentlichen Änderungen der §§ 176ff. StGB. Zeitschrift für Jugendkriminalrecht und Jugendhilfe (ZJJ), (2), S. 113–119

Lindenberg, M. (2022b). Verstehen und Gestalten. Eine Einführung zum Verhältnis von Kriminologie und Sozialer Arbeit. In AK HochschullehrerInnen Kriminologie/Straffälligenhilfe in der Sozialen Arbeit (Hg.) (2. Auflage). Kriminologie und Soziale Arbeit. Ein Lehrbuch. Weinheim, Basel, S. 17–30

Lindenberg, M; Lutz, T. (2021). Zwang in der Sozialen Arbeit. Stuttgart

Lob-Hüdepohl, A. (2015). Soziale Arbeit im Gefängnis – ein Widerspruch? Professionsethische Überlegungen. In: EthikJournal, 2, Schwerpunkt: Soziale Arbeit in Kontexten von Zwang, S. 1–22

Lombroso, C. (1889). Der Verbrecher in anthropologischer, ärztlicher und juristischer Beziehung. Hamburg

Luhmann, N. (1971). Lob der Routine. In: Ders., Politische Planung. Aufsätze zur Soziologie von Politik und Verwaltung. Opladen, S. 113–142

Luhmann, N. (1973a) (2., erweiterte Auflage). Vertrauen. Ein Mechanismus der Reduktion sozialer Komplexität. Stuttgart

Luhmann, N. (1973b). Formen des Helfens im Wandel gesellschaftlicher Bedingungen. In: Otto, H-U.; Schneider, S. (Hg.). Gesellschaftliche Perspektiven der Sozialarbeit. Erster Halbband. Neuwied, Berlin, S. 21–44

Luhmann, N. (1978). Soziologie der Moral. In: Luhmann, N.; Pfürtner, S. H. (Hg.). Theorietechnik und Moral. Frankfurt/Main, S. 8–117

Lutz, T. (2018). Restorative Justice – Wiedergutmachung statt Strafe? Restorative Justice und der Täter-Opfer-Ausgleich. In: Dollinger, B.; Schmidt-Semisch, H. (Hg.) (3. Auflage). Handbuch Jugendkriminalität. Interdisziplinäre Perspektiven. Wiesbaden, S. 601–615

Mandeville, B. (1988/1732). Die Bienenfabel oder Private Laster als gesellschaftliche Vorteile. Die Bibliothek des 18. Jahrhunderts. München

Maruna, S. (2001). Making Good: How Ex-Convicts Reform and Rebuild Their Lives. Washington, DC

Marx, K. (1960). Abschweifung (über produktive Arbeit). In MEW, Band 26,1. Berlin, S. 353–354

Marx, K. (1962). Das Kapital. Kritik der politischen Ökonomie. In MEW, Band 25. Berlin

Marx, K. (1976). Debatten über das Holzdiebstahlsgesetz. Von einen Rheinländer. In: Karl Marx/Friedrich Engels – Werke. Band 1. Berlin/DDR, S. 109–147. Auch abrufbar unter http://www.mlwerke.de/me01/me01_109.htm (Aufruf 05.07.2022)

Marzahn, C. (1984). Das Zucht- und Arbeitshaus. Die Kernsituation frühbürgerlicher Sozialpolitik. In: Marzahn, C.; Ritz, G. (Hg.). Zähmen und Bewachen. Bielefeld, S. 7–68

McEwan, I. (2005). Saturday. Zürich

Merton, R. K. (1968) (am. Original 1938). Soziale Struktur und Anomie, Auszug in: Sack, F.; König, R. (Hg.). Kriminalsoziologie. Frankfurt/Main, S. 283–313

Meyer, S. (2007). BAGS-Sonderauswertung: Lebenslagen straffällig gewordener Menschen. BAG-S Informationsdienst Straffälligenhilfe, (2), S. 5–7

Mills, W. C. (1967) (am. Original 1959). The Sociological Imagination. London/Oxford/New York

Mönig, U. (2022). Das Strafverfahren und die Beteiligten. In: AK HochschullerInnen Kriminologie/Soziale Arbeit (Hg.) (2. Auflage). Kriminologie und Soziale Arbeit. Ein Lehrbuch. Weinheim, Basel, S. 212–226

Mooser, J. (1984). ›Furcht bewahrt das Holz‹. Holzdiebstahl und sozialer Konflikt in der ländlichen Gesellschaft 1800–1850 an westfälischen Beispielen. In: Reif, H. (Hg.). Räuber, Volk und Obrigkeit. Studien zur Geschichte der Kriminalität seit dem 18. Jahrhundert. Frankfurt/Main, S. 43–99

Müller, B. (2008). Hilfe. In: Kreft, D.; Mielenz, I. (Hg.). Wörterbuch Soziale Arbeit. Aufgaben, Praxisfelder, Begriffe und Methoden der Sozialarbeit und Sozialpädagogik. Weinheim & München, S. 428–430

Müller, B. (2012) (3. Auflage). Nähe, Distanz, Professionalität. Zur Handlungslogik von Heimerziehung als Arbeitsfeld. In: Dörr, M.; Müller, B. (Hg.). Nähe und Distanz. Ein Spannungsfeld pädagogischer Professionalität. Weinheim & München, S. 145–162

Müller, C. W. (2013) (6. Auflage). Wie Helfen zum Beruf wurde: Eine Methodengeschichte der Sozialen Arbeit. Weinheim, Basel

Nohl, H. (1967a). Die Bildung des Erziehers. In: Ders. Ausgewählte pädagogische Abhandlungen. Besorgt von Josef Offermann. Paderborn, S. 77–85

Nohl. H. (1967b). Schuld und Aufgabe der Pädagogik In: Ders. Ausgewählte pädagogische Abhandlungen. Paderborn. Besorgt von Josef Offermann, S. 95–99

Nugent, B.; Schinkel.; M. (2016). The Pains of Desistance. Criminology & Criminal Justice, (5), S. 568–584

Olubusoye, O.-E. (2014). Statistical Literacy and Empirical Modelling for National Transformation. University of Ibadan. https://www.researchgate.net/publication/267324628_ (Aufruf 11.02.2023)

Pavarini, M.; Ferrari, L. (Hg.). No Prison. Capel Ewi, Wales, Great Britain

Peters, H. (2018). Mehr als ein halbes Jahrhundert Kriminalsoziologie für die Katz: Zur kriminalsoziologischen Kritik am »Desistance«-Konzept. Soziale Probleme, 29(1), S. 3–8. DOI:10.1007/s41059-018-0045-z

Phillips, J. (2017). Towards a Rhizomatic Understanding of Desistance Journey. The Howard Journal of Crime and Justice, (1), S. 92–104

Polanyi, M. (1985/1966). Implizites Wissen. Frankfurt/Main

Popitz, H. (2003/1968). Über die Präventivwirkung des Nichtwissens. Berlin

Quensel, S. (1970/2014). Wie wird man kriminell? Verlaufsmodell einer fehlgeschlagenen Interaktion zwischen Delinquenten und Sanktionsinstanz. In: Kritische Justiz 1970, S. 375–382. Wiederabdruck 2014 in ZJJ, 25(1), S. 24–28

Reidinger, V.; Kufner-Eger, J. (2020). Still not sure what to do with Henry? Abolitionistische Perspektiven als reflexive Kritik. In: Hofinger, V.; Mayrhofer, H.; Pelikan, Ch.; Fuchs, W. Hammerschick, W.; Walter, R. (Hg.). Sozialwissenschaftliche Aufklärung der Rechtspolitik und -praxis als Berufung. Festschrift für Arno Pilgram zum 75. Geburtstag. Wien, S. 39–54

Ritsert, J. (1988). Gesellschaft. Einführung in den Grundbegriff der Soziologie. Frankfurt, New York

Roberts, S. (1981). Ordnung und Konflikt. Eine Einführung in die Rechtsethnologie. Stuttgart

Roggenthin, K.; Ackermann, C. (2019). Lebens- und Problemlagen straffällig gewordener Menschen und ihrer Familien. BAG-S Informationsdienst Straffälligenhilfe, (2), S. 9–17

Rusche, G. (1933). Arbeitsmarkt und Strafvollzug. Gedanken zur Soziologie der Strafjustiz. Zeitschrift für Sozialforschung (herausgegeben von Max Horkheimer), 2, S. 63–78

Rusche, G.; Kirchheimer, O. (1973) (erstmals 1939). Sozialstruktur und Strafvollzug. Frankfurt/Main

Sack, F. (1968). Neue Perspektiven in der Kriminologie. In: Sack, F.; König, R. (Hg.). Kriminalsoziologie. Frankfurt, S. 431–475

Sack, F.; Lindenberg, M. (2001). Abweichendes Verhalten. In: Joas, H. (Hg.). Einführung in die Soziologie. Frankfurt & New York, S. 169–197

Salomon, A. (1997/1908). Die soziale Ausbildung in der ›Frauenschule‹. In: Salomon, A.: Frauenemanzipation und soziale Verantwortung. Ausgewählte Schriften Band I (Hg. von A. Feustel). Neuwied, Kriftel, Berlin, S. 373–392.

Salomon, A. (2007) (erstmals 1926). Zur Theorie des Helfens. In: Kuhlmann, C. (Hg.). Geschichte Sozialer Arbeit, Bd. II (Textbuch). Schwalbach/Taunus, S. 80–96

Santayana, G. (1922). Soliloquies in England and Later Soliloquies. New York

Schaffer, H. (2014) (3. Auflage). Empirische Sozialforschung für die Soziale Arbeit. Eine Einführung. Freiburg/Breisgau

Scheerer, S. (1978). Der politisch-publizistische Verstärkerkreislauf. Zur Beeinflussung der Massenmedien im Prozeß strafrechtlicher Normgenese. Kriminologisches Journal, S. 223–227

Scheerer, S. (1993). Strafe muß sein! Muß Strafe sein? In: Böllinger, L; Lautman, R. (Hg.). Vom Guten, das noch stets das Böse schafft. Kriminalwissenschaftliche Essays zu Ehren von Herbert Jäger. Frankfurt/Main, S. 69–78

Scheerer, S. (2018). Abschaffung der Gefängnisse. Prison abolition. Kriminologisches Journal, (3), S. 167–177

Scheiwe, K. (2017). Zwang und Erziehung. Die Entwicklung der Fürsorgeerziehung 1870–1990. In: Schumann, E.; Wapler, F. (Hg.). Erziehen und Strafen, Bessern und Bewahren. Entwicklungen und Diskussionen im Jugendrecht im 20. Jahrhundert. Göttinger Juristische Schriften, Band 20. Göttingen, S. 8–25

Scherwarth, C.; Friedrich, S. (2022) (4. Auflage). Soziale und pädagogische Arbeit bei Traumatisierung. München & Basel

Schneider, S. (2022). Theoretische Profilierungen Sozialer Arbeit mit Straffälligen. In: AK HochschullehrerInnen Kriminologie/Straffälligenhilfe in der Sozialen Arbeit (Hg.) (2. Auflage). Kriminologie und Soziale Arbeit. Ein Lehrbuch. Weinheim, Basel, S. 146–161

Schumann, K.; Voß, M. (1981). Versuchte Gefangenenbefreiung. Über die Abschaffung der Jugendgefängnisse im US-Staat Massachusetts und die Entwicklung seither. Zeitschrift für Rechtssoziologie, 2(2), S. 168–224

Schumann, K. F.; Voß, M. (1980). Jugend ohne Kerker. Über die Abschaffung der Jugendgefängnisse im Staat Massachusetts im Januar 1972 und die Entwicklung seither. Bremen: Arbeitspapiere des Forschungsschwerpunktes Soziale Probleme, Kontrolle und Kompensation.
Schumann, K. F. (1981). Produktionsverhältnisse und staatliches Strafen. Zur aktuellen Diskussion über Rusche/Kirchheimer. Kritische Justiz, 14, S. 64–76.
Schütz, A. (1981). Der sinnhafte Aufbau der sozialen Welt. Eine Einleitung in die verstehende Soziologie. Frankfurt/Main
Schütze, F. (1992). Sozialarbeit als »bescheidene« Profession. In: Dewe, B.; Ferchhoff, W.; Radtke, F.-O. (Hg.). Erziehen als Profession: zur Logik professionellen Handelns in pädagogischen Feldern. Opladen, S. 132–170. https://nbn-resolving. org/urn:nbn:de:0168-ssoar-4936 (Aufruf 13.02.2023)
Schwab, G. (2011/1838–1840). Sagen des klassischen Altertums – Vollständige Ausgabe. München
Schwerhoff, G. (1993). Verordnete Schande? Spätmittelalterliche und frühneuzeitliche Ehrenstrafen zwischen Rechtsakt und sozialer Sanktion. In: Blauert, A.; Schwerhoff, G. (Hg.). Mit den Waffen der Justiz. Zur Kriminalitätsgeschichte des späten Mittelalters und der Frühen Neuzeit. Frankfurt/Main, S. 158–188
Scull, A. (1980). Die Anstalten öffnen? Decarceration der Irren und Häftlinge. Frankfurt/Main
Sigrist, C. (1994). Regulierte Anarchie. Untersuchungen zum Fehlen und zur Entstehung politischer Herrschaft in segmentären Gesellschaften Afrikas. Hamburg
Simenon, Georges (1951/2020). Die Zeit mit Anaïs. Hamburg
Simmel, G. (2013) (7. Auflage). Das Geheimnis und die geheime Gesellschaft. In: Ders., Soziologie. Untersuchungen über die Formen der Vergesellschaftung. Gesamtausgabe, Bd. 2. Frankfurt/Main, S. 383–455
Skardhamar, T.; Savolainen, J.; Aase, K. N.; Lyngstad, T. H. (2015). Does Marriage Reduce Crime? Crime and Justice, (1), S. 385–446.
Slevin, P. (2007). For Clinton and Obama, a Common Ideological Touchstone. Washington Post, 26.03.2007
Smith, A. (2003) (10 Auflage). Der Wohlstand der Nationen. Eine Untersuchung seiner Natur und seiner Ursachen. München
Soeffner, H. G. (1995). Goffman, Erving. In: Lutz, B. (Hg.). Metzler Philosophen Lexikon. Dreihundert biographisch-werkgeschichtliche Porträts von den Vorsokratikern bis zu den Neuen Philosophen. Stuttgart, S. 318–321
Spiegel, H. v. (2021) (7. Auflage). Methodisches Handeln in der Sozialen Arbeit. Grundlagen und Arbeitshilfen für die Praxis. München & Basel
Spittler, G. (1983). Streitregelung im Schatten des Leviathan. Zeitschrift für Rechtssoziologie, 1, S. 4–32
Staub-Bernasconi, S. (2007). Soziale Arbeit als Handlungswissenschaft. Bern, Stuttgart, Wien
Stelzer, C. (2021). Risiko und Vertrauen. Risikoorientierung und deren Umwandlung in strategisches Vertrauen in der Praxis der Bewährungshilfe. Wiesbaden

Sternberger, D.; Storz, G.; Süskind, W. E. (1970). Aus dem Wörterbuch des Unmenschen. München

Sutherland, E.; Cressey, D. E. (1960) (6. Auflage). Principles of Criminology. Philadelphia

Thome, H. (2022). Jugendliche, Jugendhilfe und Justiz im Duisburger Norden. Schwierige Verhältnisse unter Bedingungen öffentlicher und privater Armut. Sozial Extra, 3, S. 205–210

Trenczek, T. (2011). Gefährdungen von jungen Menschen durch die Sozialkontrolle. IzKK-Nachrichten (Informationszentrum Kindesmisshandlung/Kindesvernachlässigung), 1, S. 47–51.

Trenczek, T. (2022). Restorative Justice – (strafrechtliche) Konflikte und ihre Regelung. In: AK HochschullehrerInnen Kriminologie/Straffälligenhilfe in der Sozialen Arbeit (Hg.) (2. Auflage). Kriminologie und Soziale Arbeit. Ein Lehrbuch. Weinheim, Basel, S. 191–209

Trenczek, T.; Goldberg, B. (2016). Jugendkriminalität, Jugendhilfe und Strafjustiz. Mitwirkung der Jugendhilfe im strafrechtlichen Verfahren. München

Wacquant, L. (2004/2009). Bestrafen der Armen. Zur neoliberalen Regierung der sozialen Unsicherheit. Opladen, Farmington Hills

Wacquant, L. (2011). Die neoliberale Strafkunst. Workfare, Prisonfare und soziale Unsicherheit. In: Dollinger, B.; Schmidt-Semisch, H. (Hg.). Gerechte Ausgrenzung? Wohlfahrtsproduktion und die neue Lust am Strafen. Wiesbaden, S. 77–109

Wagenknecht, P. (2007). Was ist Heteronormativität? Zu Geschichte und Gehalt des Begriffs. In: Hartmann, J.; Klesse, C.; Wagenknecht, P.; Fritzsche, B.; Hackmann, K. (Hg.). Heteronormativität. Wiesbaden, S. 17–35

Wacquant, L. (2013). Der globale Feuersturm von Law and Order. Über das Strafen und den Neoliberalismus. In: Klimke, D.; Legnaro, A. (Hg.). Politische Ökonomie und Sicherheit. Weinheim, Basel, S. 76–98

Watzlawik, P. (1983). Anleitung zum Unglücklichsein. München

Weber, J. (2003). Philosophie des Helfens. Ein Hilfekonzept in Auseinandersetzung mit dem Denken von Hannah Arendt. Münster, Hamburg, London

Weber, J. (2005). Mäeutisch statt klinisch. Plädoyer für eine nicht-klinische Sozialarbeit. Widersprüche, 98, S. 75–91

Weber, M. (1972) (5., revidierte Auflage, besorgt von Johannes Winckelmann). Wirtschaft und Gesellschaft. Grundriss der verstehenden Soziologie. Tübingen

Wesel, U. (1985). Frühformen des Rechts in vorstaatlichen Gesellschaften. Frankfurt/Main

Wesel, U. (1992). Fast alles, was Recht ist. Jura für Nichtjuristen. Frankfurt/Main

Whyte, W. F. (2016) (am. original 1943). Die Street Corner Society. Die Sozialstruktur eines Italienerviertels. In: Klimke, D.; Legnaro, A. (Hg.). Kriminologische Grundlagentexte. Wiesbaden, S. 281–292

Wolff, K. H. (1959). Mills, Charles Wright. In: Bernsdorf, W. (Hg.). Wörterbuch der Soziologie. Frankfurt/Main, S. 391–393

Wolff, S. (1983). Die Produktion von Fürsorglichkeit. Bielefeld

Young, D. S. (2015). Lived Challenges to Ethical Social Work Practice in Criminal Justice Settings. In: Journal of Forensic Social Work, 5, S. 98–115, DOI: 10.1080/1936928X.2015.1093573

Ziegler, H. (2014). Unerbetene Hilfen. Versuch einer Begründung einiger Kriterien zur Legitimation paternalistischer Eingriffe in der Sozialen Arbeit. Soziale Passagen, 6, S. 253–274, DOI 10.1007/s12592-014-0178-2

Zobrist, P.; Kähler, H.-D. (2017) (3., vollständig überarbeitete Auflage). Soziale Arbeit in Zwangskontexten – Wie unerwünschte Hilfe erfolgreich sein kann. München

Zobrist, P. (2021). Bewährungshilfe zwischen Risiko- und Ressourcenorientierung. In: Cornel, H.; Kawamura-Reindl, G. (Hg.). Bewährungshilfe. Theorie und Praxis eines Handlungsfeldes Sozialer Arbeit. Weinheim, Basel, S. 92–104